2022年

国家统一法律职业资格考试

客观题
民事诉讼法宝典

杨洋◎编著

愿为你们的诉讼法复习
“加速度”
杨洋

中国政法大学出版社

2022·北京

图书在版编目（CIP）数据

2022年国家统一法律职业资格考试客观题民事诉讼法宝典/杨洋编著.—北京：中国政法大学出版社，2022.1

ISBN 978-7-5764-0249-0

Ⅰ.①2… Ⅱ.①杨… Ⅲ.①民事诉讼法－中国－资格考试－自学参考资料 Ⅳ.①D925.104

中国版本图书馆CIP数据核字(2022)第003382号

出版者　中国政法大学出版社

地　址　北京市海淀区西土城路25号

邮寄地址　北京100088信箱8034分箱　邮编100088

网　址　http://www.cuplpress.com（网络实名：中国政法大学出版社）

电　话　010-58908285(总编室)　58908433（编辑部）58908334(邮购部)

承　印　北京鑫海金澳胶印有限公司

开　本　787mm×1092mm　1/16

印　张　11.75

字　数　280千字

版　次　2022年1月第1版

印　次　2022年1月第1次印刷

定　价　65.00元

历尽千帆，归来仍少年

——写在 2022 年民诉客观题宝典出版之前

又到了一年为新版法考民诉图书写序言的日子。每次到了写序言的时候，我都会有太多的感慨。2011 年经高甲师兄引荐，我走进了法考培训的战场，那时候的我年轻、莽撞、自信。没有极深的阅历，亦没有深厚的民诉理论积淀，有的也许只是年轻人身上固有的激情和那份初生牛犊不怕虎的勇气。面对过考生的质疑和批判，感受过前辈师长的关爱和温暖，也体味过粉丝童鞋的热情和期盼，然而正是这些在年复一年的授课中不断的成长和蜕变，让我得以成为大家眼中、刑诉老师中最好的法考民诉老师。

十年的从业时光如白驹过隙，转瞬即逝。我从一个 20 几岁的硕士研究生成长为如今为人师、为人导的中年高校教师。依稀记得入行伊始为了一场讲座风里来、雨里去，来回 12 个小时的大巴旅程，依稀记得初登讲台时的不安与忐忑。过去的十年，是我人生中最好的十年，也是最为难忘的十年。十年，我通过法考培训基本实现了我所期许的财务自由。从这个意义上来说，法考和我本为相互成就。过去的十年里，我不止一次地问自己，这样的奔波生活真的是我想要的吗？无数次想过放弃，或者说得过且过。可是，每当课程安排如约而至，你会发现，我依然会不由自主地选择答应，并甘之如饴地备课、制作讲义。说到底，我是习惯了这样的生活，十年的法考授课已经成为我生活中的一部分。

尽管如此，我亦必须承认，过去的十年里我并未把法考作为我生活的全部，因为这十年也恰恰是我硕士、博士的求学阶段，以及学术职称评定的上升阶段，我必须平衡好法考授课和个人的学术追求。一个人的精力是有限的，因而在精力和时间投入上自然无法与那些全职做法考的老师相提并论。特别是从 2015 年 8 月开始，因在美国博士联合培养、博士论文撰写、高校求职以及个人学术爬坡等多重原因，我不能有效地参与到法考授课的工作当中来，于是就像“退役”一样，人气骤降。

有人和我说，杨洋，你本就该站在法考民诉的 C 位，成为行业里最耀眼的民诉老师。入行的前三年，我也一直秉持成为第一的执念。但随着学术生活的压力和紧凑，我日渐觉得，所谓的行业第一、机构 C 位其实真的没有那么重要，这些所能带给我的只是课酬的增长和粉丝的大流量。如果你问我，既然如此，你为何选择走出舒适，再一次复归，三个字，“不服输”。一直以来，我都相信，念念不忘，必有回响。作为一个强迫症极其严重的人，我在做人做事上总是苛求自己做到尽善尽美。过去的十年间，每一个法考授课季开始之前，我都会重新进行全面备课；每一次讲课结束之后，我都会进行自我反思，反思还有哪些考点、用什么方法才能讲解得更为透彻。因为努力，所以期许，因为期许，所以失落。你坐在被他人海报、周边环绕的讲台上侃侃而谈；学生拿着别人的图书质问你为何和 C 位老师讲的不太一样；甚至你会发现，因为你是二线，你的课堂总会在第一天上午出现空的座位。而这些都并非因你实力不行，只是因为学生不认识你，甚至不知还有这样一位民诉老师。

今年是我的民诉书籍再版的“新”年头。我之所以将其称之为新，最主要的原因在于我终于想明白了一些事情，并毅然决然地走入更大的法考战场。于是，近来放下课题论文的撰写工作，转为修改新版的宝典，小到一个标点，大到一个考点，只为它能更早地、更好地与大家见面。很感谢过去的十年里，因各种原因已经解散的管理团队对我的鼓励和帮助，亦感谢那群始终对我不离不弃的“洋粉”，和以肖沛权老师、温云云老师、张宇琛老师为代表的小伙伴们，是你们，让本书的再版发行成为可能，也是你们成就了今天的民诉杨洋，你们就是我继续走下去的最大动力。

尚未配妥剑，转眼便江湖。愿历尽千帆，归来仍少年。2022年的法考新赛季，唯愿我的图书和我的课程，以及暖心的我，能为你们的诉讼法复习“加诉度”。

杨 洋

2021年11月于西北政法大学

民诉大纲表

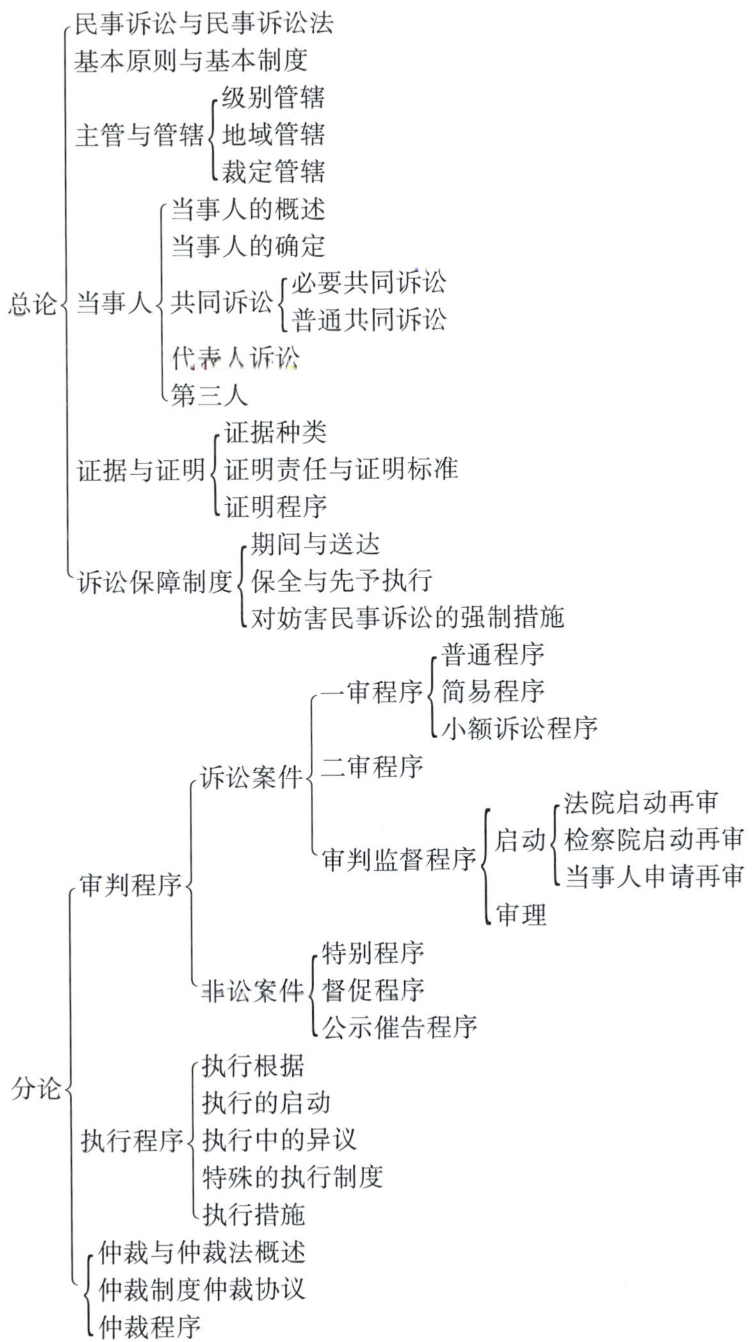

总论
民事诉讼与民事诉讼法
基本原则与基本制度
主管与管辖
级别管辖
地域管辖
裁定管辖
当事人
当事人的概述
当事人的确定
共同诉讼
必要共同诉讼
普通共同诉讼
代表人诉讼
第三人
证据与证明
证据种类
证明责任与证明标准
证明程序
诉讼保障制度
期间与送达
保全与先予执行
对妨害民事诉讼的强制措施
分论
审判程序
诉讼案件
一审程序
普通程序
简易程序
小额诉讼程序
二审程序
审判监督程序
启动
法院启动再审
检察院启动再审
当事人申请再审
审理
非讼案件
特别程序
督促程序
公示催告程序
执行程序
执行根据
执行的启动
执行中的异议
特殊的执行制度
执行措施
仲裁与仲裁法概述
仲裁制度仲裁协议
仲裁程序

目 录

专题一 民事诉讼及民事诉讼法

本专题是关于民事诉讼与民事诉讼法的基本介绍，对其后的学习起到一个提纲挈领的作用，通过本专题的学习，考生可从整体上掌握民事诉讼的特点。总体而言，本专题在法考中偶有考查，多以第一道单选题的形式出现，难度不大，本专题的考点主要集中在多元的纠纷解决方式之上，考生需要掌握每种纠纷解决方式的特点。

码上揭秘

一、民事纠纷及其解决方式

人们在社会生活中难免会发生各种民事纠纷，如离婚纠纷、损害赔偿纠纷、房屋产权纠纷、合同纠纷、著作权纠纷等。民事纠纷若不能得到妥善解决，不仅会损害当事人双方合法的民事权益，而且可能波及他人甚至影响社会的安定。因此，与纷繁复杂的社会纠纷相适应，解决方式也是多元的，在我们民事诉讼的法考中，大家必须掌握如下四种纠纷解决方式：

（一）和解

和解是指争议双方当事人自主地就如何解决纠纷达成协议。通过对和解的概念解读，我们不难发现，和解的主体是双方当事人，没有第三方的介入；双方和解后一般需要达成协议，即我们所说的和解协议。看到协议二字，我们应该明晰它的本质，即协议是一种合同。

我们都知道合同具有相对性，那么这里的和解协议有没有强制执行力呢？回答当然是否定的，那再问一个问题，协议可以是书面的，可不可以口头呢，也就是双方可否口头和解？当然也是可以的。

（二）调解

调解是指争议双方当事人在第三方的主持下，就如何解决该纠纷达成协议。解读概念，我们发现，调解与和解的最大区别就在于调解有第三方的参与，同样，调解协议的本质也是合同，一般不具有法律上的强制执行力。

调解是四种纠纷解决机制中最重要的一种，在我们民事诉讼法的考查范围内，调解分为两种，即诉讼中的法院调解和诉讼外的调解。《民事诉讼法》将诉讼外调解协议的确认纳入特别程序中，我们在后续章节中会讲到。这里重点讲解诉讼中的法院调解，在后续调解章节中将不再赘述。为了构建和谐社会，我们倡导以调解的方式解决纠纷，因此，《民事诉讼法》规定了先行调解，即我们所说的“案件起诉到了法院，能调都要调”。既然能调都要调，调解是原则，所以考试常考我们哪些案件不能调解，这需要考生必须记住。

关于法院调解的消极范围，笔者提供一条记忆规律：调解的定义是法院行使审判权解决民事争议；调解的本质是私权处分。记住了这两句话我们就记住了法院调解的消极范围。

1. 既然法院调解行使的是审判权，那么执行阶段能否调解呢？不能，因为执行阶段行使的是执行权。

注意：执行阶段不能调解，但是执行阶段可以和解。

2. 既然法院调解解决的是民事争议，那么我们民事诉讼中的非争议案件，典型的如特别程序、督促程序、公示催告程序就不能调解。

3. 调解的本质在于私权处分，因此对于调解的事项当事人必须有处分的能力，所以法律明确规定身份关系的确认案件不能调解。

注意：身份关系的确认案件不能调解，身份关系的解除，典型的如离婚案件，就可以调解。

人民检察院抗诉引起的再审案件能不能调解？当然能，民事诉讼中的调解不区分审理阶段，一审、二审甚至再审程序都是可以适用法院调解的。同理，公益诉讼案件的审理同样可以调解。

（三）仲裁

仲裁是指争议双方当事人协议将争议交由其共同选定的仲裁机构进行裁决。因此，仲裁基于仲裁协议，以双方当事人的自愿为前提条件：只有纠纷的双方达成仲裁协议，一致同意将纠纷交付裁决，仲裁才能够开始。

注意：1. 仲裁属于社会救济，仲裁机构是民间组织。

2. 仲裁是一种准司法行为。诉讼是司法行为，仲裁类似于诉讼，所以称作准司法行为，关于这一点，考生掌握一个基本的立场，即诉讼中法院能做的，仲裁中仲裁机构一般也可以做。这一点在2012年的考题中体现得很明显。

关于法院与仲裁庭在审理案件有关权限的比较，下列哪些选项是正确的？①

A. 在一定情况下，法院可以依职权收集证据，仲裁庭也可以自行收集证据

B. 对专门性问题需要鉴定的，法院可以指定鉴定部门鉴定，仲裁庭也可以指定鉴定部门鉴定

C. 当事人在诉讼中或仲裁中达成和解协议的，法院可以根据当事人的申请制作判决书，仲裁庭也可以根据当事人的申请制作裁决书

D. 当事人协议不愿写明争议事实和判（裁）决理由的，法院可以在判决书中不予写明，仲裁庭也可以在裁决书中不予写明

（四）民事诉讼

民事诉讼是指法院在当事人和其他诉讼参与人的参加下，以审理、判决、执行等方式解决民事纠纷的活动以及由这些活动产生的各种诉讼关系的总和。与和解、诉讼外调解、仲裁这些解决民事纠纷的方式相比，民事诉讼具有公权性、强制性、严格程序性的特征。

注意：我们所说的民事诉讼包括审判和执行两个阶段，当然，主要是指审判阶段。

二、民事诉讼行为与民事诉讼法律关系

1. 民事诉讼行为。民事诉讼行为是发生在当事人、其他诉讼参与人与人民法院之间的行为。例如，受理就是诉讼行为，原因在于受理后向原告发出受理通知书，而法院内部的工作汇报就属于法院内部行为。

2. 民事诉讼法律关系。民事诉讼法律关系是指民事诉讼法律、法规所调整的人民法院、当事人及其他诉讼参与人之间存在的以诉讼权利和诉讼义务为内容的具体社会关系。考生只需要记住民事诉讼法律关系的主体必有一方是法院。

在民事诉讼中原告和被告的关系是不是民事诉讼法律关系？当然不是，因为此时没有法院作为一方主体，原、被告的关系是一种实体法律关系，而非诉讼法律关系。同理，法院和原告之间的关系、法院与指定的鉴定人之间的关系就是诉讼法律关系。

---

① A、B

三、民事诉讼法的性质和效力

（一）民事诉讼法的性质

依据不同的标准，民事诉讼法具有不同的性质，具体包括如下四个方面：

1. 民事诉讼法是基本法。就民事诉讼法在我国社会主义法律体系中的地位而言，它属于基本法律，其效力仅低于根本法宪法。

2. 民事诉讼法是部门法。从民事诉讼法调整的社会关系来看，它调整的是民事诉讼关系，是社会关系中具有自身特点的一类社会关系。

3. 民事诉讼法是程序法。从民事诉讼法的内容来看，它规定的主要是程序问题。

4. 民事诉讼法是公法。从民事诉讼法的本质来看，它是公法。所有的诉讼法都是公法，因为诉讼法涉及国家的司法主权。

关于民事诉讼法的性质，下列哪一说法是正确的？①

A. 根据其调整的社会关系，民事诉讼法是程序法

B. 根据其在法律体系中的地位，民事诉讼法是程序法

C. 根据其规定的内容，民事诉讼法是程序法

D. 根据公法与私法的划分标准，民事诉讼法是程序法

（二）民事诉讼法的效力

民事诉讼法的效力，是指民事诉讼法对什么人、什么事、在什么时间和空间发生效力。这一问题直接关系到民事诉讼法的适用，所以民事诉讼法的效力也称民事诉讼法的适用范围。

1. 对人效力。《民事诉讼法》适用于在中华人民共和国领域内进行民事诉讼活动的任何人。

2. 空间效力。在中华人民共和国领域内进行民事诉讼，必须遵守《民事诉讼法》。

注意：诉讼法涉及国家的司法主权，因此只具有域内效力，不具有域外效力。

中国 A 公司与美国 B 公司签订了一份货物买卖合同，双方在合同文本中进行了如下三个约定，分别判断这三个约定的效力：第一，关于该合同文本的解释适用《美国合同法》；第二，关于该货物买卖所产生任何争议由美国纽约所在地的仲裁机构进行仲裁；第三，该买卖合同产生的争议，即使在中国进行民事诉讼，也适用《美国民事诉讼法》。

我们说，前两个约定是有效的，而第三个约定是无效的，解答问题的关键在于记住一条规律：实体法可以约定、仲裁法可以约定、诉讼法不可约定，因为诉讼法涉及国家的司法主权。

3. 时间效力，指民事诉讼法从何时开始生效。现行《民事诉讼法》的生效时间是 2017 年 7 月 1 日。

4. 对事效力，指民事诉讼法适用于哪些案件：

（1）平等主体之间因民事争议（人身、财产）引起的诉讼案件；

（2）法律规定适用《民事诉讼法》的其他案件，如非诉案件。

① C

专题二　民事诉讼法的基本原则与基本制度

民事诉讼法的基本原则和基本制度在民事诉讼的整个过程中发挥着全局性的指导作用，为法院的审判活动和诉讼参与人的诉讼活动指明了方向，因此，对民事诉讼具有普遍的指导意义。本专题的内容在历年的法考中从未轮空，通常是一道单选题和一道多选题，一道考查基本原则，一道考查基本制度，考查分值在 3 分左右。考生应重点掌握传统核心考点——辩论原则、处分原则、调解原则；更应当掌握新增的诚实信用原则，新修改的检察监督原则，因为新增必考乃法考的命题规律。

码上揭秘

一、基本原则

（一）同等和对等原则、平等原则

这三个原则都是“……等”，有类似之处，但一定要注意其中的区别。

1. 平等原则，是指双方当事人诉讼地位平等，诉讼权利义务相同或对应。解读概念，我们发现，平等原则调整的主体是双方当事人，这里的双方当事人没有区分中国人和外国人；更为重要的是，平等原则有两层含义：

（1）诉讼权利义务相同。相同是指原告能干的，被告也能干，如原告和被告都可以委托诉讼代理人，原告和被告都可以申请证人出庭作证等；

（2）诉讼权利义务相对应。典型的诉讼权利义务相对应如原告可以提出本诉，满足条件下，被告可以提出反诉，原告起诉提交起诉状，被告答辩提交答辩状等。

当事人诉讼地位平等意味着当事人享有完全相同的诉讼权利和义务，这种说法对吗？不对，原因在于平等原则的内容除了包括权利和义务相同，还包括权利和义务相对应。

2. 同等和对等原则。同等和对等原则适用于有外国人参加的民事诉讼。

（1）同等原则是指外国当事人和我国当事人居于平等的诉讼地位，享有同等的诉讼权利义务，即“一视同仁”；

（2）对等原则是指若外国法院对我国当事人诉讼权利加以限制，则我国法院也相应地限制该国当事人在我国的诉讼权利，即“以牙还牙”或者说“以其人之道，还治其人之身”。

（二）调解原则

这里的调解主要是指诉讼中的法院调解。法院调解应当遵循自愿、合法这两个子原则。关于合法大家很好理解，考试也几乎不会考查，因为大家都知道调解不得侵害国家利益、社会公共利益，不得违反法律、行政法规禁止性规定等。因此，考试最常考的是自愿原则，这里的自愿有两点体现：启动自愿和接受自愿。启动自愿是指只有在双方当事人都同意的情形之下才能进行调解，即便是先行调解也必须征得双方的同意，当事人一方或者双方坚持不愿调解的，法院应当及时裁判；而接受自愿是指经法院的调解双方达成了调解协议，并根据调解协议制作了调解书，但是在调解书送达前当事人仍然可以反悔，因为调解书的生效规则是签收生效。

注意：虽然先行调解是原则，但是执行阶段不能调解，非诉案件不适用调解，身份关系确认之诉也不能调解。

（三）辩论原则

辩论原则是指在人民法院的主持下，当事人有权就案件事实和争议问题，各自陈述自己的主张和根据，互相进行反驳和答辩，以维护自己的合法权益。关于辩论原则大家应当从如下四个方面进行掌握：

1. 辩论的阶段。辩论集中于但绝不限于法庭辩论，而贯穿于从当事人起诉到诉讼结束的整个过程中。虽然法庭辩论阶段是辩论最充分的阶段，但法庭调查阶段依然适用辩论原则。

2. 辩论的内容。当事人辩论的范围包括实体问题和程序问题，也包括事实问题和法律问题。换言之，法庭审理的大部分事项都是辩论的内容，因此考生必须记住不适用辩论原则的典型：辩论的前提在于存在争议，因此非争议案件，如特别程序、公示催告程序、督促程序不适用辩论原则。

3. 辩论的形式。当事人的辩论既可以采用口头形式，也可以采用书面形式。书面辩论的形式如原告提交起诉状、被告提交答辩状等，而大部分法庭辩论阶段的辩论都是以口头的言词方式进行。

4. 辩论的主体。双方当事人，包括广义上的第三人。因此证人不是辩论的主体，证人出庭作证只是履行其客观作证的义务，其属于其他诉讼参与人的范畴。而第三人，有独立请求权的第三人和无独立请求权的第三人则属于辩论的主体。

注意：第三人，即有独立请求权的第三人和无独立请求权的第三人，是我们民事诉讼中的广义当事人，但他们属于本案的当事人，而只有原告和被告是狭义的当事人，即本诉的当事人。本案当事人不等于本诉当事人。

关于辩论原则的表述，下列哪些选项是正确的？①

A. 当事人辩论权的行使仅局限于一审程序中开庭审理的法庭调查和法庭辩论阶段

B. 当事人向法院提出起诉状和答辩状是其行使辩论权的一种表现

C. 证人出庭陈述证言是证人行使辩论权的一种表现

D. 督促程序不适用辩论原则

（四）处分原则

处分原则是指当事人有权在法律规定的范围内处分自己的民事权利和诉讼权利。关于处分原则，考生应当从如下四个方面进行掌握：

1. 处分的主体。只能是当事人、法定代理人和委托诉讼代理人。这里特别要说的是委托诉讼代理人，在当事人一讲我们会讲到，委托诉讼代理人分为两种，一般授权的委托诉讼代理人和特别授权的委托诉讼代理人，考生必须明确：无论是一般授权的委托诉讼代理人还是特别授权的委托诉讼代理人都能够进行处分，只不过处分的对象不同而已。经过特别授权的委托诉讼代理人可以处分实体权利，如承认、变更、放弃诉讼请求等，而一般授权的委托诉讼代理人只能处分部分程序性的诉讼权利，如申请回避、提出管辖权异议等。

2. 处分的对象。实体权利和诉讼权利。需要注意的是，民事诉讼中常见的实体权利有如下七个，分别是承认诉讼请求、变更诉讼请求、放弃诉讼请求、和解、调解、反诉和上诉。

3. 处分的阶段。适用于民事诉讼的全过程。如前所述，我们所说的民事诉讼一般包括审判和执行两个阶段，因此当事人不仅可以在审判阶段进行处分，在执行阶段亦可处分，如执行和解。

4. 处分的前提。民事诉讼中的处分是有限的处分，要受到法院审判权的审查，即不得超

---

① B、D

越法律规定的范围，不得损害国家、集体、他人的合法权益。

法考中，对于处分原则的考法主要有两种，其中第二种是近些年的常规考法，笔者各举一例。

第一种考法：法院的裁判应当以当事人的诉讼请求为限，不能超出诉讼请求而裁判，即我们常说的不告不理。

甲向法院起诉，要求判决乙返还借款本金1万元。在案件审理中，借款事实得以认定，同时，法院还查明乙逾期履行还款义务近一年，法院遂根据银行同期定期存款利息，判决乙还甲借款本金1万元，利息520元。该判决就不符合法律规定，违反了民事诉讼的处分原则，因为原告并未提出给付利息诉讼请求。

第二种考法：诉讼中双方当事人可以约定哪些事项，这是处分原则的变相考察，因为哪些事项可以约定说明哪些事项是可以处分的。例如，双方可以约定合同纠纷的管辖法院，却不能约定人身侵权纠纷的管辖法院；双方可以约定仲裁庭的组成人员，却不可以约定合议庭的组成人员；双方可以约定举证期限，却不可以约定举证责任的分配。

关于民事诉讼法基本原则在民事诉讼中的具体体现，下列哪一说法是正确的？①

A. 当事人有权决定是否委托代理人代为进行诉讼，是诉讼权利平等原则的体现

B. 当事人均有权委托代理人代为进行诉讼，是处分原则的体现

C. 原告与被告在诉讼中有一些不同但相对等的权利，是同等原则的体现

D. 当事人达成调解协议不仅要自愿，内容也不得违法，是法院调解自愿和合法原则的体现

（五）诚信原则

诚信原则是指当事人或其他诉讼参与人在民事诉讼中行使诉讼权利或履行诉讼义务，以及法官在民事诉讼中行使国家审判权进行审判时，应当公正、诚实、守信。关于这一原则，考生可从如下三个角度进行掌握：

1. 诚信原则原本是一项私法原则，《民事诉讼法》修改时将其引入公法领域，使之成为一项公法原则，主要是为了回应现实社会中虚假诉讼、恶意诉讼、拖延诉讼、伪造证据等现象。

2. 诚信原则约束的诉讼主体很广泛，既包括当事人，也包括证人、鉴定人等其他诉讼参与人，甚至人民法院也受到此项原则的制约，应客观公正地进行审理和裁判。

3. 对于违背诚信原则的诸多行为，立法上建立了一系列的规制处罚措施，典型的如《民事诉讼法》第115～116条规定的对恶意诉讼的规制措施，即罚款、拘留，构成犯罪则追究刑事责任。

注意： 修改后的《最高人民法院关于适用〈中华人民共和国民事诉讼法〉的解释》（以下简称《民事诉讼法解释》）在诚信原则之上增加了一系列的保障制度，典型的如第518条确立的失信被执行人名单制度，我们会在执行措施中进行讲解。

根据《民事诉讼法》规定的诚信原则的基本精神，下列哪一选项符合诚信原则？②

A. 当事人以欺骗的方法形成不正当诉讼状态

B. 证人故意提供虚假证言

C. 法院根据案件审理情况对当事人提供的证据不予采信

D. 法院对当事人提出的证据任意进行取舍或否定

---

① D ② C

（六）检察监督原则

检察监督原则又称法律监督原则，此一原则是 2012 年《民事诉讼法》加以修改的一项原则。具体而言，2012 年《民事诉讼法》对这一原则的修改体现在如下三个方面：

1. 监督范围的变化。检察监督的范围由原来的"民事审判活动"拓展至"民事诉讼"。民事诉讼是一个外延更大的概念，不仅包含民事审判活动，还包含执行活动。因此可以说，如今的检察监督是一种全方位的诉讼监督。

2. 监督方式的变化。人民检察院进行法律监督的传统方式是抗诉，但是抗诉必须遵循上抗下（最高人民检察院抗诉最高人民法院除外），即下级检察院发现自己同级法院的生效裁判有错误，只能提请自己的上级检察院进行抗诉，为了弥补同级检察院不能对同级法院抗诉的不足，《民事诉讼法》增加规定，同级检察院可以对同级法院提出检察建议。

3. 第三方面的变化。《民事诉讼法》赋予检察院一项新的职权，即检察院进行法律监督可以向当事人或案外人调查核实有关情况。

注意：调解书原本是根据双方当事人的合意做出，不属于检察监督的范围，但根据《民事诉讼法》第 215 条的规定，检察院对于生效的调解书也可以进行抗诉了，但是此种抗诉我们称之为"调解书的有限抗诉"，仅限于调解书的内容损害了国家利益、社会公共利益。因此，需要明确的是，检察院若发现生效调解书违背了自愿、合法原则，或生效调解书损害了他人合法权益是不能够提出抗诉的。

（七）线上与线下诉讼效力同等原则

2021 年《民事诉讼法》第 16 条规定，经当事人同意，民事诉讼活动可以通过信息网络平台在线进行。民事诉讼活动通过信息网络平台在线进行的，与线下诉讼活动具有同等法律效力。此一原则是 2021 年《民事诉讼法》新增的一项原则。需要注意的是：

在线诉讼的适用前提是当事人同意，用以保证当事人的程序选择权。

明确了在线诉讼的法律效力，即与线下诉讼活动具有同等法律效力。

二、基本制度

（一）合议制度

民事案件审判组织的形式有两种：合议制和独任制。合议制是原则，独任制是例外，因此需要掌握的考点是合议制的组成形式和独任制的适用范围两个方面。

1. 合议制：合议庭的组成应当是单数，但按照审级不同，在不同的审判程序中，合议庭的组成形式是不同的。

（1）一审普通程序：原则上由审判员和人民陪审员共同组成合议庭或由审判员组成合议庭审理。

例外：基层人民法院适用普通程序审理的基本事实清楚、权利义务关系明确的第一审民事案件，可以由审判员独任审理。

注意：关于民事诉讼中人民陪审员参与的案件范围，考生只需要记住规律：一审的争议案件。因此，二审程序若由合议庭审理的，则应当由审判员组成合议庭，其合议庭中没有人民陪审员；非争议案件，如特别程序、公示催告程序和督促程序没有人民陪审员。

（2）二审程序：第二审程序实行合议制的，应当由审判员组成合议庭审理。根据 2021 年《民事诉讼法》第 41 条的规定，中级人民法院对第一审适用简易程序审结或不服裁定提起上诉的第二审民事案件，事实清楚、权利义务关系明确的，经双方当事人同意，也可以由审判员独任审理，即二审程序并非一律采用合议庭审理。

注意： 另行组成合议庭的规定：二审发回重审或再审程序中，原审合议庭成员或独任审判员不得参加重审或再审合议庭，必须另行组成合议庭。其原因在于防止先入为主，便于纠正错误，避免公众的合理怀疑。

（3）再审程序：再审没有独立的审理程序规定，适用何种程序取决于原生效裁判是几审程序作出的。具体而言，原生效裁判是一审作出的，再审按照一审程序普通程序另行组成合议庭；原生效裁判是二审作出的或者经过提审的案件，再审按照二审程序另行组成合议庭。

人民法院按照一审程序审理再审案件，可否有人民陪审员参与合议庭？答案是肯定的，原因在于按照一审程序审理再审案件，其本质是一审，且适用的是一审普通程序。

（4）特别程序。仅选民资格案件、特别程序中的重大、疑难案件和担保财产标的额超过基层人民法院管辖范围的担保物权的实现案件是合议制，且要求必须由审判员组成。

2. 独任制。民事诉讼案件一般应当适用合议制度，这是一般原则。但是，在以下情形中适用独任制：

（1）简易程序中，应当由审判员独任审理。

（2）基层人民法院适用普通程序审理的基本事实清楚、权利义务关系明确的第一审民事案件，可以由审判员独任审理。

（3）中级人民法院对第一审适用简易程序审结或不服裁定提起上诉的第二审民事案件，事实清楚、权利义务关系明确的，经双方当事人同意，可以由审判员独任审理。

（4）在特别程序中，一般适用审判员独任。例外情形：选民资格、重大疑难、担保财产标的额超过基层人民法院管辖范围的担保物权的实现案件。

（5）公示催告程序，公告审理阶段适用独任制，除权判决阶段，由审判员组成合议庭审理。

（6）在督促程序中，也适用审判员独任审理。

注意： 无论是再审还是发回重审，只要按照第一审程序进行就可以有人民陪审员参加；而无论是再审还是发回重审，即使按照第一审程序进行，也不能适用独任制。

根据我国《民事诉讼法》和相关司法解释的规定，下列关于审判组织的表述错误的是？①

A. 第二审程序中只能由审判员组成合议庭

B. 二审法院裁定发回重审的案件，原审法院可以由审判员与陪审员共同组成合议庭

C. 法院适用特别程序，只能采用独任制

D. 独任制只适用于基层法院及其派出法庭

3. 合议庭评议制度。法院在开庭审理完毕后，应当进行合议庭评议。对于合议庭评议，应当注意三个层次：

（1）合议庭评议案件，实行少数服从多数的原则；

（2）评议应当制作笔录，由合议庭成员签名，持不同意见的合议庭成员也必须签名；

（3）评议中的不同意见，必须如实记入笔录。

注意： 这与《仲裁法》中规定的仲裁裁决的作出不一样。依据《仲裁法》第53条的规定，裁决应当按照多数仲裁员的意见作出，少数仲裁员的不同意见可以记入笔录。仲裁庭不能形成多数意见时，裁决应当按照首席仲裁员的意见作出。

（二）回避制度

西方法谚有言："任何人都不得做自己案件的法官。"因此，回避制度是为了保证案件能

① ACD

够得到公正的处理，且不受当事人的合理质疑。

1. 回避适用的对象。回避适用于审判人员（包括审判员、人民陪审员）、书记员、翻译人员、鉴定人、勘验人等。这些人的职责都在于要公正无私地为案件的处理进行相关工作，不承担这种工作职责的人无须回避。典型的不应混淆者有以下两类：

（1）诉讼代理人。诉讼代理人的职责在于维护委托人的利益，而非公正无私地处理案件。因此，诉讼代理人不适用回避制度。

（2）证人。证人本应当如实陈述案件的相关事实，但证人具有不可替代性，因此证人不适用回避。对于证人的公正性的保证，法律通过证明力制度来确认：具有利害关系的证人证言的证明力较弱，审判人员在处理案件时会考虑到这一因素。

2. 回避的法定情形。

（1）是本案当事人或者当事人、诉讼代理人的近亲属；

（2）与本案有利害关系；

（3）与本案当事人、诉讼代理人有其他关系，可能影响对案件的公正审理；

（4）审判人员接受当事人、诉讼代理人请客送礼，或者违反规定会见当事人、诉讼代理人。

注意：虽然《民事诉讼法解释》对于回避的若干情形予以细化和增加，然而从应试的角度出发，考生对于回避的法定情形根本无须记忆，应对的方法在于用常识去判断，关注题目中的语言表述。

对比这两个表述："法官是原告张三的小学同学"与"法官是张三的小学同学，曾经做过同桌，谈过一场轰轰烈烈的恋爱"，何者需要回避就简单明了了。

3. 回避的方式。自行回避、申请回避和职权的指令回避。按照法律规定应当回避的人员，应当主动提出回避。同时，为了保护当事人的利益，法律赋予了当事人申请回避的权利。申请回避是考试的常考点。

注意：《民事诉讼法解释》第46条增加了职权的指令回避的规定，即"审判人员有应当回避的情形，没有自行回避，当事人也没有申请其回避的，由院长或者审判委员会决定其回避。"

4. 申请回避程序。

（1）申请方式：书面方式、口头方式均可，但要说明理由。

（2）申请时间：最迟法庭辩论终结前。原则上应当在案件开始审理时提出，若回避事由是在案件开始审理后知道的，也可以在法庭辩论终结前提出，即整个审判过程中随时都可以申请回避。

丈夫起诉妻子要求离婚，原因在于妻子出轨。丈夫却从未见过现实存在的男"小三"本人，只见过其照片。法庭审理过程中丈夫发现坐在最前面的男法官看起来异常熟悉，于是豁然开朗，他就是那个男"小三"，此时就属于前述的回避事由是在案件开始审理后知道的。

（3）人民法院应该在3日内作出决定。

（4）对决定不服可以申请复议一次。

注意：这里的复议是由作出决定的原法院进行。申请复议是《民事诉讼法》中规定的一种救济途径。在民事诉讼中，复议一般都是找原法院，只有五个例外，我们在这里总结为2个决定、3个裁定，即罚款的决定、拘留的决定、执行行为异议的裁定、执行管辖权异议的裁定、驳回仲裁裁决执行申请的裁定。对上述5项的复议申请是向上一级法院提出。

5. 当事人申请回避后，被申请回避的人要暂停执行职务，但需要采取紧急措施的除外。

这里的紧急措施指的是保全或先予执行。

注意：在复议审查期间，被申请回避的人不停止参与本案工作。

6. 回避的决定权。《民事诉讼法》中回避的决定权分为三个层次：

（1）院长担任审判长或独任审判员时的回避，由审判委员会决定；

（2）审判人员（含陪审员）的回避，由院长决定；

（3）其他人员（翻译人员、鉴定人、勘验人）的回避，由审判长或独任审判员决定（这里需要注意与《刑事诉讼法》的区别，《刑事诉讼法》中此类人员的回避由院长决定）。

注意：最新的司法解释规定，书记员和执行人员的回避，适用审判人员的相关规定，即由院长决定。

7. 回避的后果。决定回避，更换人员后，诉讼程序继续进行，回避并不影响先前诉讼程序的效力。之所以这样规定，是因为《民事诉讼法》实行两审终审，一审中的人员应当回避而未回避，当事人上诉到二审法院，二审法院会给予相应的救济。

【关联考点】仲裁中仲裁员回避后，先前行为的效力待定，这样规定的原因在于一裁终局，裁决作出后立即发生效力，因此在程序中给予相应救济，允许申请重新来过。

8. 违反回避规定的法律后果：第二审人民法院发现第一审人民法院审判人员、书记员应当回避而未回避的，应依《民事诉讼法》规定，裁定撤销原判，发回原审人民法院重审。这是一种程序性制裁机制。

某区法院审理原告许某与被告某饭店食物中毒纠纷一案。审前，法院书面告知许某合议庭由审判员甲、乙和人民陪审员丙组成时，许某未提出回避申请。开庭后，许某始知人民陪审员丙与被告法定代表人是亲兄弟，遂提出回避申请。关于本案的回避，下列哪一说法是正确的？①

A. 许某可在知道丙与被告法定代表人是亲兄弟时提出回避申请

B. 法院对回避申请作出决定前，丙不停止参与本案审理

C. 应由审判长决定丙是否应回避

D. 法院作出回避决定后，许某可对此提出上诉

（三）公开审判制度

公开审判是指除法律明文规定之例外情形，法院审理案件和宣告判决一律公开进行的制度。公开审判制度由两部分组成，一是公开审理，二是公开宣判。需要注意的是，在法律明文规定的例外情形下，审理可能不公开进行，但是宣告判决一律公开，合议庭的评议则一律不公开。

公开审理是原则，不公开审理是例外，是否公开审理在具体适用上，又将其分为“应当不公开”和“可以不公开”。

1. 应当不公开审理的案件，又叫法定不公开、绝对不公开审理，是指如下两种情形：

（1）涉及国家秘密的案件；

（2）涉及个人隐私的案件。

2. 可以不公开审理的案件，又叫依申请不公开、相对不公开审理，是指法院不能依职权决定不公开审理，而必须根据当事人的申请才能决定不公开审理的案件，包括：

---

① A

（1）离婚案件，当事人申请不公开审理的，可以不公开审理；

（2）涉及商业秘密的案件，当事人申请不公开审理的，可以不公开审理。

注意：即使当事人申请不公开审理，法院也可能认为不符合规定而仍然公开审理。

唐某作为技术人员参与了甲公司一项新产品研发，并与该公司签订了为期2年的服务与保密合同。合同履行1年后，唐某被甲公司的竞争对手乙公司高薪挖走，负责开发类似的产品。甲公司起诉至法院，要求唐某承担违约责任并保守其原知晓的产品。关于该案的审判，下列哪一说法正确的？①

A. 只有在唐某与甲公司共同提出申请不公开审理此案的情况下，法院才可以不公开审理

B. 根据法律的规定，该案不应当公开审理，但应当公开宣判

C. 法院可以根据当事人的申请不公开审理此案，但应当公开宣判

D. 法院应当公开审理此案并公开宣判

（四）裁判文书的公众查阅制度

裁判文书的公开是公开审判制度的一项重要内容，对于加强社会监督、实现司法公开透明有重要意义。在司法实践中，裁判文书的公开已经在很多法院成为惯例，但原《民事诉讼法》没有规定。2012年《民事诉讼法》在法律层面对此作出规定，以使该项制度有法可依。

公众可以查阅发生法律效力的判决书、裁定书，但涉及国家秘密、商业秘密和个人隐私的内容除外。这里需要注意的是：

1. 公众查阅权对于法院来讲，就是义务，法院应当保障社会公众对生效裁判文书的查阅。

2. 公众的权利仅限于查阅，这与当事人、代理人可以查阅、摘抄、复制相关诉讼材料是不同的。

3. 注意对国家秘密、商业秘密和个人隐私的保护，涉及这些内容的部分应当保密。

4. 公民、法人或者其他组织申请查阅发生法律效力的判决书、裁定书的，应当向作出该生效裁判的人民法院以书面形式提出。

5. 公众可以查阅的文书限于发生法律效力的裁定书和判决书，而并不包括生效调解书，因为调解的过程和调解协议的内容原则上是不公开的。

注意：《民事诉讼法解释》第255条明确了人民法院对于申请查阅判决书、裁定书不同处理方式，考生只需浏览一下即可。

（五）两审终审制度

两审终审制度是指某一民事案件，经过两级人民法院审判即告终结的制度。

注意：这里的两级不等于两次。

二审法院审理上诉案件，发现一审法院的法官应当回避而未回避，于是将其发回重审，一审法院再次审理后案件一共审理了三次，但是所作之裁判依然不生效。

法考在两审终审制度上，常常考查其例外，以下几种案件实行一审终审：

1. 最高人民法院一审的案件，但是在民事诉讼中，最高人民法院从来没有审理过一审案件。

2. 一审中适用调解结案的案件，调解书不能上诉，但是可以通过再审程序加以救济。

3. 适用特别程序、督促程序、公示催告程序和企业法人破产还债程序审理的案件。

注意：非争议的案件一审终审，既不能上诉，也不能再审。

4. 小额诉讼案件（《民事诉讼法》第165条）。小额诉讼案件因为案件事实清楚、争议不

---

① C

大，且诉讼标的额较小，因此采用一审终审制度，用以提升诉讼效率。小额诉讼案件的裁判不能上诉，但可以再审。

王某与钱某系夫妻，因感情不和提起离婚诉讼，一审法院经审理判决不准离婚。王某不服提起上诉，二审法院经审理认为应当判决离婚，并对财产分割与子女抚养一并作出判决。关于二审法院的判决，违反了我国民事诉讼法的哪些原则或制度？①

A. 处分原则　　B. 辩论原则　　C. 两审终审制度　　D. 回避制度

① A、B、C

专题三　主管与管辖

码上揭秘

主管和管辖在民事诉讼总则中扮演着极其重要的角色。主管解决的是法院和其他国家机关、社会组织在解决民事争议时的分工与权限的制度。要提起民事诉讼，首先得确定起诉事项归不归法院主管，起诉事项如果不归法院主管，法院就不能受理。而管辖则解决了法院的内部分工，即对于一个特定的民事案件究竟由哪个法院来管的问题。管辖的规则很多，主要考点集中在地域管辖与指定管辖、管辖权异议之中，对于管辖的相关规定我们不能死记硬背，在《民事诉讼法解释》干管辖一章增加多条规定的背景下，我们必须善于总结规律，提高记忆的精准度。

一、主管

主管解决的是法院和其他国家机关、社会组织在解决民事争议时的分工与权限的制度。在法考中，常涉及如下三种：

1. 法院与人民调解委员会。这是主管这个考点中最重要的知识点，也是我们前面所说的诉讼外的人民调解，关于人民调解考生应当从如下几方面进行理解：

（1）人民调解委员会是群众性的自治组织，经过人民调解最终达成的人民调解协议没有强制执行力，只具有合同的相对约束力。

注意：人民调解协议经法院的司法确认后产生强制执行力。关于该司法确认程序我们会在后面的特别程序中详细讲到。

【关联法条】修改后的《民事诉讼法》第201条规定，依法设立的调解组织调解达成调解协议，申请司法确认调解协议，由双方当事人（或其代理人）自调解协议生效之日起三十日内，共同向人民法院提出。

第202条规定，人民法院受理申请后，经审查，符合法律规定的，裁定调解协议有效，一方当事人拒绝履行或者未全部履行的，对方当事人可以向人民法院申请执行；不符合法律规定的，裁定驳回申请，当事人可以通过调解方式变更原调解协议或者达成新的调解协议，也可以向人民法院提起诉讼。

（2）人民调解委员会有权进行调解的纠纷，人民法院均有权审理。不同之处在于只要有一方当事人提起民事诉讼，人民法院就应受理，而由人民调解委员会调解必须建立在双方自愿的基础上。只有双方当事人都同意交人民调解委员会调解的，才由调解委员会调解；而一方向调解委员会申请调解，另一方向法院起诉的，由法院主管。

（3）人民调解不是案件的必经阶段，民事纠纷产生后，可以不必经过人民调解，直接向法院起诉。

（4）人民调解不影响起诉，在调解不成或调解达成协议后反悔时，当事人依然可以向法院起诉。

注意：根据《国家法考辅导用书》（以下简称《辅导用书》）的观点，双方达成人民调解协议后反悔，转而向法院起诉的，此时起诉针对的是人民调解协议，而不是原纠纷。

甲、乙借款纠纷，金额为1万元，债务人乙到期不还，双方一致同意进行人民调解，经过调解，双方达成协议，同意乙还款8000元。后乙反悔，8000元也不想还了，甲起诉到法院。请问，诉讼金额是10000元还是8000元？根据《辅导用书》，金额应当是8000元，此时针对的是调解协议起诉，而不是原纠纷。当然，这种观点有争议，但是应对法考我们必须遵循《辅导用书》的观点。

2. 法院与仲裁委员会。法院与仲裁委员会在民事纠纷主管问题上的关系是：

（1）法院主管的范围宽于仲裁委员会主管的范围。按照《仲裁法》的规定，仲裁委员会主管的范围是平等主体的公民、法人和其他组织之间发生的合同纠纷和其他财产权益纠纷，但婚姻、收养、监护、扶养、继承纠纷不属于其主管范围。而上述所有纠纷，均属于法院民事诉讼主管的范围。也就是我们常说的“身份关系不仲裁”。

（2）对合同纠纷或者其他财产权益纠纷，遵循“或裁或审”的原则，既可以选择诉讼，也可以选择仲裁，但这两种方式相互排斥，不能并列采用，双方只能择一。即有效的仲裁协议排斥诉讼。

注意：关于此点，考生有两点需要注意：第一，有效的仲裁协议才产生排斥的效力，而在仲裁协议无效的情形下，如身份关系约定了仲裁，法院当然可以依法受理。第二，排斥不等于禁止。双方虽然签订了有效的仲裁协议，但是一方起诉到法院未声明，法院根本不知道仲裁协议的存在，故对方应当在首次开庭前提出仲裁协议的抗辩，如对方不提抗辩，并应诉答辩，则视为承认法院有管辖权，审理之中自然无法再次提出此项协议抗辩主张。

（3）当事人在仲裁裁决被法院依法撤销或裁定不予执行又未重新达成仲裁协议的情况下，向法院提起民事诉讼，法院应当受理。

甲、乙因遗产继承发生纠纷，双方书面约定由某仲裁委员会仲裁。后甲反悔，向遗产所在地法院起诉。法院受理后，乙向法院声明双方签订了仲裁协议。关于法院的做法，下列哪一选项是正确的？①

A. 裁定驳回起诉

B. 裁定驳回诉讼请求

C. 裁定将案件移送某仲裁委员会审理

D. 法院裁定仲裁协议无效，对案件继续审理

3. 法院与劳动仲裁委员会。后者是前者的前置程序，即劳动争议发生后，当事人必须先向劳动争议仲裁委员会申请仲裁，若对裁决不服，才可在15日内向人民法院起诉。劳动争议当事人未经过劳动争议仲裁委员会仲裁的，不能直接向法院起诉。

二、管辖概述

1. 管辖恒定。管辖恒定是指确定案件管辖权，以起诉时为标准，对案件有管辖权的法院，不因确定管辖的因素在诉讼过程中发生变化而丧失其管辖权。管辖恒定原则包括级别管辖恒定和地域管辖恒定，具体包括如下情形：（1）当事人住所地、经常居住地的变化；（2）法院辖区的变化（因行政区划的变更而发生）。

注意：根据《民事诉讼法解释》第39条规定，如果原告在诉讼中增加或减少诉讼请求，致使其诉讼标的额超过或达不到受诉法院的级别管辖标准的，就应当调整级别管辖法院。即诉讼标的额的变化不再遵循管辖恒定。

---

① D

2. 专门法院的管辖。关于专门法院管辖，考试只考查过一次，考生只需记忆海事法院的管辖范围即可。海事法院管辖案件范围如下：（1）沿海港口作业纠纷提起的诉讼；（2）因船舶排放、泄漏、倾倒油类或者其他有害物质，或因海上生产、作业或者拆船、修船作业造成海域污染损害提起的诉讼；（3）因在中华人民共和国领域和有管辖权的海域履行的海洋勘探开发合同纠纷提起的诉讼。

三、级别管辖

关于级别管辖，考生只需记忆中级人民法院管辖案件范围即可。

1. 基层人民法院。基层人民法院在法院系统中数量最多，为及时化解纠纷，第一审民事案件原则上由基层人民法院管辖。

2. 中级人民法院。中级人民法院管辖的第一审民事案件有三类：

（1）重大的涉外案件：重大是指争议标的额大，或案情复杂，或一方当事人人数众多等具有重大影响的案件。

注意：只有“重大”的涉外案件才属于中级人民法院管辖，一般的涉外案件则属于基层人民法院管辖。

（2）本辖区内有重大影响的案件：在本辖区内有重大影响的案件由中级人民法院管辖。

注意：这里所谓本辖区内有重大影响，是指其影响范围超过了基层法院的辖区。

（3）最高人民法院确定由中级人民法院管辖的案件：考试考点常集中在这里。依据相关司法解释的规定，这类案件主要有：

①海事、海商案件：海事法院本身的级别就是中级人民法院。

②专利纠纷案件。

注意：并非每个中级人民法院都能管，只有特殊中级人民法院才能管，即由最高人民法院确定的中级人民法院管辖。同时，根据《民事诉讼法解释》第2条之规定，专利纠纷也可以由知识产权法院管辖。

③著作权民事纠纷案件，由中级以上人民法院管辖。

注意：并非都由中级人民法院管，还有若干基层人民法院可以管。各高级人民法院根据本辖区的实际情况，可以确定若干基层人民法院管辖第一审著作权民事纠纷案件。

④商标民事纠纷第一审案件。

注意：并非都由中级人民法院管，各高级人民法院根据本辖区的实际情况，经最高人民法院批准，可以在较大城市确定1~2个基层人民法院受理第一审商标民事纠纷案件。结论：②、③、④说明三类知识产权纠纷的一审都可以由基层人民法院管辖了。

⑤重大的涉港、澳、台民事案件。

⑥涉及域名的侵权纠纷案件，由侵权行为地或者被告住所地的中级人民法院管辖。

⑦虚假陈述证券民事赔偿案件，由省、直辖市、自治区人民政府所在的市、计划单列市和经济特区中级人民法院管辖。

⑧与仲裁相关的案件原则上都由中级人民法院管辖，只有两个例外，即国内仲裁中的证据保全与财产保全由基层人民法院管辖；例外情形下生效仲裁裁决的执行由基层人民法院管辖。考生重点掌握如下与仲裁相关的案件：

a. 申请确认仲裁协议效力的案件，由仲裁协议约定的仲裁机构所在地、仲裁协议签订地、申请人住所地、被申请人住所地的中级人民法院或者专门人民法院管辖；

b. 申请撤销仲裁裁决的，由仲裁委员会所在地的中级人民法院管辖；

c. 申请不予执行仲裁裁决的，由被执行人住所地或被执行的财产所在地中级人民法院管辖；

d. 申请执行仲裁裁决的，原则上由被执行人住所地或者被执行财产所在地的中级人民法院管辖。当执行案件符合基层法院一审民商事案件级别管辖受理范围，并经上级人民法院批准后，可以由被执行人住所地或者被执行财产所在地的基层人民法院管辖；

e. 涉外仲裁中的证据保全与财产保全。

⑨根据《民事诉讼法解释》第285条之规定，公益诉讼案件由侵权行为地或者被告住所地中级人民法院管辖。这实际上相当于增加了一种中院级别管辖的情形，考生应当引起足够关注。但是，需要指出的是，根据《最高人民法院关于环境民事公益诉讼案适用法律若干问题的解释》（以下简称《环境民事公益诉讼案件解释》）第6条第2款之规定，中级人民法院认为确有必要的，可以在报请高级人民法院批准后，裁定将本院管辖的第一审环境民事公益诉讼案件交由基层法院审理。

3. 高级人民法院。高级人民法院管辖在全省范围内有重大影响的案件。

4. 最高人民法院。最高人民法院管辖的第一审民事案件有两类：一类是在全国有重大影响的案件；另一类是最高人民法院认为应当由本院审理的案件。

注意： 最高人民法院的管辖与高级人民法院的管辖不同，高级人民法院管辖范围不包括认为应当由本院审理的案件。管辖的自由裁量权专属于最高人民法院，这一点也不同于刑事诉讼，在刑事诉讼中最高人民法院没有此项裁量权。

根据《民事诉讼法》和相关司法解释，关于中级法院，下列哪一表述正确？①

A. 既可受理一审涉外案件，也可受理一审非涉外案件

B. 审理案件组成合议庭时，均不可邀请陪审员参加

C. 审理案件均须以开庭审理的方式进行

D. 对案件所作出的判决均为生效判决

四、地域管辖

（一）一般地域管辖

1. 原则规定。原告就被告，由被告所在地法院管辖，具体可分为被告为公民和被告为法人或其他组织两种类型。

（1）被告是公民：①一般由被告住所地（户籍所在地）法院管辖；②被告住所地与经常居住地不一致，由经常居住地法院管辖；③被告的户籍迁出后尚未落户，有经常居住地的，由该地人民法院管辖；没有经常居住地的，由其原户籍所在地人民法院管辖。

经常居住地是指公民离开住所至起诉时已连续居住满1年的地方，但公民住院就医的地方除外。

根据这一定义，判断经常居住地有三点要求：

①时间标准是起诉时，即原告起诉的时候被告还住在此处；

②居住时长标准1年以上，包括1年；

③居住方式要求连续居住，即这里的1年不是简单地相加，如某甲在A地居住6个月后迁往B地居住6个月，此后回归A地继续居住了6个月，很显然，若单纯计算时间长度，在A地已经居住了6+6=12个月，但是因为不连续，所以A地并不是其经常居住地。

① A

之所以会规定公民住院就医的除外，是因为从常理上来说没人会把医院当家，更为重要的是，很多疾病的患者可能长期住院，如果把医院视为经常居住地，那么辖区内有医院的法院就会忙得不可开交。

（2）被告是法人或其他组织：由被告住所地法院管辖。这里的住所地是指法人或其他组织的主要办事机构所在地。

注意：《民事诉讼法》第27条规定：因公司设立、确认股东资格、分配利润、解散等纠纷提起的诉讼，由公司住所地人民法院管辖。这是《民事诉讼法》关于公司诉讼管辖之规定。适用该规定的案件一般都与公司的组织行为有关，常见的案件包括公司设立、公司解散、公司增资、公司减资、公司合并、公司分立、确认股东资格、分配利润以及变更公司组织形式。

《民事诉讼法解释》第22条规定：因股东名册记载、请求变更公司登记、股东知情权、公司决议、公司合并、公司分立、公司减资、公司增资等纠纷提起的诉讼，依照《民事诉讼法》第27条规定确定管辖。

2. 例外规定。被告就原告，由原告所在地法院管辖，常见的情形如下：

（1）对不在中华人民共和国领域内居住的人提起的有关身份关系的诉讼。

（2）对下落不明或者被宣告失踪的人提起的有关身份关系的诉讼。

（3）对一方被采取强制性教育措施的人提起的诉讼。

（4）对一方被监禁的人提起的诉讼。

注意：（1）（2）两项的案由限于有关身份关系的诉讼；（3）（4）两项的案由不限于有关身份关系的诉讼，同时，此二项中的一方指的是被告一方，如果被监禁或被采取强制性教育措施的一方是原告，那么只需适用原告就被告的一般原则，由被告住所地（经常居住地）人民法院管辖即可；当原、被告双方都被监禁或被采取强制性教育措施时，一般由被告原住所地人民法院管辖。若被告被监禁或被采取强制性教育措施1年以上的（此时被监禁地或被采取强制性教育措施地相当于经常居住地），由被告被监禁地或被采取强制性教育措施地人民法院管辖。

（5）被告一方被注销户籍的，由原告所在地人民法院管辖（如果是双方被注销户籍，回到基本原则）。

（6）追索赡养费、抚养费、扶养费案件的几个被告住所地不在同一辖区的，可以由原告住所地人民法院管辖。

注意：这里要注意其中的三个要点：

①案件性质只限于“追索赡养费、抚养费、扶养费的案件”，这属于典型的身份之诉，也是我们在当事人一讲会详细讲到的必要共同诉讼的一种；

②必须满足本案存在多个被告，且多个被告的住所地不在同一辖区，如果只有一个被告或多个被告均属于同一法院辖区，那么就只适用“原告就被告”的原则；

③这里法条表述是“可以”由原告住所地人民法院管辖，也就是说，即便满足赡养费、抚养费、扶养费案件有多个被告不在同一辖区的条件，多个被告的住所地法院也都有权管辖（此时成立共同管辖。下面以常见的追索赡养费的案件进行讲解）。

张老汉住在某市A区，老汉有三个儿子，分别居住在某市的B、C、D三个区，老汉起诉居住在B区的大儿子，要求其给付赡养费，请问本案何地有管辖权？考生首先需要明确，本案中虽然老汉只起诉了居住在B区的大儿子，法院仍然会依职权追加二、三两个儿子为共同被告，从而满足本案有多个被告的条件，因此答案为A、B、C、D区法院都有管辖权。赡养费的案件之所以是必要共同诉讼，原因在于多个子女之间共负赡养义务，即权利义务不可分割，更为重要的是，赡养费不是均分的，必须综合考量子女的财产收入和经济状况，因此二、三两个儿子必须来到诉讼当中，从而有效认定大儿子是否履行了赡养义务以及应当承担的赡养份额。

（7）夫妻一方离开住所地超过1年，另一方起诉离婚的案件，可以由原告住所地人民法院管辖。

注意：夫妻双方都离开住所地超过1年，一方起诉离婚的案件，由被告经常居住地人民法院管辖；被告没有经常居住地的，由原告起诉时被告的居住地人民法院管辖。

李平（女）与王坚（男）二人于1993年在A市甲区某街道办事处登记结婚，婚后二人一直居住在B市乙区。1997年李平与王坚因在C市从事假烟生产被公安机关查获，C市丙区人民法院于同年12月以生产假冒产品罪判处李平与王坚有期徒刑5年。判决生效后李平与王坚被关押在位于C市丁区的监狱。2000年5月，李平拟向法院起诉离婚，请问下列哪个法院对本案有管辖权？①

A. 市甲区法院　　B. 市乙区法院

C. 市丙区法院　　D. 市丁区法院

（二）特殊地域管辖

1. 专属管辖。专属管辖是指法律规定某些特殊类型的案件专门由特定的法院来审理。这一规定属于强制性规定，当事人不能以协议管辖排除，也排除了上述的一般地域管辖和特殊地域管辖的适用。情形包括如下三种：

（1）因不动产纠纷提起的诉讼，由不动产所在地人民法院管辖。

注意：A. 这里的不动产纠纷，通常是指因不动产的权利确认、分割、相邻关系等引起的物权纠纷。但是，根据司法解释的规定，农村土地承包经营合同、房屋租赁合同、建设工程施工合同、政策性房屋买卖合同这四类合同纠纷，也按照不动产纠纷确定管辖。考试常考的是政策性房屋买卖合同和房屋租赁合同。考生需要明确的是，这里的政策性房屋买卖主要是指回迁房、安置房的买卖，不包括一般的商品房买卖，一般的商品房买卖纠纷适用合同纠纷的一般管辖规则，即由被告住所地和合同履行地法院管辖。

B. 不动产已登记的，以不动产登记簿记载的所在地为不动产所在地；不动产未登记的，以不动产实际所在地为不动产所在地。

（2）因港口作业发生纠纷提起的诉讼，由港口所在地人民法院管辖。

（3）因继承遗产纠纷提起的诉讼，由被继承人死亡时住所地或者主要遗产所在地人民法院管辖。注意：其一，这里既不是原告住所地，也不是被告住所地，而是被继承人死亡时住所地；其二，这里并不是遗产所在地，而是主要遗产所在地，判断主要的标准在于价值。

李老汉去世后，其子女因遗产继承问题产生纠纷，老汉去世时在本市A区有房子一间，在B区有几万元存款，很显然这里的A区就是主要遗产所在地。

注意：专属管辖并不排斥当事人选择以仲裁的方式解决争议，如双方在签订房屋买卖合同时依然可以约定仲裁。

2. 合同纠纷的管辖。

应对合同纠纷的管辖问题，考生应当遵循三步走的策略：

第一步：看是否存在专属管辖。与不动产相关的四类合同纠纷属于专属管辖，即农村土地承包经营合同、房屋租赁合同、建设工程施工合同、政策性房屋买卖合同。如果属于此四类合同纠纷，则要首先适用专属管辖。

第二步：看是否存在有效的协议管辖。民事诉讼中遵循意思自治，因此允许当事人进行协

① D

议管辖。有效的协议管辖必须同时满足如下6个条件：

（1）协议管辖的适用范围不限于合同纠纷，而是财产权益纠纷。

注意：对物的侵权纠纷也能适用协议管辖规则，因其本质上也属于财产权益纠纷。而人身侵权则不能适用协议管辖。

【关联法条】《民事诉讼法解释》第34条规定：当事人因同居或者在解除婚姻、收养关系后发生财产争议，约定管辖的，可以适用协议管辖规定确定管辖。因为这里仅仅针对的是财产争议，不涉及身份关系。

（2）当事人仅能就第一审案件的管辖进行约定。

（3）协议管辖必须采用书面形式。

注意：这里的书面形式包括书面合同中的协议管辖条款或者诉讼前以书面形式达成的选择管辖的协议。

（4）当事人可以在与争议有实际联系地点的法院中进行选择，即采用最密切联系原则。关于何谓有实际联系，其实很简单，沾边就算有联系，这里对于联系的解读很宽泛。例如双方签订一份货物买卖合同，货物在运输的过程中在北京市海淀区的某仓库贮存过，合同纠纷发生后双方就可以约定北京市海淀区法院管辖。

（5）当事人的选择原则上应当是确定、唯一的，即约定一个与争议有实际联系地点的法院管辖。但是，根据司法解释的规定，现在的协议管辖，双方可以同时约定两个以上与争议有实际联系的地点的人民法院管辖，此时协议管辖也是有效的，立法赋予原告向其中一个人民法院起诉的选择权。需要注意的是，约定两个以上的法院管辖并不当然有效，前提在于约定的两个以上的法院都要与争议有实际联系。

（6）当事人的选择不得违反我国级别管辖和专属管辖的规定。

注意：《民事诉讼法》统一了国内案件与涉外案件的协议管辖规则，案件范围扩大至财产权益纠纷，可选择的法院范围扩大至与争议有实际联系地点的法院。

【新增法条】《民事诉讼法解释》第32条规定：管辖协议约定由一方当事人住所地人民法院管辖，协议签订后当事人住所地变更的，由签订管辖协议时的住所地人民法院管辖，但当事人另有约定的除外。

该解释第33条规定：合同转让的，合同的管辖协议对合同受让人有效，但转让时受让人不知道有管辖协议，或者转让协议另有约定且原合同相对人同意的除外。

第三步：如果既不存在专属管辖的情形，也不存在有效协议管辖的情形时，则适用合同纠纷的法定管辖（一般管辖）规则：

（1）因合同纠纷提起的诉讼，原则上由被告住所地或合同履行地法院管辖，就是常说的合同纠纷两地管。

（2）被告住所地很简单，原则上是户籍所在地，既有户籍地又有经常居住地的，经常居住地优先。需要明确的是，关于合同履行地，大家不能笼统记忆，要看合同是否实际履行。

①如果合同履行了，那就直接按一般规定，被告住所地和合同履行地人民法院都有管辖权。

②如果合同没有实际履行，当事人双方住所地又都不在合同约定的履行地的，应当由被告住所地人民法院管辖。

注意：此时约定的履行地没有管辖权。

③如果约定履行地与实际履行地不一致，应当以约定履行地作为合同的履行地。

例外：双方达成书面的补充协议，约定变更合同履行地。

【关联考点】合同履行地的确定。合同对履行地点没有约定或者约定不明确，争议标的为给付货币的，接收货币一方所在地为合同履行地；交付不动产的，不动产所在地为合同履行地；其他标的，履行义务一方所在地为合同履行地。即时结清的合同，交易行为地为合同履行地。

【新增法条】《民事诉讼法解释》第20条规定：以信息网络方式订立的买卖合同，通过信息网络交付标的的，以买受人住所地为合同履行地；通过其他方式交付标的的，收货地为合同履行地。合同对履行地有约定的，从其约定。

下面举出三个例子来说明上述规则。

1. 居住在A地的甲和居住在B地的乙签订了一份货物买卖合同，双方约定合同的履行地为C地，甲收到乙提供的货物后发现货物不合格，欲起诉乙，何地法院有管辖权？因合同已经履行，因此本题只需适用合同纠纷的一般管辖规则，被告住所地B地和合同履行地C地都有管辖权。

2. 居住在A地的甲和居住在B地的乙签订了一份货物买卖合同，双方约定合同的履行地为C地，后乙反悔，告知甲其不想交付货物，甲起诉乙，要求其履行合同，何地法院有管辖权？本题中合同没有实际履行，约定的履行地C地又不在双方当事人住所地A和B，因此只有被告住所地B地有管辖权。再想一下，如果约定的履行地为A地呢？

3. 居住在A地的甲和居住在B地的乙签订了一份货物买卖合同，双方约定合同的履行地为A地，后乙反悔，告知甲其不想交付货物，甲起诉乙，要求其履行合同，何地法院有管辖权？此时虽然合同没有实际履行，但是因为约定的履行地就在一方当事人的所在地，所以A地也有管辖权，此时A、B两地都有管辖权。

4. 居住在A地的甲和居住在B地的乙签订了一份货物买卖合同，双方约定合同的履行地为C地，但是履行过程中情形有所改变，实际的履行地为D地，甲收到乙提供的货物后发现货物不合格，欲起诉乙，何地法院有管辖权？因合同已经履行，因此本题仍需适用合同纠纷的一般管辖规则，即被告住所地和合同履行地，但本题有两个履行地，约定的履行地C地和实际的履行地D地，以哪个为准呢？根据最新的司法解释应该以约定的履行地为准，所以在此种情况下，被告住所地B地和约定的履行地C地有管辖权。

5. 这里特别要举一个自然人借款的案例。居住在A地的甲向居住在B地的乙借款5000元，逾期未偿还，乙欲起诉甲所要欠款，问何地有管辖权？首先，甲和乙之间的纠纷属于自然人借款的合同纠纷，根据民法的相关规定，自然人间的借款合同属于单务合同，甲单方面负有还款的义务。本案当中双方当事人没有约定合同履行地，按照上述履行地确定规则，合同对履行地点没有约定或者约定不明确，争议标的为给付货币的，接收货币一方所在地为合同履行地，即本案当中约定的合同履行地应当确定为出借一方原告乙的住所地B地。所以A地法院和B地法院对于该借款纠纷都有管辖权。

3. 几类特殊案件的管辖。

（1）保险合同。由被告住所地或者保险标的物所在地人民法院管辖。

注意：因财产保险合同纠纷提起的诉讼，如果保险标的物是运输工具或者运输中的货物，由运输工具登记注册地、运输目的地、保险事故发生地的人民法院管辖（没有运输的始发地）；因人身保险合同纠纷提起的诉讼，可以由被保险人住所地人民法院管辖。

【记忆规律】买保险是有目的的，所以有运输目的地。

（2）监护案件。不服指定监护或变更监护关系的案件，可以由被监护人住所地人民法院管辖。

注意：监护案件“可以”由被监护人住所地人民法院管辖，并非排斥被告住所地法院管辖，即被告住所地在此类案件中也有管辖权。

（3）诉前财产保全。

①诉前财产保全：由利害关系人向被申请人住所地、财产所在地或其他有管辖权的法院申请。

【记忆规律】有人、有钱+其他。这里的其他法院需要依据案件的具体类型加以确定。如果是合同纠纷，则其他法院是指合同履行地法院和被告住所地法院；如果是侵权纠纷，其他法院则是指侵权行为地法院和被告住所地法院。

②申请诉前财产保全后没有在法定的期间起诉，因而给被申请人、利害关系人造成财产损失引起诉讼的，由采取该财产保全措施的人民法院管辖，即谁保全，谁来管。

③申请诉前保全后在法定期间内起诉或者申请仲裁，被申请人、利害关系人因保全受到损失提起的诉讼，由受理起诉的人民法院或者采取保全措施的人民法院管辖。

（4）侵权纠纷。

①一般规定：同合同纠纷一样，也是两地管，由侵权行为地或被告住所地人民法院管辖。其中的侵权行为地作广义理解，包括侵权行为实施地和侵权结果发生地。

注意：信息网络侵权行为实施地包括实施被诉侵权行为的计算机等信息设备所在地，侵权结果发生地包括被侵权人住所地。

②缺陷产品、服务致损：产品制造地、产品销售地、服务提供地、侵权行为地和被告住所地人民法院都有管辖权。

注意：此规定只适用于产品、服务质量引起的侵权之诉，如果是产品质量引起的合同纠纷，则适用合同纠纷的一般管辖规则，即缺陷产品、服务存在请求权竞合。

甲县的电热毯厂生产了一批电热毯，与乙县的昌盛贸易公司在丙县签订了一份买卖该批电热毯的合同。丁县居民张三在出差到乙县时从昌盛贸易公司购买了一条该批次的电热毯，后在使用过程中电热毯由于质量问题引起火灾，烧毁了张三的房屋。张三欲以侵权损害为由诉请赔偿。下列哪些法院对该纠纷有管辖权？①

A. 甲县法院　　B. 乙县法院　　C. 丙县法院　　D. 丁县法院

引申问题：若张三欲以违约为由诉请赔偿，则上述哪些（个）法院对该纠纷有管辖权？答案：B。

（5）运输案件。运输案件的管辖规则区分合同和侵权两种不同情形。

①关于铁路、公路、水上、航空运输和联合运输合同纠纷案件的管辖——由运输始发地、目的地或者被告住所地人民法院管辖。

【记忆规律】合同看两头——始发地、目的地。

②关于铁路、公路、水上和航空事故请求损害赔偿案件的管辖——由事故发生地或者车辆、船舶最先到达地、航空器最先降落地或者被告住所地人民法院管辖。

【记忆规律】事故到现场——事故发生地、最先到达、降落地。

（6）海商案件。

①关于船舶碰撞或者其他海事损害事故请求损害赔偿案件的管辖——由碰撞发生地、碰撞船舶最先到达地、加害船舶被扣留地或者被告住所地人民法院管辖。

---

① A、B、D

②关于海难救助费用案件的管辖——由救助地或者被救助船舶最先到达地人民法院管辖。

③关于共同海损案件的管辖——由船舶最先到达地、共同海损理算地或航程终止地人民法院管辖（排除了被告住所地）。

【记忆规律】所有的侵权纠纷中，只有海难救助费用和共同海损案件，被告住所地没有管辖权，其他的侵权纠纷案件被告住所地都有管辖权。

【归纳总结】被告住所地没有管辖权的情形：①原告住所地管辖——《民事诉讼法》第23条；②专属管辖案件；③共同海损案件；④海难救助费用案件。

根据我国《民事诉讼法》的规定，下列哪些案件被告住所地法院没有管辖权？①

A. 原告对下落不明的被告提起的给付扶养费的诉讼

B. 海难救助费用案件

C. 共同海损案件

D. 遗产继承案件

4. 共同管辖与选择管辖。共同管辖与选择管辖是同一个问题的两个方面，都是指对于一个案件，法律规定有数个法院有管辖权。从法院角度来看，两个以上的法院都有权管辖，此为共同管辖，法律规定原告向两个以上有管辖权的人民法院起诉的，由最先立案的人民法院管辖；从当事人的角度来看，如果两个以上的法院都有管辖权，则原告可以选择其中一个法院提起诉讼，此为选择管辖。

注意：在共同管辖的情况下，原告向两个以上有管辖权的法院起诉时，《民事诉讼法》规定由最先立案的法院管辖，这与刑事诉讼（最初受理的）是不同的。

5. 移送管辖。

（1）移送管辖的适用条件。

①受诉人民法院已经依法受理了该案件。

注意：移送管辖的时间发生在受理后，若法院在受理之前就发现本院无管辖权则直接裁定不予受理，告知其向有管辖权的法院起诉。

②受诉人民法院对案件没有管辖权，或是其他有管辖权的法院已经在先立案了。

③受诉人民法院认为接受案件移送的人民法院有管辖权。

注意：接受移送的法院是否有管辖权只是受诉法院的一种主观判断，因此不要求其移送是正确的。

（2）移送管辖的例外。

①受移送法院即使认为本院对移送来的案件并无管辖权，也不得自行移送到其他法院，只能报请上级法院指定管辖。因此我们说移送管辖只能移送一次。

②两个以上人民法院都有管辖权的诉讼，先立案的人民法院不得将案件移送给另一有管辖权的人民法院；人民法院在立案前发现其他有管辖权的人民法院已先立案的，不得重复立案；立案后发现其他有管辖权的人民法院先立案的，裁定将案件移送给先立案的人民法院。

③根据管辖权恒定原则，人民法院的管辖权不受当事人起诉后住所地、经常居住地、行政区域变更的影响。有管辖权的人民法院受理案件后，不得以行政区域变更为由，将案件移送给变更后有管辖权的人民法院。

【归纳总结】移送管辖中的“三不能”：受移送的法院不能拒绝接受移送；不能退回给原移送法院；也不能再次移送。

---

① A、B、C、D

孔某在A市甲区拥有住房两间，在孔某外出旅游期间，位于A市乙区的建筑工程队对孔某隔壁李某房屋进行翻修。翻修过程中，施工队不慎将孔某家的山墙砖块碰掉，砖块落入孔某家中，损坏电视机等家用物品。孔某回来后发现此情况，遂交涉，但未获结果。孔某向乙区法院起诉。乙区法院认为甲区法院审理更方便，故根据被告申请裁定移送至甲区法院，甲区法院却认为由乙区法院审理更便利，不同意接受移送。以下哪些说法正确？①

A. 甲、乙二区对本案都有管辖权

B. 向何法院起诉，由原告选择决定

C. 乙区法院的移送管辖是错误的

D. 甲区法院不得再自行移送，如果认为无管辖权，应报A市中级法院指定管辖

6. 管辖权转移。管辖权的转移是指在一定的情形之下，将某个案件的管辖权由上级人民法院转交给下级人民法院，或者由下级人民法院转交给上级人民法院。因此，民事诉讼中的管辖权的转移包括向上转移和向下转移两种情形。

注意：（1）对于应由上级人民法院管辖的第一审民事案件，下级人民法院不得报请上级人民法院交其审理。即向下转移的时候主动的只能是上级法院。

（2）《民事诉讼法》限制了向下转移的情形，规定“确有必要将本院管辖的第一审民事案件交下级人民法院审理的，应当报请其上级人民法院批准”。因此，管辖权转移的口诀是“能上能下，下要批准”。

【新增法条】《民事诉讼法解释》第42条规定：下列第一审民事案件，人民法院依照民事诉讼法第39条第1款规定，可以在开庭前交下级人民法院审理：（1）破产程序中有关债务人的诉讼案件；（2）当事人人数众多且不方便诉讼的案件；（3）最高人民法院确定的其他类型案件。

管辖权转移与移送管辖的区别。

管辖权转移与移送管辖是不同的制度，要解决的问题不同，设立制度的目的也不同，两者的区别主要在于：

（1）内容不同：管辖权转移，转移的是管辖权；而移送管辖移送的是案件。

（2）方向不同：管辖权转移适用于上下级法院之间；而移送管辖主要适用于同级法院之间，特殊情形下也可适用于上下级法院之间。我们也可以这样理解两种制度的方向：管辖权的转移是从有到无，从本来有管辖权的法院转移到没有管辖权的法院；而移送管辖是从无到有，案件从没有管辖权的法院移送到其认为有管辖权的法院手中。

7. 指定管辖。指定管辖是指在一些特殊情形下，上级人民法院依据法律规定，指定下级人民法院对某一具体案件行使管辖权。指定管辖主要发生在如下三种情形：

（1）不方便管辖的情形：有管辖权的人民法院由于特殊原因，不能行使管辖权的，由上级人民法院指定管辖。这里的特殊原因包括法律上的原因和事实上的原因，前者如审判人员全部应当回避。后者如自然灾害，如四川地区发生地震，某一案件急需处理，此时可以由上级人民法院指定其他法院来管辖此案。

（2）移送管辖时：人民法院接受其他人民法院移送的案件后，经审查认为移送的案件按照法律规定不属于本院管辖的，依法报请上级人民法院指定管辖。

（3）发生管辖权争议时：两个以上人民法院之间对管辖权有争议的案件，法院之间应当协商，协商不成，层报共同的上级人民法院指定管辖。

---

① A、B、C、D

注意：《民事诉讼法解释》细化了法院之间协商和报上级法院指定管辖的相关程序。①双方为同属一个地、市辖区的基层人民法院的，由该地、市的中级人民法院及时指定管辖；同属一个省、自治区、直辖市的两个人民法院的，由该省、自治区、直辖市的高级人民法院及时指定管辖；双方为跨省、自治区、直辖市的人民法院，高级人民法院协商不成的，由最高人民法院及时指定管辖。

②对报请上级人民法院指定管辖的案件，下级人民法院应当中止审理。指定管辖裁定作出前，任何一方人民法院均不得对案件作出裁判，下级人民法院对案件作出判决、裁定的，上级人民法院应当在裁定指定管辖的同时，一并撤销下级人民法院的判决、裁定，并将案件移送或者指定其他人民法院审理，或者由自己提审。

某省甲市A区法院受理一起保管合同纠纷案件，根据被告管辖权异议，A区法院将案件移送该省乙市B区法院审理。乙市B区法院经审查认为，A区法院移送错误，本案应归甲市A区法院管辖，发生争议。关于乙市B区法院的做法，下列哪一选项是正确的？①

A. 将案件退回甲市A区法院

B. 将案件移送同级第三方法院管辖

C. 报请乙市中级法院指定管辖

D. 与甲市A区法院协商不成，报请该省高级法院指定管辖

8. 管辖权异议。管辖权异议是指法院受理案件以后，当事人在提交答辩状期间以书面形式向法院提出的该法院无管辖权的主张和意见。

（1）管辖权异议的条件：

①主体条件：管辖权异议提出的主体必须是本诉的当事人，即原告和被告。通常提出管辖权异议的主体是被告，因为是原告起诉选择的法院。

注意：有独立请求权的第三人和无独立请求权的第三人无权提出管辖权异议，如前所述，第三人是本案的当事人，但并非本诉的当事人。

②时间条件：异议应当在答辩期间提出，即在收到起诉状副本15日内提出。在涉外民事案件中，是收到起诉状副本30日内提出。

③形式条件：管辖权的异议应当以书面形式提出，口头提出无效。

④对象条件：管辖权异议只能向第一审人民法院提出，这里的第一审既可以是第一审地域管辖，也可以是第一审级别管辖。但是需要注意的是，这里的第一审只能是因起诉而开始的初始一审，因此人民法院发回重审或者按第一审程序再审的案件，当事人提出管辖异议的，人民法院不予审查。

（2）管辖权异议的处理方式：

①如果认为异议成立，一般是裁定将案件移送有管辖权的法院审理。

注意：移送的例外：债权人依照《民法典》第186条的规定向人民法院起诉时作出选择后，在举证期限届满前又变更诉讼请求的，经审查异议成立的，法院应当裁定驳回起诉。同时，人民法院对管辖异议审查后确定有管辖权的，不因当事人提起反诉、增加或者变更诉讼请求等改变管辖，但违反级别管辖、专属管辖规定的除外。

在产品质量纠纷中，原告以违约为由起诉，合同履行地法院受理案件后，原告在举证期限内将诉由变更为侵权，进而主张侵权损害赔偿，此时合同履行地将丧失管辖权。但此时合同履行地没有管辖权的原因并不在法院，法院受理案件本身没有错，现在无管辖的原因在于原告变

---

① D

更了诉讼请求，法院没有错，因此法院并不进行移送，而是直接驳回起诉。

②如果认为异议不能成立，应当裁定驳回异议。

③《民事诉讼法》第130条第2款规定：当事人未提出管辖异议，并应诉答辩的，视为受诉人民法院有管辖权，但违反级别管辖和专属管辖规定的除外。据此，将应诉管辖规则扩大适用到国内案件。

注意：当事人未提出管辖异议，就案件实体内容进行答辩、陈述或者反诉的，可以认定为应诉答辩。

（3）处理后的救济：当事人不服的，可以在10日内向上一级法院提出上诉。

例外：当事人对小额诉讼案件提出管辖异议的，人民法院应当作出裁定。裁定一经作出即生效。也就是小额诉讼案件管辖权异议的裁定是不能上诉的。

注意：这是我们民事诉讼中第一个可以上诉的裁定，民事诉讼中可以上诉的裁定考查三个，分别是管辖权异议的裁定、不予受理的裁定和驳回起诉的裁定。

【关联考点】《最高人民法院关于审理民事级别管辖异议案件若干问题的规定》

第2条　在管辖权异议裁定作出前，原告申请撤回起诉，受诉人民法院作出准予撤回起诉裁定的，对管辖权异议不再审查，并在裁定书中一并写明。

解读：撤回起诉并获准，相当于没有起诉，因此案件不存在，管辖权异议的前提也就不在了，因此对管辖权异议不再审查。

第3条　提交答辩状期间届满后，原告增加诉讼请求金额致使案件标的额超过受诉人民法院级别管辖标准，被告提出管辖权异议，请求由上级人民法院管辖的，人民法院应按照本规定第一条审查并作出裁定。

解读：很多考生会质疑这样的规定是否违背了管辖恒定原则，其实不然。这里的审查内容是特定的，即案件标的额的增加是正常还是非正常的，试想，如果原告为了规避受诉法院管辖，恶意在举证期限内增加诉讼请求金额，被告理应享有相对应的救济手段，即提出管辖权异议。

第5条　被告以受诉人民法院同时违反级别管辖和地域管辖规定为由提出管辖权异议的，受诉人民法院应当一并作出裁定。

解读：这一规定恰恰呼应了前文所述的管辖权异议既可以针对第一审地域管辖，也可以针对第一审级别管辖。

第6条　当事人未依法提出管辖权异议，但受诉人民法院发现其没有级别管辖权的，应当将案件移送有管辖权的人民法院审理。

解读：这一规定印证了移送管辖也可以发生在上下级法院之间（级别管辖权）的结论。

1. 住所在A市B区的甲公司与住所在A市C区的乙公司签订了一份买卖合同，约定履行地为D县。合同签订后尚未履行，因货款支付方式发生争议，乙公司诉至D县法院。甲公司就争议的付款方式提交了答辩状。经审理，法院判决甲公司败诉。甲公司不服，以一审法院无管辖权为由提起上诉，要求二审法院撤销一审判决，驳回起诉。关于本案，下列哪一表述是正确的？①

---

① B

A. D县法院有管辖权，因D县是双方约定的合同履行地

B. 二审法院对上诉人提出的管辖权异议不予审查，裁定驳回异议

C. 二审法院应裁定撤销一审判决，发回一审法院重审

D. 二审法院应裁定撤销一审判决，裁定将案件移送有管辖权的法院审理

2. 关于管辖权异议的表述，下列哪一选项是错误的？①

A. 当事人对一审案件的地域管辖和级别管辖均可提出异议

B. 通常情况下，当事人只能在提交答辩状期间提出管辖异议

C. 管辖权异议成立的，法院应当裁定将案件移送有管辖权的法院；异议不成立的，裁定驳回

D. 对于生效的管辖权异议裁定，当事人可以申请复议一次，但不影响法院对案件的审理

① D

专题四　诉的基本原理

诉是民事诉讼法上最基本的概念，民事诉讼围绕着诉而展开。与诉相关的其他概念，如诉的要素、诉讼标的、诉的分类、反诉等均以此为基础。诉的基本原理这一专题在民事诉讼中几乎每年一题，考点集中在诉讼标的、诉讼标的物和诉讼请求三个概念的辨析、反诉以及诉的分类之中，尤其是反诉，达到了三年考查两次的频率，《民事诉讼法解释》更是对反诉的相关规定作出了细化。此讲理论性较强，要求考生予以认真掌握。

码上揭秘

一、诉

诉是指当事人向人民法院提出的解决特定民事争议、保护自己民事实体权益的请求。在这个概念中，需要把握如下几个方面：

（一）诉是当事人提出的

只有当事人主动提出请求后才能形成诉。这反映在民事诉讼具体制度上，就是“不告不理”。“不告不理”要求法院对案件的处理是被动的，法院只在当事人提出请求的范围内进行审查。

（二）只有向人民法院提出解决纠纷的请求才能构成诉

发生民事纠纷后，当事人要求解决纠纷的途径不仅有民事诉讼，还包括和解、人民调解、仲裁等方式，而只有向人民法院提出，才能构成诉。这反映在民事诉讼具体制度上，就是民事诉讼主管制度及纠纷的解决机制。从理论上讲，社会纠纷是多种多样的，而解决社会纠纷的方式也是多种多样的，当事人可以选择和解、人民调解、仲裁或诉讼，这些构成社会纠纷的解决机制。当事人选择向法院提出请求要求解决纠纷只是纠纷解决的方式之一。

（三）请求的内容是要求解决民事争议，维护民事权利

民事诉讼的直接目的就是解决民事争议，维护民事权利。只有发生纠纷后，要求人民法院解决纠纷，才能形成诉。如果没有纠纷，向人民法院提出的请求也不是解决纠纷，那么就不属于这里所说的诉。例如，宣告失踪案件，申请人并不是与下落不明人之间因是否失踪的问题发生纠纷，仅仅是申请人要通过法定程序宣告下落不明人属于失踪人。这一概念界定，区分了我国民事诉讼法中的诉讼程序和非诉程序。特别程序、督促程序、公示催告程序、企业法人破产还债程序等非诉程序均不属于诉的范畴。

二、诉的要素

诉的要素即构成诉的不可缺少的因素。一般认为，诉由以下三个要素构成：

当事人、诉讼标的与诉的理由。对于前两者，下面都要详细介绍，这里只简单介绍“诉的理由”的概念。

诉的理由，是指原告起诉的事实和法律依据。这在书写民事起诉状的时候尤其重要。原告必须在诉状中明确写明诉讼请求的事实依据和法律依据。

三、诉讼标的

诉讼标的的识别一直是法考的重点。诉讼标的是指当事人之间争议并请求法院裁判的一种民事权利义务关系，诉讼标的存在于任何一种诉讼中，且一个诉只有一个诉讼标的。识别诉讼标的的关键要把握：诉讼标的就是一种民事法律关系。同时，注意诉讼标的与其他相关概念的区别。

（一）诉讼标的与诉讼标的物

诉讼标的物是指当事人之间发生争议的民事权利义务关系所指向的对象，通常表现为一定的金钱、财物或者行为；单纯的确认之诉和变更之诉不存在诉讼标的物，因为它们都是以调整抽象的法律关系为目的的起诉，这些诉讼是围绕法律关系本身而言的。换言之，诉讼标的物这一概念一般存在于给付之诉中。

甲和乙签订了一份买卖房屋的合同，约定甲将自己的房屋以200万元的价格过户给乙，在这一例子中，诉讼标的就是买卖法律关系，而诉讼标的物就是房子。

甲诉乙的离婚案件之中，诉讼标的即为婚姻法律关系，但是此一变更之诉中就不存在诉讼标的物。

（二）诉讼标的与诉讼请求

诉讼请求是当事人基于法律关系向法院提出的具体要求，当事人在诉讼过程中可以放弃、变更、追加或撤回诉讼请求。在一个具体的诉中，诉讼请求可以是一个，也可以是多个，如原告只要求解除婚姻法律关系，或原告既要求被告履行合同，又要求被告赔偿自己遭受的经济损失。

刘某习惯每晚将垃圾袋放在家门口，邻居王某认为会招引苍蝇并影响自己出入家门。王某为此与刘某多次交涉未果，遂向法院提起诉讼，要求刘某不得将垃圾袋放在家门口，以保证自家的正常通行和维护环境卫生。关于本案的诉讼标的，下列哪一选项是正确的？①

A. 王某要求刘某不得将垃圾袋放在家门口的请求

B. 王某要求法院保障自家正常通行权的请求

C. 王某要求刘某维护环境卫生的请求

D. 王某和刘某之间的相邻关系

四、诉的分类

诉的分类是民事诉讼基本理论中法考经常关注的考点，应当着重把握。按照诉讼请求的内容不同，诉可以分为三类：确认之诉、给付之诉与变更之诉。

（一）确认之诉

确认之诉，是指原告请求法院确认其与被告之间是否存在某种民事法律关系的诉。进而可以将其分为：积极的确认之诉和消极的确认之诉。前者是指原告要求确认存在某种民事法律关系；后者是指原告要求确认不存在某种民事法律关系。

原告起诉到法院要求确认其与被告之间的合同无效，这就是一个典型的确认之诉。

（二）给付之诉

给付之诉，是指原告请求法院判令被告履行一定民事义务的诉。给付的内容既可以是财产，也可以是行为。如果是行为，既可以是作为，如赔礼道歉；也可以是不作为，如停止侵害。

（三）变更之诉

变更之诉，也称形成之诉，是指原告请求法院以判决改变或消灭既存的某种民事法律关系

---

① D

的诉。

注意：在变更之诉中，当事人对现存的法律关系的存在并无争议，只是就该关系是否变更以及如何变更有争议。

女方向法院提出离婚诉讼，离婚诉讼提出的前提即女方承认婚姻法律关系的存在，只是要变更现存的这一婚姻关系。

【归纳总结】在法考中，判断诉的种类，以原告的诉讼请求为依据，不看被告的诉求。如原告起诉到法院要求被告依据合同约定给付货物，被告则主张合同无效，这里就是典型的给付之诉，而不是确认之诉。

关于诉的分类的表述，下列哪一选项是正确的？①

A. 孙某向法院申请确认其妻无民事行为能力，属于确认之诉

B. 周某向法院申请宣告自己与吴某的婚姻无效，属于变更之诉

C. 张某在与王某协议离婚后，又向法院起诉，主张离婚损害赔偿，属于给付之诉

D. 赵某向法院诉请离婚，属于给付之诉

五、反诉

（一）反诉的概念

反诉是指在已经开始的诉讼程序（本诉）的进行中，本诉的被告针对本诉原告向人民法院提出独立的反请求，目的在于抵销或吞并本诉原告提出的诉讼请求。因此，反诉是一种独立的诉的形态，反诉是相对于本诉而言的。

法考中常常要求我们学会区分反诉与反驳，两个概念在性质与主体上存在差异，具体而言：

1. 性质不同。反诉是一种独立的诉，而反驳是一种诉讼行为。广义的反驳是指在诉讼中当事人否定对方主张的全部诉讼行为。狭义的反驳是指否定对方证据的合法性、真实性的诉讼行为。

2. 主体不同。反诉的提出者只能是被告。而进行反驳的可以是原告也可以是被告。

【归纳总结】被告提出反诉是以承认本诉的存在为前提，这是区别反诉与反驳的关键。笔者举两个例子给大家体会一下：

1. 原告起诉到法院要求被告给付货款，被告答辩声称原告的产品质量不合格造成了自己的人身损害，主张损害赔偿，请问这是反诉还是反驳？

2. 原告起诉到法院要求被告给付货款，被告答辩声称自己从来没向原告购买过货物，何来给付货款之义务，请问这是反诉还是反驳？

仔细分析上述两个例子，你会发现在例1中被告提出产品质量有问题实际上承认了本诉的前提法律关系———买卖存在，因此构成反诉；而例2中被告根本不承认本诉之存在，否定前提法律关系的存在，因此构成一种反驳。考生们，你们有没有豁然开朗呢？

还需指出的是，若想构成反诉，不仅要承认本诉存在的前提法律关系，还必须提出独立的反请求。例1之中的损害赔偿就是一种独立的反请求。

（二）反诉的构成条件

1. 反诉主体特定。由本诉的被告针对本诉的原告提出，因此可以说，在本诉和反诉中，原告和被告位置互换了。

---

① C

注意：《环境民事公益诉讼案件解释》第17条规定：环境民事公益诉讼案件审理过程中，被告以反诉方式提出诉讼请求的，人民法院不予受理。

《最高人民法院关于审理消费民事公益诉讼案件适用法律若干问题的解释》（以下简称《消费民事公益诉讼案件解释》）第11条规定：消费民事公益诉讼案件审理过程中，被告提出反诉的，人民法院不予受理。

2. 须反诉与本诉之间有牵连关系。牵连关系是理解的难点，这里的牵连关系既可以指两者存在法律上的联系，也可以指两者存在事实上的联系，考生只需掌握法律上的联系即可，尤其是基于同一个法律关系而产生的联系。法律上的牵连包括两者源于同一法律关系和两者源于相关联的法律关系两种：

（1）反诉与本诉请求是基于同一个法律关系而产生的目的相对抗的不同的实体请求：如原告提出请求交付买卖标的物的本诉，被告则提出请求支付价款或者请求确认买卖合同无效的反诉；

（2）反诉与本诉是基于相牵连的不同法律关系而产生的目的相对抗的不同的实体请求：如原告基于所有权请求被告交付所占有的动产，被告则反诉请求法院确认他对该动产享有的质权。

3. 反诉提出的时间特定。《民事诉讼法解释》及2019年新修的《证据规定》均将反诉的时间扩展到案件受理后，法庭辩论结束前。

注意：如果当事人在二审程序中提出反诉，人民法院则可以根据当事人自愿原则进行调解；如果调解不成，则就反诉部分告知当事人另行起诉。

4. 须向受理本诉的法院提出，且受诉法院对反诉须有管辖权。反诉是在本诉进行中提起的，并且要利用本诉的诉讼程序一并进行审理，因此反诉只能向受理本诉的法院提出。管辖权是法院对特定诉讼行使审判权的前提，故受诉法院须对反诉具有管辖权。若反诉应由其他人民法院专属管辖，本诉的法院应当裁定不予受理，告知另行起诉。

5. 须适用同一诉讼程序。之所以这样规定，是为了节约诉讼效率，防止作出矛盾的裁判，本诉和反诉一般会合并审理，因此适用的程序是一致的。换言之，本诉适用的是简易程序，反诉也要能适用简易程序。

注意：法院原则上应一并审理本诉与反诉，将两诉合并调查和辩论，并且一并对两诉作出裁判。在例外情况下，法院也可将反诉与本诉分开调查和辩论，并且在其中一诉已达到可作出判决的程度时，先行作出判决。

1. 甲公司起诉要求乙公司交付货物。被告乙公司向法院主张合同无效，应由原告甲公司承担合同无效的法律责任。关于本案被告乙公司主张的性质，下列哪一说法是正确的？①

A. 该主张构成了反诉　　B. 该主张是一种反驳

C. 该主张仅仅是一种事实主张　　D. 该主张是一种证据

2. 刘某与曹某签订房屋租赁合同，后刘某向法院起诉，要求曹某依约支付租金。曹某向法院提出的下列哪一主张可能构成反诉？②

A. 刘某的支付租金请求权已经超过诉讼时效

B. 租赁合同无效

C. 自己无支付能力

D. 自己已经支付了租金

---

① A　② B

专题五　当事人

码上揭秘

当事人是民事诉讼的主体，是任何一个诉讼不可或缺的要素，因此当事人这一专题在民事诉讼中的地位极其重要，我们时常将其称之为民事诉讼总则中的第一大核心考点。当事人的考点不仅分布于选择题之中，甚至频繁在卷四案例分析中进行考查，2014 年和 2015 年连续两年在卷四当中考查了第三人权利的救济。和刑事诉讼中当事人考查的方法不同，民事诉讼中侧重定性，因此学习此讲，考生必须识记每种当事人的特点，进而熟练认定各主体在诉讼中的角色定位。对于当事人相关内容的学习，考生经常会遇到困难，原因在于这一讲有些知识注重理论的解读，这也是近几年民事诉讼考查的又一角度。理解、识记、对比是应对这部分考点的三种核心方法。

一、诉讼权利能力

（一）概念

诉讼权利能力又称当事人能力，是指可以作为民事诉讼当事人的资格。这里解决的是能够作为当事人的资格问题，而不涉及能否以自己的行为行使诉讼权利和承担诉讼义务的问题。在民事诉讼中，具有诉讼权利能力的主体有三个：自然人、法人和其他组织。

（二）与民事权利能力的关系

民事权利能力是指可以作为民法中主体的资格，民法典规定：自然人、法人和非法人组织具有民事权利能力。据此，诉讼权利能力与民事权利能力在范围上已经基本重合。有民事权利能力，必有诉讼权利能力。

注意：其他组织具体包括：

a. 依法登记领取营业执照的个人独资企业；

b. 依法登记领取营业执照的合伙企业；

c. 依法登记领取我国营业执照的中外合作经营企业、外资企业；

d. 依法成立的社会团体的分支机构、代表机构；

e. 法人依法设立并领取营业执照的分支机构；

f. 依法设立并领取营业执照的商业银行、政策性银行和非银行金融机构的分支机构（不包括储蓄所）；

g. 经依法登记领取营业执照的乡镇企业、街道企业。

考生需要特别掌握这里的 e 和 f。其中 e 项，法人的分支机构指的是法人的分公司，分公司不等于子公司，因为子公司具有独立的法人资格。而分公司要成为具有诉讼权利能力的其他组织必须同时满足两个条件：依法设立 + 领取营业执照。

二、诉讼行为能力

（一）概念

诉讼行为能力，是指当事人亲自实施诉讼行为，并通过自己的行为，行使诉讼权利和承担诉讼义务的能力。

（二）与民事行为能力的关系

诉讼行为能力与民事行为能力基本相对应，具有民事行为能力即具有诉讼行为能力；但是两者也有不一致性，表现在自然人的民事行为能力的层次上。自然人的民事行为能力分为三种：无民事行为能力、限制民事行为能力与完全民事行为能力。而诉讼行为能力只有两种情形：有诉讼行为能力和无诉讼行为能力。限制民事行为能力人和无民事行为能力人都是不具有诉讼行为能力的。

（三）诉讼权利能力与诉讼行为能力的关系

具有诉讼权利能力即享有作为当事人进行诉讼的资格，但并不一定具有诉讼行为能力。如果他不具有诉讼行为能力，则由法定代理人代为进行诉讼活动。最典型的就是未成年人、精神病人，此两类人是具有诉讼权利能力的，可以作为民事诉讼中的当事人，但是其不具有诉讼行为能力，必须要有法定代理人代理其参加诉讼。

注意：无民事行为能力人、限制民事行为能力人造成他人损害的，无民事行为能力人、限制民事行为能力人和其监护人为共同被告。

三、当事人适格

（一）概念

当事人适格，也称正当当事人，是指对于具体的诉讼，有作为本案当事人起诉或应诉的资格。

注意：诉讼权利能力和诉讼行为能力是抽象的概念，与具体的案件无关，而当事人适格则必须在具体案件中才能得以判断，也就是说，当事人适格与否是针对具体诉案件而言的。

例如，每一个洋粉（你们）都具有诉讼权利能力和诉讼行为能力，但是在我和我媳妇的离婚案件中你们就不适格。

（二）判断标准

1. 一般标准——当事人是否是诉争的民事法律关系的主体，即有没有法律上的直接利害关系，我们把这一类适格当事人叫作实体当事人。

2. 特殊情形——在某些例外的情况下，根据当事人的意思或者法律的规定，依法对他人的民事法律关系或民事权利享有管理权的主体可以作为适格当事人，我们把这一类称为非实体当事人，具体包括：

（1）依法宣告失踪人的财产代管人；

（2）遗产管理人、遗嘱执行人；

（3）保护死者名誉权、著作权等而提起诉讼的死者的近亲属；

（4）著作权管理组织。

注意：前三个非实体当事人的产生是基于法律的规定，而著作权管理组织作为适格当事人则是基于当事人的意思。

关于当事人能力与当事人适格的概念，下列哪些表述是正确的？①

A. 当事人能力又称当事人诉讼权利能力，当事人适格又称正当当事人

B. 有当事人能力的人一定是适格当事人

C. 适格当事人一定具有当事人能力

---

① A、C

D. 当事人能力与当事人适格均由法律明确加以规定

（三）公益诉讼制度

对污染环境、侵害众多消费者合法权益等损害社会公共利益的行为，法律规定的机关和有关组织可以向人民法院提起诉讼。

公益诉讼制度有下列特点：

1. 诉讼目的方面的特殊性。民事公益诉讼的目的是维护社会公共利益，不同于普通民事诉讼仅牵涉私人民事纷争，公益诉讼具有重大的社会价值。

2. 起诉主体的法定性、特殊性与广泛性。法定性是指公益诉讼的原告必须以获得法定授权的机关团体为前提，个人不能成为公益诉讼的原告；特殊性和广泛性，是指民事公益诉讼的原告并不限于遭受违法行为侵害的直接利害关系人，而在传统民事诉讼领域，原告必须是与案件有直接利害关系的当事人。

注意：根据《民事诉讼法》第55条规定："人民检察院在履行职责中发现破坏生态环境和资源保护、食品药品安全领域侵害众多消费者合法权益等损害社会公共利益的行为，在没有前款规定的机关和组织或者前款规定的机关和组织不提起诉讼的情况下，可以向人民法院提起诉讼。前款规定的机关或者组织提起诉讼的，人民检察院可以支持起诉。"

【关联法条】根据《两高关于检察公益诉讼案件适用法律若干问题的解释》第13条的第1款和第2款：人民检察院在履行职责中发现破坏生态环境和资源保护、食品药品安全领域侵害众多消费者合法权益，侵害英雄烈士等的姓名、肖像、名誉、荣誉等损害社会公共利益的行为，拟提起公益诉讼的，应当依法公告，公告期为30日。公告期满，法律规定的机关和有关组织、英雄烈士等的近亲属不提起诉讼的，人民检察院可以向人民法院提起诉讼。

3. 民事公益诉讼的提起条件。有明确的被告；有具体的诉讼请求；有社会公共利益受到损害的初步证据；属于人民法院受理民事诉讼的范围和受诉人民法院管辖。

注意：公益诉讼的提起并不以存在实际损害为前提条件，可以针对那些给社会公众或不特定多数人造成潜在危害的不法行为提起民事公益诉讼。

4. 民事公益诉讼的管辖。公益诉讼案件由侵权行为地或者被告住所地中级人民法院管辖，但法律、司法解释另有规定的除外。因污染海洋环境提起的公益诉讼，由污染发生地、损害结果地或者采取预防污染措施地的海事法院管辖。

【关联法条】依据《环境民事公益诉讼案件解释》第6条第2款之规定，中级人民法院认为确有必要的，可以在报请高级人民法院批准后，裁定将本院管辖的第一审环境民事公益诉讼案件交由基层法院审理。

注意：有权提出公益诉讼的主体对同一侵权行为分别向两个以上人民法院提起公益诉讼的，由最先立案的人民法院管辖，必要时由它们的共同上级人民法院指定管辖。

5. 公益诉讼可以和解和调解。对公益诉讼案件，当事人可以和解，人民法院可以调解。当事人达成和解或者调解协议后，人民法院应当将和解或者调解协议进行公告。公告期间不得少于30日。

同时，《环境民事公益诉讼案件解释》第25条第2款规定：公告期满后，人民法院审查认为调解协议或者和解协议的内容不损害社会公共利益的，应当出具调解书。当事人以达成和解协议为由申请撤诉的，不予准许。

6. 公益诉讼和维护个人权益的传统私益诉讼的关系。人民法院受理公益诉讼案件，不影响同一侵权行为的受害人根据《民事诉讼法》第122条规定提起诉讼。也就是公益诉讼并不排斥受害人自行提出传统的私益诉讼。

7. 公益诉讼中特殊的程序性要求。

（1）人民法院受理公益诉讼案件后，应当在10日内书面告知相关行政主管部门；

（2）人民法院受理公益诉讼案件后，依法可以提起诉讼的其他机关和有关组织，可以在开庭前向人民法院申请参加诉讼。人民法院准许参加诉讼的，列为共同原告；

（3）公益诉讼案件的原告在法庭辩论终结后申请撤诉的，人民法院不予准许；

注意：在一般的民事案件中，原告在法庭辩论终结后申请撤诉，法院要听取被告意见，被告不同意的，人民法院可以不予准许。而公益诉讼的撤诉只能在法庭辩论终结前，一旦撤诉超过法庭辩论终结前到了法庭辩论终结后，法院无需询问被告意见，直接裁定不予准许。

（4）公益诉讼案件的裁判发生法律效力后，其他依法具有原告资格的机关和有关组织就同一侵权行为另行提起公益诉讼的，人民法院裁定不予受理，但法律、司法解释另有规定的除外；

（5）对公益诉讼案件的生效裁判提起第三人撤销之诉的，人民法院不予受理。

1. 大洲公司超标排污导致河流污染，公益环保组织甲向A市中级法院提起公益诉讼，请求判令大洲公司停止侵害并赔偿损失。法院受理后，在公告期间，公益环保组织乙也向A市中级法院提起公益诉讼，请求判令大洲公司停止侵害、赔偿损失和赔礼道歉。公益案件审理终结后，渔民梁某以大洲公司排放的污水污染了其承包的鱼塘为由提起诉讼，请求判令赔偿其损失。请回答（1）~（3）题。

（1）对乙组织的起诉，法院的正确处理方式是：①

A. 予以受理，与甲组织提起的公益诉讼合并审理

B. 予以受理，作为另案单独审理

C. 属重复诉讼，不予受理

D. 允许其参加诉讼，与甲组织列为共同原告

（2）公益环保组织因与大洲公司在诉讼中达成和解协议申请撤诉，法院的正确处理方式是：②

A. 应将和解协议记入笔录，准许公益环保组织的撤诉申请

B. 不准许公益环保组织的撤诉申请

C. 应将双方的和解协议内容予以公告

D. 应依职权根据和解协议内容制作调解书

（3）对梁某的起诉，法院的正确处理方式是：③

A. 属重复诉讼，裁定不予受理

B. 不予受理，告知其向公益环保组织请求给付

C. 应予受理，但公益诉讼中已提出的诉讼请求不得再次提出

D. 应予受理，其诉讼请求不受公益诉讼影响

2. 某品牌手机生产商在手机出厂前预装众多程序，大幅侵占标明内存，某省消费者保护协会以侵害消费者知情权为由提起公益诉讼，法院受理了该案。下列哪一说法是正确的？④

A. 本案应当由侵权行为地或者被告住所地中级法院管辖

B. 本案原告没有撤诉权

C. 本案当事人不可以和解，法院也不可以调解

D. 因该案已受理，购买该品牌手机的消费者甲若以前述理由诉请赔偿，法院不予受理

---

① D ② B、C、D ③ D ④ A

四、当事人的变更

当事人的变更，是指在诉讼过程中，根据法律的规定，原诉讼的当事人被变更或变动为新的当事人的一种诉讼现象。可以分为如下两种：

（一）自然人变更

在诉讼中，如果一方当事人死亡，有继承人的，人民法院应裁定中止诉讼并及时通知继承人作为当事人承担诉讼，被继承人已经进行的诉讼行为对承担诉讼的继承人有效。

注意：上述关于自然人变更的规定不适用于具有人身属性的诉讼，具有人身属性的诉讼不发生诉讼承担，诉讼只能终结，如离婚诉讼。

甲、乙为夫妻，育有一女丙。甲向法院起诉要求与乙离婚，一审法院判决准予离婚，乙不服提起上诉。在二审中，乙因病去世。本案中法院就应当裁定终结诉讼程序，而不能通知其女儿丙参加诉讼，因为这显然违背了社会的伦理道德。

（二）法人变更

1. 法人分立。由分立后的法人作为共同诉讼人接替原法人继续进行诉讼，这是一种典型的必要共同诉讼。

2. 法人合并。由合并后的新法人接替原法人或者其他组织继续进行诉讼。

3. 法人破产。由破产管理人接替原法人继续进行诉讼。

4. 法人解散。依法清算并注销前，以该企业法人为当事人；未依法清算即被注销的，以该企业法人的股东、发起人或者出资人为当事人。

四方公司与海通公司因合同纠纷进行诉讼，一审判决海通公司胜诉。四方公司不服，提起上诉。在第二审程序中，海通公司分立为海鸥公司和海洋公司。在此情况下，二审法院应如何处理？①

A. 将案件发回原审法院重审

B. 将海鸥公司和海洋公司列为共同诉讼人，进行调解，调解不成，发回重审

C. 将海鸥公司和海洋公司列为共同诉讼人，进行调解或者判决，不必发回重审

D. 仍将海通公司列为当事人，进行调解或者判决，执行程序中再裁定海鸥公司和海洋公司为被执行人

五、特殊情形下原、被告的具体确定

对于特殊情形的当事人的确定，我们按照权利义务的承担主体与行为主体的关系以及案件的类型，可以分为以下几种情形：

（一）行为人对自己的行为负责

1. 个人合伙的全体合伙人在诉讼中为共同诉讼人，这是一个典型的必要共同诉讼。

注意：个人合伙应当区别于合伙组织，合伙组织又称为合伙企业，在诉讼中以合伙组织或合伙企业的名义参加诉讼。合伙组织与个人合伙的区别并不在于是否登记，而在于是否领取执照，只有领取了执照才能认定为合伙组织，这是做题的关键。

2. 在诉讼中，个体工商户有字号的，以营业执照上登记的字号为当事人，同时注明该字号经营者的基本信息；没有字号的，以营业执照上登记的经营者为当事人。

注意：个体工商户应当区别于个人/私营独资企业，私营独资企业本身可以作为当事人。

---

① C

3. 法人或者其他组织应登记而未登记，或者他人没有代理权、超越代理权或者代理权终止后以被代理人名义进行民事活动，或法人终止后仍以其名义进行民事活动的，以直接责任人为当事人。

注意：他人没有代理权、超越代理权或者代理权终止后以被代理人名义进行民事活动的，一般是以直接责任人为当事人，但是若此时相对人有理由相信行为人有代理权，即构成了民法上的表见代理时，则可以起诉法人或其他组织。法考中构成表见代理的“冒用”有一个共通的特征即委托、雇佣关系是前提，什么意思呢？意思是说，行为人曾是法人或其他组织的受托人或代表人。

4. 当事人之间的纠纷经人民调解委员会调解达成协议后，一方当事人不履行调解协议，另一方当事人向人民法院提起诉讼的，应以对方当事人为被告，而不能以人民调解委员会为被告。

（二）对非因自己的直接行为负责

1. 法人非依法设立的分支机构，或者虽依法设立，但没有领取营业执照的分支机构引起的诉讼，以设立该分支机构的法人为当事人。

注意：法人的分支机构想要成为当事人，必须同时具有两个条件：依法设立 + 领取营业执照。两个条件缺一不可，否则只能由法人作为当事人。

2. 法人或其他组织的工作人员因执行工作任务造成他人损害的，该法人或其他组织为当事人。

3. 个体工商户、农村承包经营户、合伙组织雇用的人员在进行雇佣合同规定的生产经营活动中造成他人损害的，其雇主是当事人。注意：雇工责任一律由雇主承担，而不再区分雇工的主观心态是故意、重大过失还是过失。

4. 提供劳务一方因劳务造成他人损害，受害人提起诉讼的，以接受劳务一方为被告。

5. 在劳务派遣期间，被派遣的工作人员因执行工作任务造成他人损害的，以接受劳务派遣的用工单位为当事人。当事人主张劳务派遣单位承担责任的，该劳务派遣单位为共同被告。

（三）名誉权和精神损害赔偿案件

1. 自然人因侵权行为致死，或者自然人死亡后其人格或者遗体遭受侵害，死者的配偶、父母和子女向人民法院起诉请求赔偿精神损害的，列其配偶、父母和子女为原告；没有配偶、父母和子女的，可以由其他近亲属提起诉讼，列其他近亲属为原告。

注意：这里的原告是有顺序的。

2. 因新闻报道或作品发生的名誉权纠纷，应根据原告的起诉确定被告。

（1）只诉作者的，列作者为被告；

（2）只诉新闻出版单位的，列新闻出版单位为被告；

（3）对作者和新闻出版单位都提起诉讼的，将作者和新闻出版单位均列为被告。

注意：这里有个例外，当作者与新闻出版单位为隶属关系时，则只列单位为被告，此时相当于职务行为。为表明作者与新闻出版单位没有隶属关系，题目中常常出现“自由撰稿人×××”的表达。

（四）担保法律关系（保证法律关系）引起的诉讼

1. 债权人向债务人和保证人一并主张权利的，人民法院应将其列为共同被告，此时不区分一般保证还是连带保证。

2. 债权人仅起诉债务人的，只列债务人为被告，此时不区分一般保证还是连带保证。

3. 债权人仅起诉保证人的，此时应当区分一般保证和连带保证。在一般保证中，因一般保证人先诉抗辩权的存在，人民法院应当裁定驳回起诉；在连带保证中，债权人有选择权，若只起诉保证人，则可只列保证人为被告。

【关联考点】(1) 债权人向人民法院请求行使担保物权时，债务人和担保人应当作为共同被告参加诉讼；

(2) 同一债权既有保证又有物的担保，当事人发生纠纷提起诉讼的，债务人与保证人、抵押人或者出质人可以作为共同被告参加诉讼。

1. 甲、乙、丙三人合伙开办电脑修理店，店名为“一通电脑行”，依法登记。甲负责对外执行合伙事务。顾客丁进店送修电脑时，被该店修理人员戊的工具碰伤。丁拟向法院起诉。关于本案被告的确定，下列哪一选项是正确的？①

A. “一通电脑行”为被告

B. 甲为被告

C. 甲、乙、丙三人为共同被告，并注明“一通电脑行”字号

D. 甲、乙、丙、戊四人为共同被告

2. 徐某开设打印设计中心并以自己名义登记领取了个体工商户营业执照，该中心未起字号。不久，徐某应征入伍，将该中心转让给同学李某经营，未办理工商变更登记。后该中心承接广告公司业务，款项已收却未能按期交货，遭广告公司起诉。下列哪一选项是本案的适格被告？②

A. 李某　　B. 李某和徐某

C. 李某和该中心　　D. 李某、徐某和该中心

六、共同诉讼

共同诉讼是因为当事人一方或双方为多人而形成的诉讼形式，依据人数众多一方与对方争议的诉讼标的是一个还是多个的不同，将共同诉讼分为必要的共同诉讼和普通的共同诉讼。

（一）必要共同诉讼

1. 构成条件。

(1) 当事人一方或者双方为 2 人以上；

(2) 当事人之间的诉讼标的是共同的，必要共同诉讼之所以必要，就是因为共同诉讼人之间的诉讼标的具有同一性，也就是说，必要共同诉讼的诉讼标的是同一个，构成同一个诉讼。

注意： 正因为必要共同诉讼中当事人的诉讼标的具有同一性（同一个标的——一个诉），因此要求共同诉讼人一同起诉或应诉，如果共同诉讼人未一同起诉或应诉，法院应当追加。

2. 引起必要共同诉讼的情形。从理论上来说，我国的必要共同诉讼的情形可以划分为权利义务共同型和原因共同型两大类，关于理论分类考生无须记忆，只需掌握法律规定的情形：

(1) 以挂靠形式从事民事活动，当事人请求由挂靠人和被挂靠人承担民事责任的；

(2) 个体工商户，营业执照上登记的业主与实际经营者不一致的；

(3) 企业法人分立的；

(4) 个人合伙的全体合伙人，在诉讼中为共同诉讼人（有字号，注明即可）；

---

① C　② B

（5）借用业务介绍信、合同专用章、盖章的空白合同书或者银行账户的；

（6）在继承遗产的诉讼中。

注意：法律明确规定，部分继承人起诉的，人民法院应通知其他继承人作为共同原告参加诉讼，被通知的继承人不愿意参加诉讼又不明确表示放弃实体权利的，人民法院仍应把其列为共同原告。原因在于继承权的放弃只能明示。

考生在记忆引起必要共同诉讼的情形时，对于遗产继承纠纷不能想当然地认为其一定是必要共同诉讼。在法定继承与遗嘱继承并存之时，遗嘱继承人可能就是有独立请求权的第三人。为便于大家理解，笔者举两个例子来说明这个问题：

①杨老汉去世后留有房屋三间，大儿子将三间房子据为己有，老汉的二儿子将大哥诉至法院，诉讼中他们的小弟弟老三来到法院，对其兄说大哥、二哥你们都别争了，咱爹死之前留了遗嘱给我，咱爹说房子都是我的在这里，老三就是我们下面即将讲解到的有独立请求权的第三人。

②老林头在老伴去世后，又娶了一个单身老太太，婚后没多久老林头就撒手去世了，老太太将老林头的房子据为已有，老林头的三个儿子之一将老太太诉至法院，请求继承其父的房子，诉讼中，另外两个儿子申请加入诉讼。在这个例子中，三个儿子就是典型的必要共同诉讼的原告，因为他们“一致对外”——老太太。

（7）原告起诉被代理人和代理人，要求承担连带责任的（恶意串通），被代理人和代理人为共同诉讼人。

原告起诉代理人和相对人，要求承担连带责任的，代理人和相对人为共同被告。

（8）共有财产权受到他人侵害。

注意：这里的共有并不区分共同共有还是按份共有。

（9）原用人单位以新的用人单位和劳动者共同侵权为由向人民法院起诉的，应将新的用人单位和劳动者列为共同被告。

【关联法条】《民事诉讼法解释》第58条规定：在劳务派遣期间，被派遣的工作人员因执行工作任务造成他人损害的，以接受劳务派遣的用工单位为当事人。当事人主张劳务派遣单位承担责任的，该劳务派遣单位为共同被告。

《民事诉讼法解释》第67条规定：无民事行为能力人、限制民事行为能力人造成他人损害的，无民事行为能力人、限制民事行为能力人和其监护人为共同被告。

3. 必要共同诉讼的内部关系。因为必要共同诉讼中当事人的诉讼标的具有同一性（同一个标的——一个诉），所以必要共同诉讼人都必须参加诉讼，必要共同诉讼人的行为一般具有一致性，其中一人的诉讼行为经其他共同诉讼人承认，对其他共同诉讼人发生效力。

注意：这里的行为一致性——承认发生效力有一个例外，就是必要共同诉讼人的上诉。必要共同诉讼人独立行使上诉权，无须其他共同诉讼人承认。我们在二审程序中会讲解到，在这里大家先有个印象。

4. 必要共同诉讼人追加。因为必要共同诉讼具有不可分性，必须一同起诉或应诉，所以若必要共同诉讼人不参加诉讼，便存在追加的问题，这里的追加有两种：

（1）依职权追加。应当追加的原告，已明确表示放弃实体权利的，可不予追加；既不愿意参加诉讼，又不放弃实体权利的，仍追加为共同原告，其不参加诉讼，不影响人民法院对案件的审理和依法作出判决。

笔者把这个法条称作追加时区分原被告，应当追加的原告是权利人，权利可以放弃，但是必须明示；应当追加的被告则是典型的义务人，被告是不能放弃追加的，被追加的被告，如果不愿参加诉讼的，法院一般可以对其缺席判决；但对符合拘传条件的被告，则可以通过拘传强制其到庭参加诉讼。

【关联考点】一审漏人时二审、再审的处理。必须参加诉讼的当事人在一审中未参加诉讼，第二审人民法院可以根据当事人自愿的原则予以调解，调解不成的，发回重审。发回重审的裁定书不列应当追加的当事人。

依照审判监督程序再审的案件，人民法院发现原一、二审判决遗漏了应当参加的当事人的，可以根据当事人自愿的原则予以调解，调解不成的，裁定撤销一、二审判决，发回原审人民法院重审。

（2）依申请追加。由法院根据参加诉讼的当事人的申请进行。

注意：人民法院对当事人提出的申请，应当进行审查，申请理由不成立的，裁定驳回；申请理由成立的，书面通知被追加的当事人参加诉讼。

（二）普通共同诉讼

1. 构成条件。

（1）当事人一方或者双方为2人以上；

（2）当事人之间的诉讼标的是同一种类。所谓诉讼标的是同一种类，是指各个共同诉讼人与对方当事人争议的法律关系的性质或请求权的性质是相同的，即他们各自享有的权利或承担的义务属于同一类型，如数个业主欠交物业管理费，物业管理人向欠交物业管理费的数个业主提起的交纳管理费的诉讼，又如公共汽车发生交通事故导致该公共汽车乘客数人受伤，若干受害的乘客要求赔偿的诉讼等。

（3）经当事人同意人民法院认为可以合并审理的诉讼。因为普通共同诉讼中诉讼标的是多个，所以其实质是多个诉。共同诉讼人既可以单独起诉，也可以共同起诉。共同起诉的，法院为了提高诉讼效率，认为可以合并审理的，而当事人又同意合并审理的，就形成了普通共同诉讼。

注意：如果当事人不同意，法院不能硬性合并为共同诉讼。这一点和必要共同诉讼不同，必要共同诉讼就是一个诉，因此不可分，必须合并审理。

2. 内部关系。如前所讲，普通共同诉讼是可分之诉，共同诉讼人之间没有共同的权利义务，因此普通共同诉讼人各自拥有独立的诉讼实施权，其独立性体现在三方面：

（1）共同诉讼人各自的行为独立；

（2）诉讼中止等特殊情形可以独立适用；

（3）裁判结果独立。

1. 假设我对某培训机构的待遇极度不满，于是找到负责人A和负责人B两人进行谈判，谈判未果，本人一怒之下就把A和B给打了。打完之后，A想了想，还是算了，因为我，一个32岁的单身狗毕竟年轻气盛，又是给自己打工的，于是放弃了起诉求偿的念头。B不服，心想，谁没年轻过啊，年轻不是犯错的理由，于是想要起诉我。这里的A和B就是典型的普通共同诉讼原告，各自的行为独立，所以B完全可以单独起诉，此为行为独立。

2. 在上例的基础上我们继续引申，假设A和B都要起诉我，法官想要合并审理，但是A极力反对，认为自己身份特殊，不能和B共处一堂之上，此时法官就只能分别审理。分别审理之后，请问可不可能一个胜诉一个败诉？当然可能。此乃裁判结果独立。再进一步，请问可不可能二人都败诉了？那也是可能的，因为我虽然是刑诉副教授，但是毕竟讲了十年的民诉，民诉和刑诉我都会，和我打官司就是鸡蛋碰石头，所以二人就都败诉了。这就说明，普通共同诉讼人的裁判结果可能相同也可能是不相同的。

【归纳总结】必要共同诉讼和普通共同诉讼对比表。

区别	必要共同诉讼	普通共同诉讼
诉讼标的	共同的	同一种类的
诉讼标的数量	只有一个共同的诉讼标的	有数个诉讼标的
是否可分	不可分之诉，必须合并审理	具有可分性，由数个同一种类的诉讼标的合成，这些诉讼标的均具有独立性，并不一定合并审理
是否需要经过当事人同意	不需经过当事人同意，并且可以追加当事人	必须经过当事人同意才能合并审理
诉讼请求数量	一个或多个	多个

关于必要共同诉讼与普通共同诉讼的区别，下列哪些选项是正确的？①

A. 必要共同诉讼的诉讼标的是共同的，普通共同诉讼的诉讼标的是同种类的

B. 必要共同诉讼的诉讼标的只有一个，普通共同诉讼的诉讼标的有若干个

C. 必要共同诉讼的诉讼请求只有一个，普通共同诉讼的诉讼请求有若干个

D. 必要共同诉讼中共同诉讼人的诉讼行为必须一致，普通共同诉讼中共同诉讼人的诉讼行为不需要一致

E. 必要共同诉讼的裁判结果相同，普通共同诉讼的裁判结果不同

七、代表人诉讼

（一）概念

当事人一方或者双方人数众多（10人以上），具有同一或同种类的诉讼标的，而推选其中（当事人）一人或者数人作为代表进行的诉讼，为代表人诉讼。代表人数众多的一方当事人进行诉讼的人，为诉讼代表人（2~5人）。

1. 从这一概念中我们可以看出，代表人诉讼是共同诉讼中的一种特殊形式，因当事人人数众多（10人以上）而形成代表人诉讼。

2. 代表人只能从当事人中选，而不能从当事人以外的人中选，且代表人人数为2~5人。

3. 推选其他当事人作为代表人的人在选出代表人后，本人自然可以不来参加诉讼了，关键是代表人可不可以不亲自来参加诉讼？我们说，也是可以的，因为每位代表人还可以委托1~2个诉讼代理人，即代表人不来参加诉讼的时候，他们的代理人可以来。

（二）代表人诉讼的分类

1. 人数确定的代表人诉讼。人数确定的代表人诉讼，是指由起诉时人数已经确定的共同诉讼人推选出诉讼代表人，代替全体共同诉讼人参加诉讼的代表人诉讼。它应符合以下4个条件：

（1）当事人一方人数众多，10人以上。

（2）起诉时当事人人数已经确定。

（3）作为人数为多数一方的当事人之间具有同一的诉讼标的或具有同一种类的诉讼标的。因此人数确定的代表人诉讼，既可以是必要共同诉讼，也可以是普通共同诉讼。

---

① A、B

（4）当事人推选出代表人：

①可以由全体当事人推选共同的代表人；

②也可以由部分当事人推选自己的代表人；

③推选不出代表人的当事人，在必要的共同诉讼中可由自己参加诉讼（不可分），在普通的共同诉讼中可以另行起诉（可分）。

【记忆规律】人数确定的代表人诉讼推选代表人的记忆口诀是：靠选（全体推选、部分推选），选不出可以没有代表人（在必要的共同诉讼中自己来，在普通的共同诉讼中另行起诉）。

2. 人数不确定的代表人诉讼。考生需要重点掌握。人数不确定的代表人诉讼，是指在起诉时如果共同诉讼人的人数不能确定，则由向法院登记的权利人推选出代表人，代替全体共同诉讼人参加诉讼的代表人诉讼。它应符合以下几个条件：

（1）当事人一方人数众多，10 人以上，并于起诉时仍未确定；

（2）多数当事人之间的诉讼标的属同一种类。也就是说，人数不确定的代表人诉讼只能是普通共同诉讼；

（3）当事人推选出代表人。

①推选：由向法院登记了权利的那部分当事人推选出诉讼代表人；

②协商：在推选不出诉讼代表人时，可以由法院提出人选与当事人协商；

③指定：协商不成的，也可以由法院在起诉的当事人中指定代表人。

【记忆规律】人数不确定的代表人诉讼推选代表人的记忆口诀是：三步走（推选－协商－指定），最终肯定、必须有人代表（最终会由法院指定）。

（三）人数不确定的代表人诉讼的特殊程序

与人数确定的代表人诉讼相比，人数不确定的代表人诉讼具有以下特殊程序：

1. 公告。法院在受理多数人诉讼时，发现起诉时一方当事人人数尚未确定的，可以发出公告，说明案件情况和诉讼请求，通知权利人在一定期间内向法院登记。这里的权利人，是指主观上认为自己享有权利的人。公告的方式，可以根据纠纷涉及的范围具体确定，如在法院公告栏张贴公告，或在报纸、电视等媒体上发布。公告的期限，由法院根据具体案件的情况确定，但最少不得少于 30 日。

2. 登记。登记的目的在于确定当事人的人数，以便为诉讼做准备。在公告期内，权利人应当向发布公告的案件管辖法院登记，并证明其与对方当事人的法律关系和所受到的损害。证明不了的，不予登记，但因为是可分的，当事人可以另行起诉。由于登记本身并不引起诉讼的发生和诉讼的系属，只是表明自己具有案件当事人的身份，因此权利人未在公告期内登记的，仅表明他不作为本次诉讼的当事人，对他的实体权利并不会产生不利的影响。

3. 裁判效力。在人数不确定的代表人诉讼中，裁判的效力表现为两个方面：

（1）人民法院作出的判决、裁定，对参加登记的全体权利人发生效力。

（2）裁判扩张程序：未参加登记的权利人在诉讼时效期间内提起诉讼，法院认为其诉讼请求成立的，裁定适用法院已作出的判决、裁定，而无需另行裁判。之所以这样规定，是因为权利人起诉的依据基本相同，为了提高诉讼效率，防止作出相互矛盾的裁判。

（四）代表人的行为效力问题

在代表人诉讼中，因为代表人从当事人当中选，所以诉讼代表人的诉讼行为，对其所代表的当事人发生法律效力。但四个事项的处分，变更诉讼请求、放弃诉讼请求、承认诉讼请求与和解，必须经被代表当事人的同意。

注意：这里的“同意”是指事前的全体同意。一方面，事后的追认不可；另一方面，过半数的同意也不可，采用一票否决制。

【归纳总结】各个诉讼主体的行为效力问题：

普通共同诉讼	其中一人的诉讼行为**对其他共同诉讼人不发生效力。**
必要共同诉讼	其中一人的诉讼行为**经其他共同诉讼人承认，对其他共同诉讼人发生效力。**
代表人诉讼	除特定的对**实体权利的处分外**，代表人的诉讼行为对其所代表的当事人当然发生效力。 【注意】代表人的诉讼行为**对其所代表的当事人发生效力，但代表人变更、放弃诉讼请求或者承认对方当事人的诉讼请求，进行和解**必须经被代表的当事人同意。

注意：代表人的诉讼行为对其所代表的当事人发生效力，但代表人变更、放弃诉讼请求或者承认对方当事人的诉讼请求，进行和解必须经被代表的当事人同意。

某企业使用霉变面粉加工馒头，潜在受害人不可确定。甲、乙、丙、丁等20多名受害者提起损害赔偿诉讼，但未能推选出诉讼代表人。法院建议由甲、乙作为诉讼代表人，但丙、丁等人反对。关于本案，下列哪一选项是正确的？①

A. 丙、丁等人作为诉讼代表人参加诉讼

B. 丙、丁等人推选代表人参加诉讼

C. 诉讼代表人由法院指定

D. 在丙、丁等人不认可诉讼代表人情况下，本案裁判对丙、丁等人没有约束力

八、第三人

（一）概念

第三人，是指对他人争议的诉讼标的有独立的请求权，或者虽然没有独立的请求权，但是案件的处理结果与其有法律上的利害关系，为了维护自己的合法权益而参加到原、被告正在进行的诉讼中的人。根据第三人参加诉讼的根据不同，可以将第三人分为有独立请求权的第三人和无独立请求权的第三人。前者对原告和被告所争议的诉讼标的有独立的请求权，后者仅与他人案件的处理结果有法律上的利害关系。

（二）有独立请求权的第三人（简称有独三）

1. 参诉条件。

（1）对本诉的诉讼标的有独立的请求权。所谓独立的请求权，是指第三人所主张的请求权不同于本诉原告向被告主张的请求权，而是同时直接针对本诉原告和被告的。这种独立请求权的实体权利依据一般是物上请求权，即物权请求权，通常表现为第三人对他人之间争执的标的物主张所有权（包括继承权）。

（2）在本诉进行中提起。正在进行的诉讼应从何时起到何时止，法律没有具体规定，但从第三人参加的性质看，应从原告和被告确定时起，即从被告应诉起，到诉讼结束时止。

2. 参诉方式。以起诉的方式参加。有独立请求权的第三人既然对本诉的诉讼标的主张独立的请求权，因此其为权利人，权利是可以放弃的，因此有独立请求权的第三人只能以起诉的方式加入正在进行的诉讼中来，法院不会主动追加，因为这会违背不告不理的诉讼原理。

注意：既然是以起诉的方式参加诉讼，就应当符合《民事诉讼法》关于起诉的条件，也应当预交案件受理费。当然，有独立请求权的第三人也可以在辩论终结前撤回参加之诉，再另

① C

行确定是否再提起诉讼；因为撤回参加之诉，视为没有提起参加之诉，这一点与一般原告的起诉没有区别。

3. 参诉地位。有独立请求权的第三人实质上是参加之诉的原告，享有与本诉原告相同的诉讼权利，本诉原告能做的，有独立请求全权的第三人都能做，此处只有一个例外，即管辖权的异议，因为有独立请求权的第三人是本案当事人，却不是本诉当事人。同时，第三人参加之诉应当以本诉的原告和被告作为被告。在诉讼中，有独立请求权的第三人既对抗原诉讼的原告，又对抗原诉讼的被告，即他认为原诉讼的原告或被告，无论谁胜诉，都将损害他的利益。因此，在第三人参加之诉中，有独立请求权的第三人将原诉讼的原告和被告都作为参加之诉中的被告。

【记忆口诀】有独立请求权的第三人是“两手出击”，同时打击原诉讼中的原告和被告。

注意：有独立请求权的第三人提出的第三人参加之诉与本诉是两个相互独立的诉，互不影响。如果有独立请求权的第三人申请撤销参加之诉，本诉可以继续审理；本诉原告申请撤销本诉，有独立请求权的第三人作为另案原告，原案原告、被告作为另案被告，诉讼另行进行。

【关联考点】人民法院审理重婚导致的无效婚姻案件时，涉及财产处理的，应当准许合法婚姻当事人作为有独立请求权的第三人参加诉讼。

甲与乙对一古董所有权发生争议诉至法院。诉讼过程中，丙声称古董属自己所有，主张对古董的所有权。下列哪一说法正确？①

A. 如丙没有起诉，法院可以依职权主动追加其作为有独立请求权第三人

B. 如丙起诉后认为受案法院无管辖权，可以提出管辖权异议

C. 如丙起诉后经法院传票传唤，无正当理由拒不到庭，应当视为撤诉

D. 如丙起诉后，甲与乙达成协议经法院同意而撤诉，应当驳回丙的起诉

（三）无独立请求权的第三人（简称无独三）

1. 无独立请求权第三人的参诉条件。

（1）案件的处理结果与其有法律上的利害关系：无独立请求权第三人参加诉讼的根据，不是对本案原告和被告争议的诉讼标的有独立的请求权，而是与他人之间争议案件处理结果有法律上的利害关系。所谓法律上的利害关系，是指无独立请求权第三人的权利义务将受原告和被告间诉讼结果的影响，从而使权利义务有所增加或减少。

注意：从概念上来看，无独立请求权的第三人既可能和原告有法律上的利害关系，也可能和被告有法律上的利害关系。但是，纵观这些年的考题，无独立请求权的第三人和一方当事人有法律上的利害关系，这里的一方当事人一直考察的是被告。正因如此，无独立请求权的第三人和有独立请求权的第三人不同，他并非两手出击，同时打击原告和被告，而是通常站在和自己有利害关系的一方背后，帮着一方打另一方。

（2）本诉正在进行。时间是从被告应诉起，到诉讼结束时止。无独立请求权的第三人一般也是在第一审程序中参加，这一点与有独立请求权的第三人参加诉讼的时间相同。需要注意的是，根据司法解释的规定，第一审程序中未参加诉讼的第三人，申请参加第二审程序的，人民法院可以准许，即第三人（包括有独立请求权的第三人和无独立请求权的第三人）参加诉讼的时间被拓展到了二审。

---

① C

2. 无独立请求权第三人的参诉方式。

（1）申请参加。

（2）法院通知参加。法院的通知可能基于法院的职权行为，也可能基于原告或被告的申请。

3. 参诉地位。无独立请求权第三人是广义上的本案当事人，因此具有自己独立的诉讼地位。

（1）有权行使的诉讼权利。如提供证据、委托诉讼代理人、申请回避、进行辩论等；

（2）无权行使的诉讼权利（5个）。无权对案件的管辖权提出异议，无权放弃、变更诉讼请求或者申请撤诉与和解；

（3）附条件行使的诉讼权利（2个）。是否可以行使上诉权、对调解的同意权以及对调解书的签收权，取决于法院是否让其直接承担实体义务。

注意：①无独立请求权的第三人附条件行使上诉权，是指其成为上诉人的前提必须是一审判令其承担实体义务，若一审法院未判令其承担实体义务，则无独立请求权的第三人不能行使上诉权，成为上诉人。但是这里必须指出的是，无独立请求权的第三人成为被上诉人并不附条件，只要上诉人对于无独立请求权的第三人不满，无独立请求权的第三人就是被上诉人。②同理，只有一审判令无独立请求权的第三人承担实体义务，无独立请求权的第三人才可行使对调解的同意权、调解成功后对于调解的签收权，这里必须指出的是，无独立请求权的第三人加入原、被告之间的调解活动中并不附条件。

4. 应当作为无独立请求权第三人参加诉讼的几种情形：

（1）原用人单位起诉劳动者，列新单位为无独立请求权的第三人；原用人单位起诉新单位，列劳动者为无独立请求权的第三人。

（2）连环合同引起的诉讼。

这是法考最常考查的情形，如甲把自己的一批货物卖给了乙，乙又把该批货物转卖给了丙。丙收到该批货物后，发现货物质量存在问题，于是将乙诉至法院。诉讼中，乙申请法院通知第三人甲来参加诉讼，此时甲一般就是典型的无独立请求权的第三人。

（3）三角债务引起的代位权诉讼，债权人诉次债务人，债务人为无独立请求权的第三人。

（4）撤销权诉讼，债权人诉债务人，受益人为无独立请求权的第三人。

（5）合同转让中的第三人。

5. 不得作为第三人通知其参加诉讼的几种情形：

（1）与原、被告双方争议标的无直接牵连和不负有返还或赔偿义务的人。此种情形泛指一切与本案无关的案外人。

（2）与原告或被告约定仲裁或者约定管辖的案外人，或专属管辖案件的一方当事人。

注意：民事诉讼中遵循意思自治，如果案外人与一方当事人约定了仲裁或约定了管辖，说明双方已经协议排除了参加到正在进行诉讼中的前提。

（3）产品质量纠纷案件中原、被告之间法律关系之外的以下人员：

①证据证明其已经提供了合同约定或符合法律规定的产品的。

②或者案件中的当事人未在规定的质量异议期间提出异议的。

③或者作为案件中的收货方已经认可该产品质量的。对于此点，从合同法的角度来看，该案外人不承担责任，与本案没有法律上的利害关系。

（4）已经履行了义务，或依法取得了一方当事人的财产，并支付了相应的对价的原、被告之间法律关系以外的人。此种情形主要表现在一物数卖和善意取得的场合。一物数卖的场合下，出卖人只能履行一个买卖合同，其他买受人不能取得标的物而起诉出卖人时，实际取得标的物的买受人并不作为第三人参加诉讼。

此外，根据最高人民法院的批复，在工商行政管理部门进行鉴证、商检局对商品质量进行检验的合同中，如果当事人对合同纠纷提起诉讼，并以工商行政管理部门、商检局有过错应承担民事责任为由，要求将他们列为第三人的，法院不宜将工商局、商检局列为第三人。

甲为有独立请求权第三人，乙为无独立请求权第三人，关于甲、乙诉讼权利和义务，下列哪一说法是正确的？①

A. 甲只能以起诉的方式参加诉讼，乙以申请或经法院通知的方式参加诉讼

B. 甲具有当事人的诉讼地位，乙不具有当事人的诉讼地位

C. 甲的诉讼行为可对本诉的当事人发生效力，乙的诉讼行为对本诉的当事人不发生效力

D. 任何情况下，甲有上诉权，而乙无上诉权

【归纳总结】有独立请求权的第三人和无独立请求权的第三人：

对比内容	有独立请求权的第三人	无独立请求权的第三人
参诉根据不同	主张独立的请求权	认为有法律上的利害关系
参诉方式不同	起诉	申请或被人民法院追加
诉讼地位不同	原告	辅助人
权利不同	享有原告所有权利（除管辖权异议）	无权提出管辖权异议、无权放弃、变更诉讼请求，无权请求和解；是否有权上诉和签收调解书取决于是否直接承担责任

（四）第三人撤销之诉

为保障第三人的合法权利，《民事诉讼法》第 59 条规定了第三人撤销之诉制度，赋予没有参加诉讼的第三人（有独三 + 无独三）通过提起诉讼的方式，撤销原生效法律文书。根据立法原意，我国的第三人撤销之诉，是指当第三人因不可归责于己的事由而未参加原案审理，但原案的生效判决、裁定、调解书使其民事权益受到损害，可以请求法院撤销或改变原案生效判决、裁定、调解书中对其不利部分的诉讼程序。

1. 提起第三人撤销之诉的条件。

（1）程序条件。因不能归责于本人的事由未参加诉讼。无论是有独立请求权的第三人还是无独立请求权的第三人都可以参加到诉讼当中来，因此，对于那些知道原诉讼会损害自己的民事权益且能够参加诉讼的人，倘若因为自己的主观原因而没有参加诉讼的，不能提出撤销之诉。而在第三人并不知道原诉讼的存在，或者不知道原诉讼会损害其民事权益，或者虽然知道但是因为不可抗力等原因无法参加诉讼的时候，即可以通过提起第三人撤销之诉寻求救济。

（2）证据条件。有证据证明发生法律效力的判决、裁定、调解书的部分或者全部内容错误。第三人撤销之诉的目的在于纠正已经生效的有错法律文书，用以维护第三人的民事权益，其本身属于一种事后救济。此种救济因针对生效文书提出而可能推翻或部分推翻原生效文书的相关内容，消解生效文书的既判力。因此，现行立法对第三人撤销之诉的提出规定了更为严格的审查条件。《民事诉讼法解释》第 293 条的第 2 款和第 3 款规定：人民法院应当对第三人提交的起诉状、证据材料以及对方当事人的书面意见进行审查。必要时，可以询问双方当事人。经审查符合起诉条件的，人民法院应当在收到起诉状之日起 30 日内立案。不符合起诉条件的，

① A

应当在收到起诉状之日起30日内裁定不予受理。

注意：第三人撤销之诉属于一种事后救济机制。第三人撤销之诉不同于第三人参加之诉，其是在原案已经生成具备法律效力的判决、裁定、调解书之后，对非因自身原因而未能参加到原案诉讼程序中的第三人所提供的事后救济机制。

（3）结果条件。造成其民事权益的损害。若第三人的民事权益并未受到原生效判决、裁定、调解书的损害，则其无权提起第三人撤销之诉。

（4）时间条件。起诉时间要求在自知道或者应当知道其民事权益受到损害之日起6个月内提出。这一规定的目的在于维护生效裁决的稳定性，督促第三人及时行使权利，保护交易安全和社会秩序。

注意：这里的6个月采用主观标准，即“知道或应当知道”，而且此6个月是不变期间，不适用诉讼时效中的中止、中断和延长的规定。

（5）管辖条件。第三人撤销之诉应当向作出该判决、裁定、调解书的人民法院提起。如果该生效文书是一审作出的，则管辖法院为一审法院；如果生效文书是二审作出的，则管辖法院为二审法院。这样的规定，一方面便于原法院继续处理这一案件，另一方面避免了下级法院撤销或者变更上级法院的裁判的情形。

2. 第三人撤销之诉的消极范围。

对下列情形提起第三人撤销之诉的，人民法院不予受理：

（1）适用特别程序、督促程序、公示催告程序、破产程序等非讼程序处理的案件；

（2）婚姻无效、撤销或者解除婚姻关系等判决、裁定、调解书中涉及身份关系的内容；

（3）《民事诉讼法》第57条规定的未参加登记的权利人对代表人诉讼案件的生效裁判；

（4）《民事诉讼法》第58条规定的损害社会公共利益行为的受害人对公益诉讼案件的生效裁判。

3. 第三人撤销之诉的当事人确定。第三人提起撤销之诉，人民法院应当将该第三人列为原告，生效判决、裁定、调解书的当事人列为被告，但生效判决、裁定、调解书中没有承担责任的无独立请求权的第三人列为第三人。

4. 第三人撤销之诉的审理。

（1）《民事诉讼法解释》第294条规定：人民法院对第三人撤销之诉案件，应当组成合议庭开庭审理。我们可以由此得出第三人撤销之诉适用第一审普通程序进行审理的结论。

注意：撤销之诉尽管以前诉的存在为前提，但它系第三人提出的新的诉讼，因而各方当事人如果对其裁判结果不服，依然可以上诉。同时，原判决、裁定、调解书的内容未改变或者未撤销的部分继续有效。

（2）第三人撤销之诉的提起原则不应当中止对原裁判的执行，用以为了防止当事人利用第三人撤销之诉程序逃避生效文书所确定义务之实现。因此，在执行过程中，即便第三人提出了撤销之诉，执行也继续进行，假使根据撤销之诉的审理结果发现执行错误，可以通过执行回转进行救济。

（3）这里的不中止执行有一个例外：即人民法院受理第三人撤销之诉案件后，原告提供相应担保，请求中止执行的，人民法院可以准许。

5. 第三人撤销之诉的处理结果。受案人民法院经审理，诉讼请求成立的，应当改变或者撤销原判决、裁定、调解书；诉讼请求不成立的，驳回诉讼请求。具体而言：

（1）请求成立且确认其民事权利的主张全部或部分成立的，改变原判决、裁定、调解书内容的错误部分；

（2）请求成立，但确认其全部或部分民事权利的主张不成立，或者未提出确认其民事权利请求的，撤销原判决、裁定、调解书内容的错误部分；

（3）请求不成立的，驳回诉讼请求。

【关联考点】第三人权利的救济途径。

参加诉讼、案外人申请再审、案外人对执行标的的异议（简称执行异议）、第三人撤销之诉。其中，参加诉讼针对的是未生效文书，而后三种救济方式针对的均为生效文书，本质上都属于事后救济。我们知道，司法资源具有有限性，因此民事诉讼不应也不会允许案外人或第三人多次、重复、多头寻求救济。为理顺案外人申请再审、执行异议、第三人撤销之诉这三种事后救济的关系，《民事诉讼法解释》作出如下规定：

1. 第三人撤销之诉案件审理期间，人民法院对生效判决、裁定、调解书裁定再审的，受理第三人撤销之诉的人民法院应当裁定将第三人的诉讼请求并入再审程序。但有证据证明原审当事人之间恶意串通损害第三人合法权益的，人民法院应当先行审理第三人撤销之诉案件，裁定中止再审诉讼。立法这样的规定，实际上系源于"再审优先"的理念。所谓"再审优先"，用以指代当再审和第三人撤销之诉并存的时候，原则上当以诉的合并方式让再审吸收撤销之诉，即将第三人的诉讼请求并入再审程序。立法之所以采用此一理念，其原因在于第三人程序之诉适用第一审普通程序审理，撤销之诉的审理结果可以上诉、再审，未能体现救济的终局性，而在再审中我们会讲到，当事人申请再审找法院只能找一次，再审具有相对的终局性，为了维护司法权威，保证生效裁判的既判确定力，司法解释采用了"再审优先"的理念。

2. 第三人提起撤销之诉后，未中止生效判决、裁定、调解书执行的，执行法院对第三人依照《民事诉讼法》规定提出的执行异议，应予审查。第三人不服驳回执行异议裁定，申请对原判决、裁定、调解书再审的，人民法院不予受理。

案外人对人民法院驳回其执行异议裁定不服，认为原判决、裁定、调解书内容错误损害其合法权益的，应当根据《民事诉讼法》第234条之规定申请再审，提起第三人撤销之诉的，人民法院不予受理。

这个法条的上下两款难度较大，考生不必过于纠结此一法条的内在原理，从应试角度来讲，大家只需要记住该条规范实际上是按照"程序启动之先后顺序"作出的规定即可。具体而言，第三人撤销之诉在前，不排斥执行异议，因此提出执行异议的，法院应予审查；反之，执行异议在前，则排斥第三人撤销之诉，提出第三人撤销之诉的，法院不予受理。

【关联法条】修改后的《民事诉讼法解释》第302条规定：第三人诉讼请求并入再审程序审理的，按照下列情形分别处理：

（一）按照第一审程序审理的，人民法院应当对第三人的诉讼请求一并审理，所作的判决可以上诉；

（二）按照第二审程序审理的，人民法院可以调解，调解达不成协议的，应当裁定撤销原判决、裁定、调解书，发回一审法院重审，重审时应当列明第三人。

1. 丙公司因法院对甲公司诉乙公司工程施工合同案的一审判决（未提起上诉）损害其合法权益，向A市B县法院提起撤销诉讼。案件审理中，检察院提起抗诉，A市中级法院对该案进行再审，B县法院裁定将撤销诉讼并入再审程序。关于中级法院对丙公司提出的撤销诉讼请求的处理，下列哪一表述是正确的？①

A. 将丙公司提出的诉讼请求一并审理，作出判决

B. 根据自愿原则进行调解，调解不成的，告知丙公司另行起诉

C. 根据自愿原则进行调解，调解不成的，裁定撤销原判发回重审

D. 根据自愿原则进行调解，调解不成的，恢复第三人撤销诉讼程序

2. 汤某设宴为母祝寿，向成某借了一尊清代玉瓶装饰房间。毛某来祝寿时，看上了玉瓶，提出购买。汤某以30万元将玉瓶卖给了毛某，并要其先付钱，寿典后15日内交付玉瓶。毛某依约履行，汤某以种种理由拒绝交付。毛某诉至甲县法院，要求汤某交付玉瓶，得到判决支持。汤某未上诉，判决生效。在该判决执行时，成某知晓了上述情况。对此，成某依法可采取哪些救济措施？②

A. 以案外人身份向甲县法院直接申请再审

B. 向甲县法院提出执行异议

C. 向甲县法院提出第三人撤销之诉

D. 向甲县法院申诉，要求甲县法院依职权对案件启动再审

3. 以下关于第三人撤销之诉的说法不正确的是：③

A. 第三人撤销之诉的原告可以是有独立请求权的第三人，也可以是无独立请求权的第三人

B. 在张三诉李四买卖合同纠纷中，人民法院通知王五以第三人身份参加诉讼。王五既可以直接参加诉讼，亦可不参加诉讼而待判决生效后提起第三人撤销之诉

C. 第三人撤销之诉可以撤销的法律文书不但包括生效判决书，还包括生效的裁定书、调解书

D. 第三人可以自知道或者应当知道其民事权益受到损害之日起6个月内提起第三人撤销之诉

4. 关于第三人撤销之诉，下列哪一说法是正确的？④

A. 法院受理第三人撤销之诉后，应中止原裁判的执行

B. 第三人撤销之诉是确认原审裁判错误的确认之诉

C. 第三人撤销之诉由原审法院的上一级法院管辖，但当事人一方人数众多或者双方当事人为公民的案件，应由原审法院管辖

D. 第三人撤销之诉的客体包括生效的民事判决、裁定和调解书

---

① C ② B、C、D ③ B ④ D

专题六　诉讼代理人

诉讼代理人不是当事人，只是其他诉讼参与人，但是其与当事人的诉讼权利和义务相近似，考生必须结合民法代理的相关知识来掌握本专题的考点，如代理人应当以被代理人的名义进行诉讼活动，代理诉讼的法律后果由被代理人承担等。法考在这一专题中每年考查一题，命题规律是法定代理人与委托诉讼代理人交叉考查。总体而言，难度不大。

码上揭秘

一、法定代理人

（一）法定代理人的确定

1. 无诉讼行为能力当事人的监护人是他的法定代理人。
2. 多位监护人之间互相推诿，由人民法院指定其中一人代为诉讼。
3. 事先没有确定监护人的，可由有资格的人协商，协商不成，由法院指定。

（二）法定代理人的代理权限和诉讼地位

1. 法定代理人代理无诉讼行为能力人（精神病人＋未成年人）进行诉讼，其享有当事人的所有诉讼权利，也应当履行当事人的诉讼义务。

注意：民事诉讼中，我们称法定代理为全权代理。换言之，被代理人本人能干的，法定代理人都能干。这一点和刑事诉讼不同，因为在刑事诉讼中法定代理人不能代替未成年被告人行使最后陈述的权利。

注意：无民事行为能力人、限制民事行为能力人造成他人损害的，无民事行为能力人、限制民事行为能力人和其监护人为共同被告。

2. 法定代理虽然是全权代理，但是法定代理人毕竟不是当事人，当事人仍然是无诉讼行为能力人本人。

6岁的小明把5岁的小强给打了，小强住院治疗花费了3000多元的医药费，于是小强的父母将小明诉至法院。本案中原告还是小强，但是因为小强没有诉讼行为能力，由其监护人作为法定代理人代为参加诉讼而已。而根据司法解释的规定，本案中的被告则是小明和他的监护人。

关于法定诉讼代理人，下列哪些认识是正确的？①

A. 代理权的取得不是根据其所代理的当事人的委托授权

B. 在诉讼中可以按照自己的意志代理被代理人实施所有诉讼行为

C. 在诉讼中死亡的，产生与当事人死亡同样的法律后果

D. 所代理的当事人在诉讼中取得行为能力的，法定诉讼代理人则自动转化为委托代理

二、委托代理人

（一）委托代理人的范围

《民事诉讼法》对于代理人的资格进行了限制，要求必须是：

① A、B

1. 律师、基层法律服务工作者；

2. 当事人的近亲属或者工作人员；

3. 当事人所在社区、单位以及有关社会团体推荐的公民。

注意： 这里的工作人员必须有明确的劳动关系，因此某单位的兼职、实习生不属于这里的工作人员。同时，司法解释规定，无民事行为能力人、限制民事行为能力人以及其他依法不能作为诉讼代理人的，当事人不得委托其作为诉讼代理人。

（二）委托代理人的代理权限

委托代理人分两种，一种是一般授权的委托代理人，一种是特别授权的委托代理人，两者的代理权限存有不同。

1. 一般授权。一般授权的委托代理人可以处分程序性的诉讼权利，如申请回避、管辖权异议等，但不可以处分实体性的诉讼权利。

2. 特别授权。特别授权的委托代理人不仅可以处分程序性的诉讼权利，同时可以处分实体性的诉讼权利，即代为承认诉讼请求、放弃诉讼请求、变更诉讼请求、进行和解、调解、提起反诉或者上诉。

【记忆规律】 实体性诉讼权利的记忆口诀为“变承解放＋反上”，其中这里的“解”作扩大解释，不仅包括和解，还包括调解。因此实体性诉讼权利共有 7 个。

注意： 这里的和解既包括审判程序中的和解，也包括执行和解。《最高人民法院关于执行和解若干问题的规定》第 4 条规定：委托代理人代为执行和解，应当有委托人的特别授权。

注意： 当事人在授权委托书上仅写“全权代理”而未作具体授权的，视为一般授权，代理人无权处分实体性的诉讼权利。换言之，特别授权不能概括授权，必须一一明示之。

三、委托诉讼代理人后，本人可否不出庭的问题

1. 一般情况下，民事案件的当事人委托诉讼代理人代为出庭诉讼的，本人可以不出庭；

2. 离婚案件除外。因为离婚案件的核心议题是确认双方是否已经具备解除婚姻关系的条件，即感情破裂。感情只有双方最清楚，因此，在离婚案件中，即使诉讼代理人出庭的，双方当事人也必须出庭。

3. 离婚案件中双方当事人本人必须出庭也有例外。根据《民事诉讼法》第 65 条的规定，离婚案件有诉讼代理人的，本人除不能表达意思的以外，仍应出庭；确因特殊情况无法出庭的，必须向人民法院提交书面意见。即在本人不能正确表达意思的前提下，通过庭前提交书面意见的方式代替出庭。

注意： 这里的不能表达意思主要是指精神病人的离婚案件，因为此时精神病人本人不来，其法定代理人来了。

【归纳总结】 法定诉讼代理人与委托诉讼代理人。

比较内容	法定代理人	委托代理人
产生依据不同	法律规定	委托人的授权委托
代理对象不同	无民事行为能力人和限制民事行为能力人	代理当事人、法定代理人、法定代表人、诉讼代表人、第三人
代理权限不同	全权代理，可以处分当事人的一切实体权利和诉讼权利	只能在授权范围内进行诉讼活动，对实体权利的处分须有委托人的特别授权

续表

比较内容	法定代理人	委托代理人
主体范围	不同只能是当事人的监护人	范围广泛
权利消灭不同	被代理人死亡则法定代理权消灭	被代理人死亡，委托代理并不必然消灭

某市法院受理了中国人郭某与外国人珍妮的离婚诉讼，郭某委托黄律师作为代理人，授权委托书中仅写明代理范围为“全权代理”。关于委托代理的表述，下列哪一选项是正确的？①

A. 郭某已经委托了代理人，可以不出庭参加诉讼

B. 法院可以向黄律师送达诉讼文书，其签收行为有效

C. 黄律师可以代为放弃诉讼请求

D. 如果珍妮要委托代理人代为诉讼，必须委托中国公民

① B

专题七　民事证据

证据在法考中占有极其重要的位置，两大诉讼法都非常重视证据，正所谓以事实为根据，以法律为准绳，证据是认定案件事实的依据。法考对于证据的考查主要集中于证据的一般理论、证据的法定种类、证据的理论分类、举证责任的分配等。本专题我们主要探讨证据的一般理论、证据的法定种类和理论分类，要求考生学会判断证据的类型。本专题的内容在主观题的考试中可能会以开放性的命题形式出现。

码上揭秘

一、证据概述

1. 民事证据的概念。民事证据，是指在民事诉讼中能够证明案件真实情况的各种资料。民事证据不仅是当事人证明自己主张的证据材料，也是法院认定争议的案件事实、作出裁判的根据。只有经过质证和认证的证据，才能作为认定案件事实和裁判的根据。

2. 民事证据的特征。

（1）客观性——证据必须是对客观存在的客观反映。做梦时说的梦话、测谎仪的测谎结论都不具有客观性。

（2）关联性——与待证事实存在一定的内在联系，这种内在联系具体表现为，证据应当是能够证明待证的案件事实的全部或一部分的客观事实。这一特征常常在刑事诉讼中考查，如刑事诉讼中品格证据和类似行为就不具有关联性。

（3）合法性。在证据的特征中，合法性是最为重要的。证据的合法性有三点要求：

①证据的形式合法。这一点法考只考查过一次。

甲、乙两公司进行商务谈判，谈判过程中，甲公司负责记录谈判的会议纪要，会后甲公司在会议纪要上签了字，而乙公司没有签字。后两公司发生争议，问诉讼中该商务谈判的会议纪要可否作为证据使用？答案是不能，因为商务谈判的会议纪要要求双方签字，只有甲公司自己的签字，属于形式不合法。

②收集证据的手段与程序合法。在我国，人民法院调查收集证据，应当由两人以上共同进行。至于当事人、诉讼代理人收集证据的合法性，《民事诉讼法解释》第106条规定：对以严重侵害他人合法权益、违反法律禁止性规定或严重违背公序良俗的方法形成或者获取的证据，不得作为认定案件事实的根据。

我们把这个法条称为民事诉讼中的非法证据排除规则，关于这一点大家只需记住“偷听偷录不等于窃听窃录”。什么意思呢？我们民事诉讼在一定意义上允许一方当事人在适当场合下进行偷听偷录，却严格禁止侵犯他人隐私的窃听窃录。

甲、乙债务纠纷，债权人甲在诉讼中无法找到曾经借款时的借据，而债务人乙不承认借款这一事实存在，为了取得乙曾向自己借款的证据，甲请乙来家里喝茶，喝茶过程中甲对乙说：“老弟，你说，你是不是向我借过钱，你说吧，我不要了。”乙回答道：“嗯，借过，但是大哥我是真的没钱还啊。”甲把这段谈话进行了录音，则该录音就属于偷录，可以作为证据使用。假设喝茶过程中，甲未取得该录音，心里更不爽了，于是潜入乙家安装了窃听器，窃得乙和其妻子的谈话，就属于我们这里的窃听窃录，因为侵犯他人隐私就不具有合法性。

③证据材料转化为民事证据的程序合法。证据材料转化为诉讼证据必须经过法律规定的质证程序。当然，这里有个例外，对于人民法院依职权调查的证据无须质证，只需在庭审时出示，听取当事人意见，并可就调查收集该证据的情况予以说明。

二、证据的法定种类

民事诉讼证据的法定种类，是指《民事诉讼法》第66条明确规定的八种证据形式，即书证、物证、视听资料、电子数据、证人证言、当事人陈述、鉴定意见与勘验笔录。

1. 书证。书证是指以文字、符号、图形等形式所记载的内容或者表达的思想来证明案件事实的证据。

注意：当事人提交书证应当提交原件。如自己保存书证原件或者提供原件确有困难的，可以提供经人民法院核对无异的复制件。这是最佳证据规则的约束。

【新增考点】文书提出命令制度。根据《民事诉讼法解释》第112条规定，书证在对方当事人控制之下的，承担举证证明责任的当事人可以在举证期限届满前书面申请人民法院责令对方当事人提交。申请理由成立的，人民法院应当责令对方当事人提交，因提交书证所产生的费用，由申请人负担。对方当事人无正当理由拒不提交，人民法院可以认定申请人所主张的书证内容为真实。

【关联法条】《民事诉讼法解释》第114条规定，持有书证的当事人以妨碍对方当事人使用为目的，毁灭有关书证或者实施其他致使书证不能使用行为的，人民法院可以依照民事诉讼法第111条规定，对其处以罚款、拘留。

哥哥王文诉弟弟王武遗产继承一案，王文向法院提交了一份其父生前关于遗产分配方案的遗嘱复印件，遗嘱中有“本遗嘱的原件由王武负责保管”字样，并有王武的签名。王文在举证责任期间书面申请法院责令王武提交遗嘱原件，法院通知王武提交，但王武无正当理由拒绝提交。在此情况下，依据相关规定，下列哪些行为是合法的？①

A. 王文可只向法院提交遗嘱的复印件

B. 法院可依法对王武进行拘留

C. 法院可认定王文所主张的该遗嘱能证明的事实为真实

D. 法院可根据王武的行为而判决支持王文的各项诉讼请求

2. 物证。物证是指以其自身的外形、特征、质量、性能、痕迹等来证明案件事实的证据。典型的外形如物品的长、宽、高，痕迹如指纹、脚印等。

注意：物证和书证具有相对性，同一证据可能既是物证又是书证。

在一起走私淫秽物品牟利案的审判中，侦查机关收缴的淫秽书籍是物证还是书证？从走私的对象来说它是物证，从淫秽物品的角度来说它是书证，因为淫秽属于规范性的要件要素，只有看了其内容，体会了其中的思想才知道它是淫秽的。

3. 视听资料。视听资料是指以声音、图像及其他视听信息来证明案件待证事实的录像带、录音带等信息材料，具体包括录音资料和影像资料。

【归纳总结】视听资料与书证、物证的区别。

---

① A、C

（1）视听资料与书证的区别。视听资料与书证均是以其记载的内容作为证据来证明待证事实。两者的区别主要是直观性不同。书证具有直观性；而视听资料则具有非直观性。

（2）视听资料与物证的区别。视听资料是以通过特殊设备存储的资料证明待证事实，而物证则是以物品自身的外部特征或者内在属性来证明待证事实。

4. 电子数据。电子数据是指通过电子邮件、电子数据交换、网上聊天记录、博客、微博客、手机短信、电子签名、域名等形成或者存储在电子介质中的信息。

注意： 存储在电子介质中的录音资料和影像资料，适用电子数据的规定。

5. 当事人陈述。当事人的陈述往往具有两面性：一是可信性，当事人是案件的经历者，因此他们对案件情况了解得最全面、真切，陈述具有可信的一面；二是虚假性，这是因为当事人是案件的利害关系人，案件的处理结果关系到他的直接利益，基于趋利避害的心理使其陈述可能有虚假的成分。正因如此，《证据规定》第90条规定，当事人陈述不能单独作为认定案件事实的依据。即在民事诉讼中，当事人的陈述需要被其他证据所补强。

【关联法条】 为了保障当事人陈述的真实性，《民事诉讼法解释》建立了询问当事人的保证书制度：即人民法院认为有必要的，可以要求当事人本人到庭，就案件有关事实接受询问。在询问当事人之前，可以要求其签署保证书。保证书应当载明据实陈述、如有虚假陈述愿意接受处罚等内容。当事人应当在保证书上签名或者捺印。负有举证证明责任的当事人拒绝到庭、拒绝接受询问或者拒绝签署保证书，待证事实又欠缺其他证据证明的，人民法院对其主张的事实不予认定。

【新增法条】《证据规定》第65条第1、2款规定：人民法院应当在询问前责令当事人签署保证书并宣读保证书的内容。保证书应当载明保证据实陈述，绝无隐瞒、歪曲、增减，如有虚假陈述应当接受处罚等内容。当事人应当在保证书上签名、捺印。

6. 证人证言。证人证言是传统证据种类中最重要的一种，是指当事人之外了解案件有关情况的人向人民法院就自己知道的案件事实所作的陈述。关于证人证言，考生必须从如下几方面进行掌握：

（1）证人的资格。

①证人必须是当事人、诉讼代理人以外的人。

②证人必须是了解案件事实的人，证人不适用回避，案件当事人之外的第三人，只要其知晓案件的有关情况，其均可作为证人作证，即使其与案件的一方当事人有利害关系。

③证人必须能够正确表达意思。因此法律规定，待证事实与其年龄、智力状况或者精神健康状况相适应的无民事行为能力人和限制民事行为能力人，可以作为证人。

注意： ①民事诉讼中的证人包括单位与个人。这一点不同于刑事诉讼，刑事诉讼中不存在单位证人。

②本案的诉讼代理人、审判人员、书记员、鉴定人员、翻译人员、勘验人员不能作为本案的证人，之所以这样规定，是因为证人的身份不得具有重合性。

（2）证人出庭作证的启动方式。

①依当事人的申请。当事人申请证人出庭作证的，应当在举证期限届满前提出。

②法院职权通知。属于人民法院依职权收集证据情形的，人民法院可以依职权通知证人出庭作证。

注意： 未经人民法院通知，证人不得出庭作证，但双方当事人同意并经人民法院准许的除外。

【关联法条】《证据规定》第68条规定：人民法院应当要求证人出庭作证，接受审判人员和当事人的询问。证人在审理前的准备阶段或者人民法院调查、询问等双方当事人在场时陈述证言的，视为出庭作证。双方当事人同意证人以其他方式作证并经人民法院准许的，证人可以不出庭作证。无正当理由未出庭的证人以书面等方式提供的证言，不得作为认定案件事实的根据。

（3）出庭的例外。证人以出庭作证为原则，根据《民事诉讼法》第76条规定，有下列情形之一，经人民法院许可，可通过书面证言、视听传输技术或视听资料等方式作证：

①因健康原因不能出庭的；

②因路途遥远，交通不便不能出庭的；

③因自然灾害等不可抗力不能出庭的；

④其他有正当理由不能出庭的。

注意：证人在审理前的准备阶段或者人民法院调查、询问等双方当事人在场时陈述证言的，视为出庭作证。

（4）证人作证要求。①证人应当客观陈述其亲身感知的事实，作证时不得使用猜测、推断或评论性语言。②证人作证前不得旁听法庭审理，作证时不得以宣读事先准备书面材料方式进行。③证人应当就其作证的事项进行连续陈述。

（5）出庭费用负担。证人出庭作证的费用由败诉一方当事人负担。当事人申请证人作证的，由该当事人先行垫付；当事人没有申请，人民法院通知证人作证的，由人民法院先行垫付。

（6）证人作证的保证书制度。人民法院在证人出庭作证前应当告知其如实作证的义务以及作伪证的法律后果，并责令其签署保证书。证人拒绝签署保证书的，不得作证，并自行承担相关费用。但无民事行为能力人和限制民事行为能力人除外。

注意：证人签署保证书适用关于当事人签署保证书的规定。我们在当事人陈述中已经讲解过。

张志军与邻居王昌因琐事发生争吵并相互殴打，之后，张志军诉至法院要求王昌赔偿医药费等损失共计3000元。在举证期限届满前，张志军向法院申请事发时在场的方强（26岁）、路芳（30岁）、蒋勇（13岁）出庭作证，法院准其请求。开庭时，法院要求上列证人签署保证书，方强签署了保证书，路芳拒签保证书，蒋勇未签署保证书。法院因此允许方强、蒋勇出庭作证，未允许路芳出庭作证。张志军在开庭时向法院提供了路芳的书面证言，法院对该证言不同意组织质证。关于本案，法院的下列哪些做法是合法的？①

A. 批准张志军要求事发时在场人员出庭作证的申请

B. 允许蒋勇出庭作证

C. 不允许路芳出庭作证

D. 对路芳的证言不同意组织质证

7. 鉴定意见。鉴定意见是人民法院聘请或当事人自己委托的鉴定机构对专门性问题经过鉴定后做出的结论性意见。

注意：当事人自行委托鉴定机构作出鉴定意见是刑诉中所没有的，这是民诉中特有的，也正因为如此，法律规定若一方当事人自行委托有关部门作出的鉴定意见，另一方当事人有证据足以反驳并申请重新鉴定的，人民法院也应予准许。

① A、B、C、D

（1）鉴定的启动（可依申请，可依职权）。鉴定意见的启动途径有二：第一，当事人可以申请鉴定。当事人申请鉴定，应当在人民法院指定的期间内提出，在人民法院同意启动鉴定程序后，应由双方当事人从具备资格的鉴定人名录中协商确定鉴定人，协商不成的，由人民法院指定鉴定人。第二，人民法院委托鉴定。对于当事人没有申请鉴定，而符合依职权调查收集证据条件的，人民法院应当依职权委托鉴定，在询问当事人的意见后，指定具备相应资格的鉴定人。

（2）鉴定人出庭制度。根据《民事诉讼法》第81条规定，当事人对鉴定意见有异议或人民法院认为鉴定人有必要出庭的，鉴定人应当出庭作证。经人民法院通知，鉴定人拒不出庭作证的，鉴定意见不得作为认定事实的根据；支付鉴定费用的当事人可以要求返还鉴定费用。

注意：鉴定人应当在综合了解与鉴定内容相关的案件材料基础上进行鉴定。必要时，鉴定人还可以询问当事人、证人。鉴定完毕后，须出具书面的鉴定意见。

注意：鉴定人出庭费用按照证人出庭作证费用的标准计算，由败诉的当事人负担。因鉴定意见不明确或者有瑕疵需要鉴定人出庭的，出庭费用由其自行负担。

（3）申请重新鉴定。考生首先要明确对于申请重新鉴定，法院是严格限制的。只有在下列情形下，人民法院才能准予申请重新鉴定。这些情形是：

①鉴定机构或者鉴定人员不具备相关的鉴定资格的；

②鉴定程序严重违法的；

③鉴定意见明显依据不足的；

④经过质证认定不能作为证据使用的其他情形。

对鉴定意见的瑕疵，可以通过补正、补充鉴定或者补充质证、重新质证等方法解决的，人民法院不予准许重新鉴定的申请。重新鉴定的，原鉴定意见不得作为认定案件事实的根据。

（4）鉴定人鉴定的保证书制度：鉴定开始之前，人民法院应当要求鉴定人签署承诺书。承诺书中应当载明鉴定人保证客观、公正、诚实地进行鉴定，保证出庭作证，如作虚假鉴定应当承担法律责任等内容。

（5）专家辅助人出庭制度。根据《民事诉讼法》第82条的规定，当事人可以申请有专门知识的人出庭，就鉴定意见或专业问题提出意见。

关于专家辅助人制度，考生应从如下几个角度进行掌握：

①专家辅助人出庭只能依当事人的申请而启动，申请的时间限于举证期限届满前，人数为1~2名。

②人民法院接受申请后应当进行审查，符合条件的，就应当通知专业人士出庭；不符合条件的，予以驳回。

③专家辅助人出庭主要是为了弥补鉴定意见的不足，代表当事人对鉴定意见进行质证，或者对案件事实所涉及的专业问题提出意见。

④具有专门知识的人在法庭上就专业问题提出的意见，视为当事人的陈述。

⑤人民法院准许当事人申请的，相关费用由提出申请的当事人负担。即“谁申请，谁负担”，这一点与申请证人出庭的费用最终由败诉一方承担不同。

⑥人民法院可以对出庭的具有专门知识的人进行询问。经法庭准许，当事人可以对出庭的具有专门知识的人进行询问，当事人各自申请的具有专门知识的人可以就案件中的有关问题进行对质。具有专门知识的人不得参与专业问题之外的法庭审理活动。

8. 勘验笔录。勘验是人民法院收集证据的一种活动，是对证据的固定和保全。因此，勘验必须由法院的审判人员和其他人员依照法定程序进行。

注意：勘验的主体是特定的，必须由法院的审判人员和其他人员依照法定程序进行。勘验的启动也有两种方式，既可依申请，也可依职权。

关于证据的种类，下列哪些选项是正确的？①

A. 患者王某以误诊为由起诉某医院。王某提交的医院病历和 X 光片均属于鉴定结论

B. 李某在某杂志上发表了一篇披露黄某隐私的文章。黄某诉至法院并提交了该杂志，该杂志属于书证

C. 张某认为徐某伪造遗嘱侵犯其继承权，向法院起诉徐某。张某提供了该份遗嘱，该遗嘱属于书证

D. 周某驾车回家途中将行人吴某撞伤，交警冯某当时正处在事故现场，于是按照双方责任开具了事故认定书。吴某诉至法院要求周某赔偿，并提供了事故认定书，该事故认定书属于勘验笔录

三、证据的理论分类

证据的理论分类，是指在证据理论上（学理上）按不同的标准将证据分为不同的类别，因此与证据的法定种类不同，理论分类不具有法律上的约束力。在民诉中，主要有本证与反证、直接证据与间接证据、原始证据与传来证据三种。

（一）本证与反证——按照证明责任来划分

即谁主张积极事实，谁承担证明责任。

注意：民诉中的待证事实一般都是积极事实，而消极事实一般不是待证事实（证明对象）。例如，原告说被告向其借了钱，被告则说自己没有借钱。这里很显然借钱是一个积极事实，而没有借钱就是一个消极事实，因此由提出积极事实的原告承担证明责任。

1. 本证。本证是负有举证责任的一方当事人对其主张的事实所提供的证据。

2. 反证。反证是指不负有证明责任的一方当事人对其所主张的事实所提供的证据，反证的目的是提出证据否定对方提出的事实。可见，本证与反证的关键区别在于证据的提出主体对该证据欲证明的事实是否负有举证责任。

（1）本证和反证与当事人的诉讼地位无关，原告、被告都有可能提出本证或反证；

（2）本证通常先于反证提出，反证提出的目的在于削弱、动摇本证对待证事实的证明力；

（3）本证、反证的分类具有相对性，有时同一证据可能既是本证又是反证；

（4）反证与证据抗辩，从其目的上看是一致的，都是为了反驳对方当事人，其区别在于反证体现为独立的证据，而证据抗辩不是独立的证据，仅仅体现为对对方所提供证据的真实性提出的言词抗辩。

判断一个证据是本证还是反证，采取两步走的分析策略：

第一步，谁提出该证据；

第二步，该证据所欲证明的待证事实由谁承担证明责任。

当第一步提出证据的主体和第二步承担证明责任的主体为同一人时，该证据即为本证；反之，当第一步提出证据的主体和第二步承担证明责任的主体不是同一人时，该证据即为反证，

需要提示的是，关于第一步，谁提出该证据，具体题目中会告知，考生需要在此掌握的是谁承担证明责任。在本证与反证的判断中，证明责任的分配有如下两点规律：第一，法律关系、法律事实产生、存在由原告证明；第二，法律关系、法律事实变更、消灭由被告证明。

---

① B、C

综合以上规律，

我们通过几个例子来练习一下。

1. 原告诉请被告返还借款5万元，为证明这一事实，原告向法院提交了被告书写的“借据”；被告则主张“借款已经清偿”，并向法院出示了原告交给他的“收据”。判断一下这里的借据和收据是本证还是反证。

我们按照上述的步骤和规律解题，借据要证明的事实是借款存在，存在由原告证明，原告负证明责任，原告提出的证据当然就是本证；同理，收据要证明借款已经清偿，清偿相当于消灭，消灭由被告证明，被告负证明责任，被告提出的证据当然也是本证。所以在这个例子中，借据和收据都是本证。

2. 我们在上一个例子的基础上进行引申，原告诉请被告返还借款5万元，为证明这一事实，原告向法院提交了被告书写的“借据”，这里的借据还是本证，被告来到法院，提供了一个收据，收据上写着“还了3万，还欠2万”，现在问这个收据是本证还是反证。首先，还了3万元，说明消灭了3万元，消灭由被告证明，被告负证明责任，被告提出的证据当然就是本证；其次，再来看还欠2万元，还欠2万元属于存在，存在由原告证明，因此被告不负证明责任，那么不负证明责任一方提出的证据就是反证。因此，这一收据“既是本证，又是反证”。

很多考生会说，还了3万元的结果不就是还欠2万元吗？对于本证和反证的考题切记不能如此推断，严格从证据的内容上入手，按照上述的规律和步骤解题。

（二）直接证据与间接证据——依据证据与待证事实的关系进行分类

直接证据是指能够单独、直接证明案件待证事实的证据；间接证据是指不能单独、直接证明案件待证事实，需要与其他证据结合起来的证据。直接证据的证明力一般大于间接证据。

侦查机关在凶杀案的犯罪现场发现了张三的指纹，这里的指纹就属于间接证据；强奸案的被害人亲自指认是李四强奸了她，这里的被害人陈述就属于直接证据。

注意：《证据规定》第90条规定了五类不能单独作为认定案件事实根据的证据，但是不等于说这五类证据就是间接证据。只要能够单独证明某个待证事实，仍然可能成为直接证据。例如，无法与借据原件核对的借据复印件可以直接证明借款事实存在，因为原件和复印件的内容是一模一样的，因此是直接证据，但是由于无法与原件核对，法律规定其不能单独作为认定案件事实的根据。这里提醒考生们，《证据规定》第90条对于“不能单独作为认定案件事实根据的证据”的规定系对于证据证明力的规定，90条下的五类证据之所以不能单独作为认定案件事实的根据是因为这五类证据证明力有瑕疵，而直接证据和是间接证据的分类系根据证据与待证事实之间的关系，两者侧重的角度是不同的，两者之间没有必然的联系。

周某与某书店因十几本工具书损毁发生纠纷，书店向法院起诉，并向法院提交了被损毁图书以证明遭受的损失。关于本案被损毁图书，属于下列哪些类型的证据？①

A. 直接证据　　B. 间接证据　　C. 书证　　D. 物证

（三）原始证据和传来证据——依据证据的来源分类

原始证据是指直接来源于案件事实的证据，即通常所说的“第一手材料”；传来证据，又称为派生证据，指不直接来源于案件事实，而是通过传抄、转述、复制后所获得的证据。原始证据的证明力一般大于传来证据。

犯罪现场找到的带血的刀就属于原始证据；张三听李四说王五向赵六借了钱，这就是典型的传来证据。

① A、D

注意：证据的理论分类之间没有必然的联系，原始证据可能是间接证据，传来证据也可能是直接证据。

1. 关于证据理论分类的表述，下列哪一选项是正确的？①

A. 传来证据有可能是直接证据

B. 诉讼中原告提出的证据都是本证，被告提出的证据都是反证

C. 证人转述他人所见的案件事实都属于间接证据

D. 一个客观与合法的间接证据可单独作为认定案件事实的依据

2. 张某诉王某返还借款一案，在庭审中，王某承认借过张某的钱，但辩称已经返还，并出具张某手书载明“收到王某归还借款10万元”的收条复印件，关于王某的收条复印件，下列选项正确的是？②

A. 不具有证据能力

B. 属于反证

C. 不具有证明力

D. 属于直接证据

---

① A　② D

专题八　民事诉讼中的证明

民事诉讼中的证明是关于证明对象、证明责任分配、证明标准与证明程序等概念的总称。本讲的知识点具有理论性和识记性的双重特点，其中证明责任是本讲的核心问题，考生除了要准确认识其基本内容外，还需要理解证明责任的特殊分配的有关情况，理解证明责任与证明对象、证明标准、证明程序之间的关系。此外，对自认也应当予以把握：自认的适用范围、自认的法律后果、自认与认诺的区别等。这一讲内容较多，考试的考点分布不集中，每个考点都有所涉及，这也就为我们的学习提出了更高的要求。

码上揭秘

一、证明对象

证明对象是指在当事人之间存在争议，由诉讼参与人和法院运用证据加以证明的，对案件的解决有法律意义的事实。

一般认为，证明对象包括以下内容：

1. 当事人主张的有关实体权益的法律事实。
2. 当事人主张的程序法律事实。
3. 证据材料。
4. 习惯、地方性法规（主要指非法院本地区的）和外国法。
5. 特别经验规则，主要是指专门性的特殊行业的经验规则。

二、无须举证证明的事实（免证事实）

根据《证据规定》第10条的规定，下列事实，当事人无须举证证明：

1. 自然规律以及定理、定律。（绝对免证事实）
2. 众所周知的事实。
3. 根据法律规定推定的事实。
4. 根据已知的事实和日常生活经验法则推定出的另一事实。
5. 已为仲裁机构的生效裁决所确认的事实。
6. 已为人民法院的生效裁判所确认的基本事实。
7. 已为有效公证文书所证明的事实。

注意：其中第1项“自然规律以及定理、定律”属于绝对的免证事实，绝对的免证事实不能推翻，因为谁也推翻不了；而其他各项均属于相对的免证事实，当事人有相反证据可以推翻或反驳相对免证事实。尤其需要注意，当事人自认的事实也属于相对免证事实。

三、自认

1. 自认的对象。自认是一种相对的免证事实，所以自认的对象仅限于事实。

注意：自认和认诺不同，认诺是对对方诉讼请求的承认，因此两个概念的对象不同。

侵权纠纷中，法官问被告，是否承认打了原告，被告说“我承认，我还没打够呢”，这属于自认，针对侵权行为这一事实；离婚诉讼中，法官问男方是否同意把财产全部判给女方，男方说“我同意，只要现在就离，因为我已经找好下家了”，这就是典型的认诺，针对的是财产分割的诉讼请求。

2. 自认的效果。承认对方事实主张的当事人要受自己承认行为的约束，另一方当事人无须举证。

3. 自认的范围。民事诉讼中的处分是有限的，这就决定了自认制度适用案件的范围也是有限的，具体而言：

（1）身份关系案件中与身份关系相联系的事实不能适用自认，如涉及收养关系、婚姻关系等事实。

注意：这并不等于说身份关系的诉讼中不适用自认，和身份关系相关的财产分割等问题依然可以适用自认。

（2）涉及国家利益、社会公共利益或者他人合法权益等应由法院依职权调查的事实不适用自认。

（3）在诉讼中当事人为了达成调解协议或者和解的目的而做出的妥协所涉及的对事实的认可，不得在其后的诉讼中作为对其不利的证据。但法律另有规定或者当事人均同意的除外。法律之所以这样规定，是因为和解与调解过程本身就是当事人双方的博弈，为了达到和解或调解的目的，当事人势必会作出一定程度的妥协和退让，如果最后和解与调解没有成功，则妥协所涉及的对事实的认可自然是不能在其后的诉讼中作为对其不利的证据使用，否则还有谁愿意在和解与调解中作出退让，和解与调解机制存在的意义又在哪里。

（4）自认的事实与查明的事实不符的，人民法院不予确认。

4. 自认的方式。根据《证据规定》第 3 条至第 7 条的规定，自认的方式有如下几种：

（1）明示自认。所谓明示承认，即诉讼过程中，一方当事人对另一方当事人陈述的案件事实明确表示承认的，另一方当事人无须举证。

（2）默示自认。所谓默示承认，即对一方当事人陈述的事实，另一方当事人既未表示承认也未否认，经审判人员充分说明并询问后，其仍不明确表示肯定或者否定的，视为对该项事实的承认。

注意：这里的默示自认有一个前提就是当事人经审判人员充分说明并询问后，其仍不明确表示肯定或者否定。之所以这样规定，是因为很多时候当事人在诉讼中不说话不是不想说，而是没听见或没听懂，所以法院不能因为一方不说话就推定其承认该项事实。

（3）诉讼代理人的自认。代理人的自认，这里有 2 点规则：

①当事人委托代理人参加诉讼的，除授权委托书明确排除的事项外，代理人的承认视为当事人的承认。即无论是法定代理人还是委托代理人都能够自认，只不过委托代理人的自认要在授权委托书的事项范围内。

②当事人在场对诉讼代理人的自认明确否认的，不视为自认。因为相较于当事人本人的自认，诉讼代理人的自认是派生性的，是第二位的，当事人本人明确否认的，当然不产生自认的效果。

（4）共同诉讼中的自认。共同诉讼中的自认因必要共同诉讼和普通共同诉讼而有所不同。

①必要共同诉讼中，共同诉讼人中一人或者数人作出自认而其他共同诉讼人予以否认的，不发生自认的效力。其他共同诉讼人既不承认也不否认，经审判人员说明并询问后仍然不明确表示意见的，视为全体共同诉讼人的自认。

②普通共同诉讼中，共同诉讼人中一人或者数人作出的自认，对作出自认的当事人发生

效力。

（5）有所限制或附加条件自认。一方当事人对于另一方当事人主张的于己不利的事实有所限制或者附加条件予以承认的，由人民法院综合案件情况决定是否构成自认。

5. 自认的撤销。自认的撤销受到严格限制，在诉讼中几乎没可能。具体而言，当事人在法庭辩论终结前撤销自认，有下列两种情形的人民法院应当准许：

（1）经对方当事人同意的；

（2）自认是在受胁迫或重大误解情况下作出的。

注意：人民法院准许当事人撤销自认的，应当作出口头或者书面裁定。

1. 郭某诉张某财产损害一案，法院进行了庭前调解，张某承认对郭某财产造成损害，但在赔偿数额上双方无法达成协议。关于本案，下列哪一选项是正确的？①

A. 张某承认对郭某财产造成损害，已构成自认

B. 承认对郭某财产造成损害，可作为对张某不利的证据使用

C. 郭某仍需对张某造成财产损害的事实举证证明

D. 法院无需开庭审理，本案事实清楚可直接作出判决

2. 下列哪一情形可以产生自认的法律后果？②

A. 被告在答辩状中对原告主张的事实予以承认

B. 被告在诉讼调解过程中对原告主张的事实予以承认，但该调解最终未能成功

C. 被告认可其与原告存在收养关系

D. 被告承认原告主张的事实，但该事实与法院查明的事实不符

四、证明责任

（一）证明责任的概念

1. 证明责任，也有人称其为举证责任，《民事诉讼法解释》称其为举证证明责任，是指当事人对自己提出的事实主张，有提出证据并加以证明的责任，如果当事人未能尽到上述责任，则有可能承担对其主张不利的法律后果。它的基本含义是：

（1）当事人对自己提出的事实主张，应当提出证据加以证明，我们称其为提供证据之责任，又叫作行为责任。

（2）若当事人对自己的主张不能提供证据或提供的证据达不到法定的证明标准的，将可能导致不利的诉讼结果，我们称其为结果责任。

2. 证明责任内在地包含了行为责任和结果责任。理解证明责任时考生应当注意如下几个问题：

（1）证明责任（结果责任）是一种不利的后果，这种后果只在作为裁判基础的法律要件事实处于真伪不明的状态时才发生作用。

（2）真伪不明是证明责任（结果责任）发生的前提。如果作为裁判基础的事实是确定的，就不会发生承担证明责任的后果。

（3）法院不是证明责任承担的主体，证明责任承担的主体是当事人。而且针对单一诉讼请求所涉及的事实，证明责任只能由一方当事人承担，而不可能由双方当事人同时承担。

（4）证明责任由哪一方当事人承担是由法律、法规或司法解释预先确定的，因此在诉讼中不存在原告与被告之间相互转移证明责任的问题。

---

① C ② A

关于证明责任，下列哪些说法是正确的？①

A. 只有在待证事实处于真伪不明情况下，证明责任的后果才会出现

B. 对案件中的同一事实，只有一方当事人负有证明责任

C. 当事人对其主张的某一事实没有提供证据证明，必将承担败诉的后果

D. 证明责任的结果责任不会在原、被告间相互转移

（二）证明责任的一般分配原则

1. 证明责任的一般分配适用“谁主张，谁举证”的原则，“谁主张，谁举证”的原则可以进一步细化为“主张积极事实，该积极事实作为证明对象，主张者有证明责任；而主张消极事实，该消极事实不作为证明对象，主张者无证明责任”，如前所述，民事诉讼中的待证事实一般都是积极事实，而消极事实一般不是待证事实，即对于某一事实，主张事实存在的一方当事人承担证明责任，而否定事实存在的一方当事人不承担证明责任。这一原则在合同纠纷的证明责任分配中体现得最为明显。

2. 合同纠纷中证明责任的分配。

（1）主张合同成立、生效一方对合同订立、生效事实承担举证责任；

（2）主张合同关系变更、解除、终止、撤销的一方对引起合同关系变动的事实承担举证责任；

（3）对合同是否履行发生争议，由负履行义务的当事人承担举证责任；

（4）对代理权发生争议的，由主张有代理权的一方承担举证责任。

【记忆规律】我们可以将这四条分别记忆，其中第（1）（2）（4）项称其为主张方责任，而第（3）项称之为义务方责任。其实，这四点规则套用我们在本证与反证中讲的一个规律更为实用，即法律关系、法律事实产生、存在由原告证明；法律关系、法律事实变更、消灭由被告证明。

【相关法条】原《民事诉讼证据规定》第6条规定：在劳动争议纠纷案件中因用人单位作出开除、除名、辞退、解除劳动合同、减少劳动报酬、计算劳动者工作年限等决定而发生劳动争议的，由用人单位负举证责任。

五、证明责任的特殊分配规则

（一）一般侵权案件中证明责任的分配

依据民法理论，一般侵权案件的构成要件有四项：侵权行为、损害结果、因果关系和过错。从《民事诉讼法》的角度来看，在一般侵权案件中，这四项都应当由原告来举证，因为这些事项都属于原告主张的积极事实。

（二）特殊侵权案件中证明责任的分配

从民法的角度来看，特殊侵权行为的构成要件与一般侵权行为的构成要件是不同的，因此，在民事诉讼中，特殊侵权行为赔偿案件的原告需要证明的案件事实也就有所不同。这就发生了理论上所说的“举证责任倒置”，即将一般情况下本应由原告承担证明责任的要件事实的证明“转嫁”给被告举证证明之。当然，对于不同的特殊侵权案件，具体的构成要件是不同的，因而证明责任的分配也有所不同。但我们仍然可以从一般侵权案件的四个构成要件出发进行把握。

注意：举证责任倒置不是侵权构成要件事实中的全部要件事实都倒置，而是四种侵权构成

① A、B、D

要件事实中对权利主张者证明难度比较大的要件事实要进行倒置，如因果关系、过错要件事实。为方便大家熟练掌握特殊侵权案件的证明责任分配规则，笔者把上课时总结的规律放在这里，以供大家后期使用：

（1）侵权行为99%是原告证明，只有一个例外，即专利方法侵权。

（2）损害结果永远是原告证明；免责、减责事由永远是被告证明。

（3）过错谁来证明看归责原则。①过错责任——原告；②过错推定责任——被告；③无过错责任——谁都不需要证明，因为有没有过错都要赔偿。

（4）因果关系倒置只有二种情形。环境污染、共同危险。

适用这个规律的解题步骤如下：首先找出待证事实，看看题目要我们证明的待证事实是什么，是侵权行为、损害结果还是因果关系等；然后回忆我们总结的上述规律，进而使用规律进行作答。

注意：因果关系不倒置是常态，因此多数侵权案件的因果关系由原告证明，而上述二种类型将因果关系倒置给了被告，在因果关系倒置的时候被告要证明没有因果关系，于是考生有了疑问。有人问笔者："没有因果关系这不是消极事实吗，你不是说消极事实不是证明对象吗?"这个问题问得好，一般来说，只有积极事实才是证明对象，我们前面已经解释过，但是例外就是在发生证明责任倒置的时候，积极事实就会必然变成了消极事实。你想想是不是这样?

1. 甲路过乙家门口，被乙叠放在门口的砖头砸伤，甲起诉要求乙赔偿。关于本案的证明责任分配，下列哪一说法是错误的？①

A. 乙叠放砖头倒塌的事实，由原告甲承担证明责任

B. 甲受损害的事实，由原告甲承担证明责任

C. 甲所受损害是由于乙叠放砖头倒塌砸伤的事实，由原告甲承担证明责任

D. 乙有主观过错的事实，由原告甲承担证明责任

2. 甲与同事丙路过一居民楼时，三楼乙家阳台上的花盆坠落，砸在甲的头上，致其脑震荡，共花费医疗费1万元。甲以乙为被告诉至法院要求赔偿，而乙否认甲受伤系自家花盆坠落所致。对这一争议事实，应由谁承担举证责任？②

A. 甲承担举证责任

B. 甲、乙均应承担举证责任

C. 乙承担举证责任

D. 丙作为证人承担举证责任

3. 三个小孩在公路边玩耍，此时，一辆轿车急速驶过，三小孩捡起石子向轿车扔去，坐在后排座位的刘某被一石子击中。刘某将三小孩起诉至法院。关于本案举证责任分配，下列哪些选项是正确的？③

A. 刘某应对三被告向轿车投掷石子的事实承担举证责任

B. 刘某应对其所受到损失承担举证责任

C. 三被告应对投掷石子与刘某所受损害之间不存在因果关系承担举证责任

D. 三被告应对其主观没有过错承担举证责任

4. 甲养的宠物狗将乙咬伤，乙起诉甲请求损害赔偿。诉讼过程中，甲认为乙被咬伤是因为乙故意逗狗造成的。关于本案中举证责任的分配，下列哪一选项是正确的？④

A. 甲应当就乙受损害与自己的宠物狗没有因果关系进行举证

B. 甲应当对乙故意逗狗而遭狗咬的事实负举证责任

C. 乙应当就自己没有逗狗的故意负举证责任

---

① D ② A ③ A、B、C ④ B

D. 乙应当就自己受到甲的宠物狗伤害以及自己没有逗狗的故意负举证责任

六、证明标准

《民事诉讼法解释》第 108 条和 109 条明确了民事诉讼中的证明标准问题。

《民事诉讼法解释》第 108 条规定了“高度可能性”的一般证明标准：对负有举证证明责任的当事人提供的证据，人民法院经审查并结合相关事实，确信待证事实的存在具有高度可能性的，应当认定该事实存在。

《民事诉讼法解释》第 109 条规定了“能够排除合理怀疑”的一般证明标准之例外：即当事人对欺诈、胁迫、恶意串通事实的证明，以及对口头遗嘱或者赠与事实的证明，人民法院确信该待证事实存在的可能性能够排除合理怀疑的，应当认定该事实存在。欺诈、胁迫、恶意串通事实、口头遗嘱以及赠与事实在实体法上法益重大或性质特殊，因应其法益和性质，证明标准更高。

七、证明程序

（一）证据保全

根据采取证据保全的时间不同，证据保全分为两种：诉前证据保全和诉中证据保全。

1. 诉前证据保全。

（1）适用条件。证据可能灭失或以后难以取得。

（2）启动方式。利害关系人申请。因为案件还未起诉到法院，所以此时申请人不能称之为当事人，只是利害关系人，同理，法院也不会依职权进行保全。

（3）担保要求。利害关系人应当提供担保。

（4）申请法院。根据《民事诉讼法》第 84 条第 2 款规定，因情况紧急，在证据可能灭失或者以后难以取得的情况下，利害关系人可以在提起诉讼或者申请仲裁前向证据所在地、被申请人住所地或对案件有管辖权的人民法院申请保全证据。

【记忆规律】 关于诉前证据保全的申请法院可以总结为“有人——被申请人住所地、有物——证据所在地 + 其他”。这里的“其他”需要根据具体的案件类型作出判断。具体而言，如果是合同纠纷，这里的其他即为被告住所地和合同履行地；如果是侵权纠纷，这里的其他即为侵权行为地和被告住所地。

（5）解除保全。申请人在人民法院采取保全措施后 30 日内不起诉的，人民法院应当解除保全措施。

2. 诉讼中的证据保全。

（1）适用条件。证据可能灭失或以后难以取得。前者如证人生病即将死亡，后者如证人即将出国定居再也不回来了等。

（2）启动方式。当事人申请或者人民法院依职权。

在民事诉讼的考点中，我们常常遇到启动方式的问题，有时候只能依申请，有时候只能依职权；有时候既可依申请又可依职权，如此繁琐如何记忆。在这里把规律分享给大家。

如果一个事项只关乎当事人（利害关系人）的私权利，那么就只能依申请，如先予执行；如果一个事项只关乎法院的职权行使，那么就只能依职权，如诉讼中止；如果一个事项既关乎私权利又关乎职权行使，那么就是既可依申请又可依职权，如回避。

诉前证据保全，诉前和法院没关系，所以只能依申请；诉中证据保全，兼涉私权利和职权行使，法院要依据证据裁判，所以可依申请，可依职权。那么各位考生，套用这个规律解释一下回避、法院调查收集证据、证据交换吧。

（3）申请期限。当事人申请诉中证据保全，不得迟于举证期限届满前提交书面申请。

（4）担保要求。人民法院可以要求申请人提供相应的担保。

注意：证据保全可能对他人造成损失的，人民法院应当责令申请人提供相应的担保。

（二）人民法院调查收集证据

《证据规定》将法院调查收集证据分为两类：法院依职权调查收集证据和法院依据当事人的申请调查收集证据。需要明确的是，申请调查收集证据是原则，职权调查收集证据是例外。因此，排除职权调查收集证据的情形，皆为可以申请调查收集证据的情形。

1. 法院依职权调查收集证据。为了保持审判中立，法院依职权调查收集证据受到极大的规制，只在如下情形下进行：

（1）涉及可能损害国家利益、社会公共利益的；

（2）涉及身份关系的；

（3）涉及公益诉讼的；

（4）当事人有恶意串通损害他人合法权益可能的；

（5）涉及依职权追加当事人、中止诉讼、终结诉讼、回避等程序性事项的。

【记忆规律】涉及权益的（国家、社会、他人利益）、涉及身份的、职权的程序事项。

2. 根据当事人的申请调查收集证据。当事人申请调查收集的证据，应当在举证期限届满前提交书面申请。

注意：当事人申请调查收集的证据，与待证事实无关联、对证明待证事实无意义或者其他无调查收集必要的，人民法院不予准许。

（三）举证时限

为提高诉讼效率，防止当事人恶意拖延举证，法律规定了举证时限（又称举证期限）制度，要求当事人对自己提出的主张及时提供证据。

1. 举证期限的确定。举证期限有两种确定方式：

（1）当事人协商，并经人民法院准许；

（2）人民法院指定。

注意：人民法院确定举证期限，第一审普通程序案件不得少于15日，当事人提供新的证据的第二审案件不得少于10日。适用简易程序案件的举证期限由人民法院确定，也可以由当事人协商一致并经人民法院准许，但不得超过15日。小额诉讼案件的举证期限由人民法院确定，也可以由当事人协商一致并经人民法院准许，但一般不超过7日。

2. 举证期限的延长。

（1）当事人在举证期限内提交证据材料确有困难的，可以在举证期限内向人民法院书面申请延长期限，理由成立的，人民法院应当根据当事人的申请适当延长，延长的举证期限适用于其他当事人；

（2）再次申请延长举证期限：当事人在延长的举证期限内提交证据材料仍有困难的，可以再次提出延期申请，是否准许由人民法院决定。

3. 逾期举证的后果。当事人逾期举证的情况较为复杂，尤其在我国的社会发展环境下，当事人的诉讼水平并不是很高，当事人对实体公正的要求更强烈，因此统一作出刚性的规定，否定逾期证据作为裁判依据的可能性不符合现实司法实践的要求。因此，《民事诉讼法》对此作出了变通规定，分层设置了逾期举证的效力：

（1）当事人逾期提供证据的，人民法院应当责令其说明理由，必要时可以要求其提供相应的证据；

（2）拒不说明理由或者理由不成立的，人民法院根据不同情形可以不予采纳该证据，或采纳该证据但予以训诫、罚款。换言之，逾期提供的证据也是可以采纳的了。

注意：这里的不同情形包括如下三种：

①当事人因客观原因逾期提供证据，或者对方当事人对逾期提供证据未提出异议的，视为未逾期；

②当事人因故意或者重大过失逾期提供的证据，人民法院不予采纳。但该证据与案件基本事实有关的，人民法院应当采纳，并依照《民事诉讼法》的规定予以训诫、罚款；

③当事人非因故意或者重大过失逾期提供的证据，人民法院应当采纳，并对当事人予以训诫。

（四）证据交换

《证据规定》对证据交换也作了细致的规定，在法考中需要注意的有：

1. 证据交换的时间。应当在答辩期间届满后，开庭审理前进行，并由审判人员主持。

注意：证据交换发生在开庭审理前，所以我们常常称其为庭前的证据交换；证据交换不是一个案件的必经阶段；证据交换必须由审判人员主持，包括人民陪审员，但书记员不是这里的审判人员。

2. 证据交换的启动。证据交换有两种启动方式。可以经当事人申请而启动，也可以由法院依职权组织。但需要特别注意的是，法院职权组织的证据交换限于证据较多或复杂疑难案件。

3. 证据交换时间的确定。有以下两种确定方式：

（1）可以由当事人协商一致并经人民法院认可；

（2）可以由人民法院指定。

4. 证据交换日期与举证期限的关系。

（1）人民法院组织当事人交换证据的，交换证据之日举证期限届满；

（2）当事人申请延期举证经人民法院准许的，证据交换日相应顺延。

【记忆规律】理解证据交换日期与举证期限的关系必须首先明确的是，举证在前，交换在后。

5. 再次证据交换。当事人收到对方的证据后有反驳证据需要提交的，人民法院应当再次组织证据交换。

【归纳总结】民诉总论中常见的时间规定：

事项	时间
申请回避	一般是开庭审理时，若回避事由是在审理后知道的，最迟到法庭辩论终结前
管辖权异议	答辩期——国内 15 日，涉外 30 日
申请鉴定	法院指定的期间内
申请延期举证	举证期限内
申请证人出庭	举证期限内
申请法院调查收集证据	举证期限内
证据交换	答辩期间届满后、开庭审理前

关于举证时限和证据交换的表述，下列哪一选项是正确的？①

A. 证据交换可以依当事人的申请而进行，也可以由法院依职权决定而实施

B. 民事诉讼案件在开庭审理前，法院必须组织进行证据交换

C. 当事人在举证期限内提交证据确有困难的，可以在举证期限届满之后申请延长，但只能申请延长一次

D. 当事人在举证期限内未向法院提交证据材料的，在法庭审理过程中无权再提交证据

（五）质证

质证是指在法庭调查过程中，双方当事人围绕在法庭上举示的证据的客观性、关联性和合法性以及证据证明力有无及证明力大小展开的质疑、说明与辩驳活动。关于质证要注意三点：

1. 质证的主体。质证的主体范围包括当事人、诉讼代理人和第三人。

注意：法院是证据认定的主体，不是质证的主体，即便是法院依职权调取的证据。

2. 质证的对象。质证的对象是当事人向法院提出的证据，包括依当事人的申请由法院调查收集的证据。在质证时，根据当事人申请由法院调查收集的证据视为提出申请的一方当事人所提供的证据。

注意：法院依职权调取的证据不属于质证对象，但应当在庭审时出示，由审判人员对收集证据的情况进行说明后，听取当事人的意见；同样，当事人在审理前的准备阶段认可的证据，经审判人员在庭审中说明后，视为质证过的证据。

3. 公开质证原则及例外。质证原则上应当公开进行，证据应当在法庭上出示，由当事人质证。但涉及国家秘密、个人隐私和商业秘密的案件不公开质证。

注意：此三类案件不公开质证，但是依然要质证，只是方式不公开而已。

1. 关于民事案件的开庭审理，下列哪一选项是正确的？②

A. 开庭时由书记员核对当事人身份和宣布案由

B. 法院收集的证据是否需要进行质证，由法院决定

C. 合议庭评议实行少数服从多数，形成不了多数意见时，以审判长意见为准

D. 法院定期宣判的，法院应当在宣判后立即将判决书发给当事人

2. 高某诉张某合同纠纷案，终审高某败诉。高某向检察院反映，其在一审中提交了偷录双方谈判过程的录音带，其中有张某承认货物存在严重质量问题的陈述，足以推翻原判，但法院从未组织质证。对此，检察院提起抗诉。关于再审程序中证据的表述，下列哪些选项是正确的？③

A. 再审质证应当由高某、张某和检察院共同进行

B. 该录音带属于电子数据，高某应当提交证据原件进行质证

C. 虽然该录音带系高某偷录，但仍可作为质证对象

D. 如再审法院认定该录音带涉及商业秘密，应当依职权决定不公开质证

（六）认证

所谓认证，是指法庭对经过质证或者当事人在证据交换中认可的各种证据材料作出审查判断，确认其能否作为认定案件事实的根据。因此，认证的主体是人民法院。关于认证考点如下：

1. 不能单独作为认定案件事实根据的证据。

（1）当事人的陈述；

---

① A ② D ③ C、D

（2）无限行为能力人所作的与其年龄、智力状况或精神健康状况不相当的证言；

（3）与一方当事人或其代理人有利害关系的证人陈述的证言；

注意：这里的利害关系包括有利的和有害的两种。

（4）存有疑点的视听资料、电子数据；

（5）无法与原件、原物核对的复印件、复制品。

注意：上述五种证据不能单独作为认定案件事实的根据，其原因在于此五种证据证明力有瑕疵，不等于说这些证据就是法定的间接证据。

杨青（15岁）与何翔（14岁）两人经常嬉戏打闹，一次，杨青失手将何翔推倒，致何翔成了植物人。当时在场的还有何翔的弟弟何军（11岁）。法院审理时，何军以证人身份出庭。关于何军作证，下列哪些说法不能成立？①

A. 何军只有11岁，无诉讼行为能力，不具有证人资格，故不可作为证人

B. 何军是何翔的弟弟，应回避

C. 何军作为未成年人，其所有证言依法都不具有证明力

D. 何军作为何翔的弟弟，证言具有明显的倾向性，其证言不能单独作为认定案件事实的根据

2. 不利证据的推定规则。有证据证明一方当事人持有证据无正当理由拒不提供，如果对方当事人主张该证据的内容不利于证据持有人，可以推定该主张成立。需要具备如下要件：

（1）有证据证明对方当事人持有证据；

（2）该当事人无正当理由拒不提供；

（3）对方提出主张，而不能由法院主动依职权作出推定。

【关联法条】《民事诉讼法解释》第112条规定：书证在对方当事人控制之下的，承担举证证明责任的当事人可以在举证期限届满前书面申请人民法院责令对方当事人提交。申请理由成立的，人民法院应当责令对方当事人提交，因提交书证所产生的费用，由申请人负担。对方当事人无正当理由拒不提交的，人民法院可以认定申请人所主张的书证内容为真实。

3. 非法证据排除规则。对以严重侵害他人合法权益、违反法律禁止性规定或严重违背公序良俗的方法形成或者获取的证据，不得作为认定案件事实的根据。即我们所说的“偷听偷录不等于窃听窃录”。关于这一点，我们在证据概述的证据合法性中已经讲解过。

4. 关于调解或和解认可的事实能否作为证据的问题。在诉讼中，当事人为达成调解协议或者和解的目的作出妥协所涉及的对案件事实的认可，不得在其后的诉讼中作为对其不利的证据，法律另有规定或者当事人均同意的除外。

5. 证明力大小的排序——无须记忆，常识判断。

（1）国家机关、社会团体依职权制作的公文书证的证明力一般大于其他书证。

注意：国家机关或者其他依法具有社会管理职能的组织，在其职权范围内制作的文书所记载的事项推定为真实，但有相反证据足以推翻的除外。

（2）物证、档案、鉴定意见、勘验笔录或者经过公证、登记的书证，其证明力一般大于其他书证、视听资料和证人证言。

（3）原始证据的证明力一般大于传来证据。

（4）直接证据的证明力一般大于间接证据。

（5）证人提供的对与其有亲属或者其他密切关系的当事人有利的证言，其证明力一般小

---

① A、B、C

于其他证人证言。

下列哪些证据不能单独作为认定案件事实的证据？①

A. 当事人李某的妻子袁某向法院作出的有利于李某的证言

B. 原告陈某向法院提交的其采用偷录方法录下的用以证明被告刘某欠其5000元人民币的录音带，该录音带部分关键词的录音听不清楚

C. 由未成年人所作出的各类证言

D. 原告提出的字迹清晰的合同文书复印件，但该合同文书的原件已丢失，且被告不承认其与原告存在有该合同文书复印件所表述的法律关系

---

① A、B、D

专题九　期间、送达

期间、送达在本质上属于诉讼保障制度，这一专题的内容并不难，关键在于记忆，尤其是期间，规定得相对零散，这就要求考生要善于总结归纳。期间、送达每年一题，考点择一交叉考查。

码上揭秘

一、期间

（一）期间的概念

期间是指人民法院、诉讼参与人进行或完成某种诉讼行为应遵守的时间。狭义的期间指的是期限，广义的期间包括期限和期日。

注意：期限是指法院或诉讼参与人单独完成或进行某种诉讼行为的一段时间。比如，法律规定当事人不服一审判决的上诉期间为15日。期日是指法院与当事人、其他诉讼参与人会合在一起共同完成或进行一定诉讼活动的日期。比如，案件的开庭日期、案件的宣判日期等。

（二）期间的种类

期间包括法定期间和人民法院的指定期间。这里的期间是指期限，不包括期日。

1. 法定期间。是指由法律明文规定的期间。法定期间包括绝对不可变期间和相对不可变期间。绝对不可变期间，是指该期间经法律确定，任何机构和人员都不得改变，如国内案件上诉期间、申请再审期间等。相对不可变期间，是指该期间经法律确定后，在通常情况下不可改变，但遇有有关法定事由，法院可对其依法予以变更，如一审案件的审理期间，涉外案件中境外当事人的答辩期间、上诉期间等。

2. 指定期间。是指人民法院根据案件审理时遇到的具体情况和案件审理的需要，依职权决定当事人及其他诉讼参与人进行或完成某种诉讼行为的期间，如法院指定当事人补正诉状的期间、限定当事人提供证据的期间等。指定期间在通常情况下不应任意变更，但如遇有特殊情况，法院可依职权变更原确定的指定期间。

（三）期间的计算

1. 期间以时、日、月、年为计算单位。
2. 期间开始的时和日不计算在期间内。
3. 期间届满的最后一日为法定休假日的，以法定休假日后的第一日为期间届满的日期。
4. 期间不包括在途期间，诉讼文书在期间届满前交邮的，不算过期。

注意：这里的在途期间仅指诉讼文书的在途期间，而不包括当事人参加诉讼的在途期间。

（四）期间的耽误与延展

期间的耽误，是指当事人在法定期间或指定期间内，没有进行或完成应进行或完成的行为。在通常情况下，当事人耽误了期间，意味着其丧失了进行有关行为的资格，即使其进行了有关的行为，也不产生相应的法律后果。但是，期间的耽误，有的是出于不可抗力或非当事人主观方面的过失等原因，在此情况下，法律允许当事人申请延展有关期间。期间的延展必须满足如下四个要件：

1. 法定情形。因不可抗拒的事由或其他正当理由。

2. 当事人申请补救，法院不会职权延展。

3. 必须在障碍消除后的10日内提出。

4. 人民法院决定是否准许。

【归纳总结】一审普通程序、一审简易程序、二审、再审、特别程序审限比较。

一审普通程序	简易程序	二审	再审	特别程序
从立案之日起6+6（本院院长批）+X（报上级院）	3个月，院长批准，可以延长一个月	判决：二审立案之日起3个月。特殊情况需延长的，报本院院长批准。 裁定：二审立案之日起30日，特殊情况需延长的，报本院院长批准	按哪个程序审理，就按哪个程序的审限	立案之日起30日，或公告期满30日；特殊情况需延长，报本院院长批准；选民资格案除外

注意：《民事诉讼法》中有四处关于时间的规定值得我们特别关注：

1. 诉前保全后的起诉期为30日。

2. 涉外案件公告送达的公告期为3个月（国内：30日）。

3. 第三人撤销之诉的提起时间为6个月。

4. 当事人申请再审的时间为6个月。

1. 根据《民事诉讼法》和民事诉讼理论，关于期间，下列哪一选项是正确的？①

A. 法定期间都是不可变期间，指定期间都是可变期间

B. 法定期间的开始日及期间中遇有节假日的，应当在计算期间时予以扣除

C. 当事人参加诉讼的在途期间不包括在期间内

D. 遇有特殊情况，法院可依职权变更原确定的指定期间

2. 张兄与张弟因遗产纠纷诉至法院，一审判决张兄胜诉。张弟不服，却在赴法院提交上诉状的路上被撞昏迷，待其经抢救苏醒时已超过上诉期限一天。对此，下列哪一说法是正确的？②

A. 法律上没有途径可对张弟上诉权予以补救

B. 因意外事件耽误上诉期限，法院应依职权决定顺延期限

C. 张弟可在清醒后10日内，申请顺延期限，是否准许，由法院决定

D. 上诉期限为法定期间，张弟提出顺延期限，法院不应准许

二、送达

在送达这一考点上，我们必须能够熟练掌握每种送达方式的适用前提及其特征，进而能够判断送达方式。具体而言，民事诉讼中考查7种送达方式。

1. 直接送达。直接送达是最常见的一种送达方式，是指直接交给受送达人本人或他的同住成年家属、代收人、诉讼代理人的送达方式。

【新增法条】《民事诉讼法解释》第131条规定：人民法院直接送达诉讼文书的，可以通知当事人到人民法院领取。当事人到达人民法院，拒绝签署送达回证的，视为送达。审判人员、书记员应当在送达回证上注明送达情况并签名。人民法院可以在当事人住所地以外向当事人直接送达诉讼文书。当事人拒绝签署送达回证的，采用拍照、录像等方式记录送达过程即视为送达。审判人员、书记员应当在送达回证上注明送达情况并签名。

---

① D ② C

2. 留置送达。受送达人或有资格接受送达的人拒绝签收，送达人依法将诉讼文书、法律文书留放在受送达人住所的送达方式。

（1）留置送达的前提是受送达人或有资格接受送达的人拒绝签收；

注意： 人民法院在定期宣判时，当事人拒不签收判决书、裁定书的，应视为送达，并在宣判笔录中记明。

（2）留置送达的地点一般是受送达人的住所，但是在简易程序中留置的地点还包括受送达人的从业场所；

（3）调解书不适用留置送达，支付令可以留置送达；

（4）留置送达时，可以邀请见证人到场，也可以采用拍照、录像等方式记录送达过程。

3. 电子送达。2021 年《民事诉讼法》第 90 条规定：经受送达人同意，人民法院可以采用能够确认其收悉的方式送达诉讼文书。通过电子方式送达的判决书、裁定书、调解书，受送达人提出需要纸质文书的，人民法院应当提供。采用前款方式送达的，以传真、电子邮件等到达受送达人特定系统的日期为送达日期。

（1）电子送达的前提是受送达人同意；

（2）判决书、裁定书、调解书等关涉当事人实体权益或其他较重要事项和权益的文书亦适用电子送达；

（3）由于电子送达无法直接签收，因而《民事诉讼法》规定，电子送达的送达日期为相关电子文件到达受送达人特定系统的日期。

注意： 到达受送达人特定系统的日期，为人民法院对应系统显示发送成功的日期，但受送达人证明到达其特定系统的日期与人民法院对应系统显示发送成功的日期不一致的，以受送达人证明到达其特定系统的日期为准。

4. 委托送达。是指受诉法院直接送达确有困难，而委托其他法院将需送达的诉讼文书、法律文书送交受送达人的送达方式。

（1）委托送达的前提是受诉法院直接送达确有困难；

（2）受托的主体只能是其他法院，而不能是其他主体；

（3）受委托人民法院应当自收到委托函及相关诉讼文书之日起 10 日内代为送达。

5. 邮寄送达。直接送达有困难的，通过邮局以挂号信的方式将需送达的文书邮寄给受送达人。

注意： 如果挂号信回执上注明的收件日期与送达回证上注明的收件日期不一致的，或者送达回证没有寄回的，以挂号信回执上注明的收件日期为送达日期。

6. 转交送达。是指受诉人民法院基于受送达人的有关情况而将需送达的诉讼文书、法律文书交有关机关、单位转交受送达人的送达方式。

注意： 转交送达的对象具有特定性，只适用于受送达人是军人、被监禁人或被采取强制性教育措施的人。

7. 公告送达。公告送达是所有送达方式的兜底方式，是指采取上述方法均无法送达时，而将需送达的文书主要内容予以公告，公告经过一定期限即产生送达后果的送达方式。国内案件公告送达的公告期为 30 日，涉外案件公告送达的公告期为 3 个月。

注意： 最新的司法解释规定，适用简易程序的案件，不适用公告送达。（互联网法院除外）

法考在送达这里偶尔考查每种送达方式的例外。考生需要利用三个数字进行记忆：1、3、3。

数字 1：一个不能留置送达：调解书。

数字3：三个不能公告送达：调解书、支付令、适用简易程序的案件。

数字3：三类人可转交：受送达人是军人、被监禁人或被采取强制性教育措施的人。

关于法院的送达行为，下列选项正确的是？①

A. 陈某以马某不具有选民资格向法院提起诉讼，由于马某拒不签收判决书，法院向其留置送达

B. 法院通过邮寄方式向葛某送达开庭传票，葛某未寄回送达回证，送达无效，应当重新送达

C. 法院在审理张某和赵某借款纠纷时，委托赵某所在学校代为送达起诉状副本和应诉通知

D. 经许某同意，法院用电子邮件方式向其送达证据保全裁定书

① A、D

专题十 法院调解

码上揭秘

法院调解制度在民事诉讼中占有十分重要的地位，作为解决争议的一种方式，法院调解对于构建和谐社会发挥着重大作用。考生在识记调解的适用范围、调解的效力等内容的基础上，应当树立整体的全局观念，关注整个《民事诉讼法》对于调解的相关修改，如增加了先行调解原则，增加了检察院对于调解书的抗诉规定等。与此同时，考生要将法院调解与人民调解、法院调解与诉讼和解等相关制度进行对比记忆，以加深理解。这一讲十分重要，2013年的卷四就直接以此进行了命题。因此可以说，这一讲，每个知识点都有足够分量。

一、法院调解与相关制度的区别

（一）法院调解与诉讼外调解的区别

比较内容	法院调解	诉讼外调解
时间不同	诉讼过程中	诉讼之外
性质不同	属于审判活动，具有司法的性质	不具有审判性，不具有司法的性质
程序不同	遵循一定的法律原则和程序	没有严格程序要求
效力不同	调解协议或调解书生效后与生效的判决书具有同等的法律效力	一般只有合同效力，但双方当事人申请人民法院确认后产生强制执行力

（二）法院调解与诉讼和解的区别

比较内容	法院调解	诉讼和解
性质不同	行使审判权的性质	当事人对自己诉讼权利和实体权利的处分
主体不同	有人民法院	只有双方当事人自己参加
效力不同	有给付内容的生效调解书有执行力	和解协议不具有强制执行力
二者的联系	当事人在诉讼中自行达成和解协议的，可申请人民法院依法确认和解协议并制作调解书	

关于民事诉讼中的法院调解与诉讼和解的区别，下列哪些选项是正确的？①

A. 法院调解是法院行使审判权的一种方式，诉讼和解是当事人对自己的实体权利和诉讼权利进行处分的一种方式

B. 法院调解的主体包括双方当事人和审理该案件的审判人员，诉讼和解的主体只有双方当事人

C. 法院调解以《民事诉讼法》为依据，具有程序上的要求，诉讼和解没有严格的程序要求

---

① A、B、C、D

D. 经法院调解达成的调解协议生效后如有给付内容则具有强制执行力，经过诉讼和解达成的和解协议即使有给付内容也不具有强制执行力

二、法院调解的适用

（一）概述

法院调解，是指在人民法院审判组织的主持下，双方当事人就民事权益争议平等协商，达成协议，解决纠纷的诉讼活动。从定义可以看出，法院调解具有以下特点：

1. 法院调解是在人民法院审判组织的主持下进行的，与当事人和解、调解委员会的调解不同。

2. 调解是解决民事纠纷的一种方式，因而适用于一般民事审判程序，而不适用于执行程序、特别程序、非诉程序。

3. 法院调解是民事诉讼处分原则的体现，是当事人诉权与法院审判权的结合。调解应当遵循自愿、合法的原则。

（二）适用时间

案件受理后。

（三）适用范围

1. 一般原则。能调都要调。对于有可能通过调解解决的民事案件，人民法院应当调解。无论是一审、二审，还是再审，也无论是普通程序还是简易程序，无论如何启动的再审，一般都适用调解。也就是说，只要是诉讼案件的审判程序，一般都适用调解。

【相关法条】《民事诉讼法》第125条规定了关于先行调解的规定，即当事人起诉到人民法院的民事纠纷，适宜调解的，先行调解，但当事人拒绝调解的除外。

2. 不适用调解的例外情况。调解的消极范围记忆规律：法院调解的定义是法院行使审判权解决民事争议；调解的本质是私权处分。记住了这两句话我们就记住了法院调解的消极范围。

（1）适用特别程序、督促程序、公示催告程序、企业法人破产还债程序审理的案件；

（2）在执行程序中不适用调解，但是当事人可以达成和解；

（3）婚姻关系、身份关系确认案件以及其他依案件性质不能调解的案件。

注意：调解还要遵循自愿原则，因此有一方当事人不同意的，也不可以强行调解。

三、法院调解的程序规定

（一）调解的主持人

调解是在法院组织下进行的一项诉讼活动，是人民法院审判权与当事人处分权相结合的结果，因此，调解应当在法院的主持下进行，但是法院可以邀请有关单位和个人参加。这些单位和个人往往是与当事人有特定关系或者与案件有一定联系的企业事业单位、社会团体或者其他组织和具有专门知识、特定社会经验、与当事人有特定关系并有利于促成调解的个人。这些人参加调解的角色主要是协助法院进行调解工作，但是在特定情况下，经各方当事人同意，可能接受法院的委托主持调解。

（二）调解的方式

1. 人民法院审理民事案件，调解过程不公开，但当事人同意公开的除外。

2. 调解时当事人各方应当同时在场——面对面，根据需要也可以对当事人分别做调解工作——背对背。

（三）调解方案的形成——两种模式

1. 当事人可以自行提出调解方案。

2. 主持调解的人员也可以提出调解方案供当事人协商时参考。

（四）调解协议的内容

1. 调解协议内容超出诉讼请求的，人民法院可以准许。

我们在处分原则一讲中讲过这个例子，甲向法院起诉，要求判决乙返还借款本金 2 万元，在案件审理中，借款事实得以认定，同时，法院还查明乙逾期履行还款义务近一年，法院遂根据银行同期定期存款利息，判决乙还甲借款本金 2 万元，利息 520 元。该判决显然违反了民事诉讼的处分原则，现在假设法院不进行判决，而是在双方自愿的前提下进行调解，经过调解被告同意还本付息，那就是可以的。因为调解遵循意思自治，可以超出诉讼请求，法院可以准许。

2. 双方可以就不履行调解协议约定民事责任。调解协议本质是合同，不履行合同可能产生民事责任，那么不履行调解协议同样可能涉及民事责任的问题。

注意：调解协议约定一方不履行协议，另一方可以请求人民法院对案件作出裁判的条款，人民法院不予准许。之所以这样规定，是因为调解本身就是结案的一种方式，经过调解再请求法院作裁判就违背了一事不再理。那么对方如果真的不履行是不是就拿他没办法了呢？当然不是，一方不履行调解协议的，另一方可以持调解书向人民法院申请执行。

3. 调解协议约定一方提供担保或者案外人同意为当事人提供担保的，人民法院应当准许。当事人或者案外人提供的担保的效力依据《民法典》确定，即符合《民法典》关于担保规定的条件时生效。

注意：担保人不签收调解书的，不影响调解书生效。当担保条件成就时，依然可以申请执行担保人的财产。

4. 允许部分调解。

（1）当事人就部分诉讼请求达成调解协议的，人民法院可以就此先行确认并制作调解书；

（2）当事人就主要诉讼请求达成调解协议，请求人民法院对未达成协议的诉讼请求提出处理意见并表示接受该处理结果的，人民法院的处理意见是调解协议的一部分内容，制作调解书的记入调解书。

5. 调解协议不得具有以下内容：

（1）侵害国家利益、社会公共利益的；

（2）侵害案外人利益的；

（3）违背当事人真实意思的；

（4）违反法律、行政法规禁止性规定的。

6. 调解协议内容不公开，但为保护国家利益、社会公共利益、他人合法权益，人民法院认为确有必要公开的除外。

注意：民事公益诉讼当事人达成调解协议或者自行达成和解协议后，人民法院应当将协议内容公告，公告期间不少于 30 日。

四、调解完毕后的结案方式

（一）调解书结案

依据《调解规定》，调解达成协议或当事人自行和解，要求人民法院制作调解书的，人民法院应当制作调解书。因此，调解完毕后以制作调解书结案为原则，当然也有例外。

1. 通常情况下都应该制作调解书，应注明诉讼请求、案件事实和调解结果。

注意：调解书中没有法律依据。

2. 由审判人员、书记员署名，加盖人民法院印章。

【归纳总结】民事诉讼中的三种结案方式：

（1）正常性的结案方式：法院作出判决、裁定、调解书，这是大多数案件的结案方式；

（2）非正常性的结案方式：诉讼终结，如离婚案件一方当事人死亡；

（3）基于当事人意思表示而结案：撤诉。

（二）可以不制作调解书的情形

1. 调解和好的离婚案件。
2. 调解维持收养关系的案件。
3. 能够即时履行的案件。
4. 其他不需要制作调解书的案件。

注意：上述情形可以不制作调解书，当然也可以制作调解书。同时，对于第1、2项，一定是经过调解不离、不解除才可以不制作，如果调来调去离了、散了就必须制作调解书，即好的结果可以不制作，坏的结果必须制作调解书。对于第3项，大家必须理解这里的“即时履行”说的是一次当场履行完毕，如果是分期履行则必须制作调解书。更为重要的是，不制作调解书的情形适用于一审，二审中的调解成功后必须制作调解书，因为二审的调解书不仅具有结案的作用，还有制约一审裁判的作用。

（三）和解结案的方式

诉讼中，双方当事人也可以自行和解达成和解协议。和解协议达成后有如下两种结案方式：

1. 请求法院依据和解协议制作调解书。
2. 申请撤诉。

注意：（1）当事人不能请求法院根据和解协议或调解协议制作判决书。但是存在两个例外，即涉外案件和无民事行为能力人的离婚案件可以请求根据协议制作判决书。

（2）《环境民事公益诉讼案件解释》第25条第1、2款规定：环境民事公益诉讼当事人达成调解协议或者自行达成和解协议后，人民法院应当将协议内容公告，公告期间不少于30日。公告期满后，人民法院审查认为调解协议或者和解协议的内容不损害社会公共利益的，应当出具调解书。当事人以达成和解协议为由申请撤诉的，不予准许。即公益诉讼中双方当事人自行和解后只能调解书结案。

对下列哪些案件调解达成协议的，人民法院可以不制作民事调解书？①

A. 被告拖欠原告贷款10万元，双方达成协议，被告在1个月内付清，原告不要求被告支付拖欠期间的贷款利息

B. 赔偿案件中的被告人在国外，与原告达成赔偿协议，同意在2个月内赔付

C. 赡养案件中当事人双方达成协议，被告愿意每月向原告支付赡养费200元，原告申请撤诉

D. 收养案件中当事人双方达成协议，维持收养关系

五、调解的效力

（一）调解书的生效

调解书的生效有两种方式：

---

① C、D

1. 签收生效。调解书经双方当事人签收后，即具有与生效判决同等的法律效力。

（1）调解协议达成后，调解书送达前可以反悔，此时法院就需要及时裁判；

（2）调解书不适用留置送达、公告送达、电子送达。

2. 签章生效。对于不需要制作调解书的案件而言，双方当事人、审判人员、书记员在调解协议上签名或盖章后，调解即具有法律效力。

（二）不影响调解书效力的几种情况

1. 诉讼费用不影响调解书效力。当事人不能对诉讼费用如何承担达成协议的，不影响调解协议的效力。人民法院可以直接决定当事人承担诉讼费用的比例，并将决定记入调解书。

2. 不承担实体义务的无独立请求权第三人拒签不影响调解书效力。无独立请求权的第三人附条件行使调解书的签收权，在其不承担实体义务时不签收不影响调解书的效力。

3. 案外担保人拒签不影响调解书效力。案外人提供担保的，人民法院制作调解书应当列明担保人，并将调解书送交担保人。担保人不签收调解书的，不影响调解书生效。

（三）调解的效力体现

1. 终结力。调解协议或调解书发生效力后，当事人不得上诉。当事人也不得以同一事实和理由再行起诉。

调解书结案一审终审。当事人可提出证据证明调解违反自愿原则或调解协议的内容违反法律进而申请再审。当然，在生效调解书损害国家利益、社会公共利益时，检察院可以对调解书提出抗诉，我们称之为生效调解书的“有限抗诉”。

2. 确定力。实体上的权利义务关系依调解协议的内容予以确定。

当调解书的内容与调解协议的内容不一致时，以调解协议为准，当事人以民事调解书与调解协议的原意不一致为由提出异议，人民法院审查后认为异议成立的，应当根据调解协议裁定补正民事调解书的相关内容。

3. 执行力。具有给付内容的调解书，具有强制执行力。

注意：不是所有的生效调解书都有强制执行力，生效调解书要想具有执行力还必须具有可供执行的给付内容。

1. 根据《民事诉讼法》及相关司法解释，关于法院调解，下列哪一选项是错误的？①

A. 法院可以委托与当事人有特定关系的个人进行调解，达成协议的，法院应当依法予以确认

B. 当事人在诉讼中自行达成和解协议的，可以申请法院依法确认和解协议并制作调解书

C. 法院制作的调解书生效后都具有执行力

D. 法院调解书确定的担保条款的条件成就时，当事人申请执行的，法院应当依法执行

2. 达善公司因合同纠纷向甲市A区法院起诉美国芙泽公司，经法院调解双方达成调解协议。关于本案的处理，哪一选项是正确的？②

A. 法院应当制作调解书

B. 法院调解书送达双方当事人后即发生法律效力

C. 当事人要求根据调解协议制作判决书的，法院应当予以准许

D. 法院可以将调解协议记入笔录，由双方签字即发生法律效力

---

① C　② A

专题十一 保全和先予执行

码上揭秘

为了保障诉讼程序的顺利进行，保障诉讼结果得以实现，维护当事人的利益，法律规定了保全、先予执行、对妨害民事诉讼的强制措施、期间与送达等制度，统称为诉讼保障制度。其中，又以保全和先予执行最为重要。考生需要从其具体的适用条件和程序规定方面进行把握。《民事诉讼法》对这一专题作出的最大变化，就是在财产保全的基础上增加了行为保全制度。从而使得我国的保全制度在原有的证据、财产保全的基础上更加丰富和完善。学习此一专题，考生需要结合证明程序中的证据保全、仲裁程序中的保全等规定进行综合记忆，从而轻松应对法考的综合型命题。此一专题最重要的学习方法就是对比法，如我们需要对比诉前财产保全与诉讼中财产保全，财产保全和先予执行等。

一、财产保全

（一）财产保全的种类

	诉前财产保全	诉讼中的财产保全
提起主体	利害关系人提出申请	当事人申请或人民法院依职权保全
提起时间	起诉前	法院受理后裁判作出前
提起原因	情况紧急，不立即采取保全措施将会给申请人的合法权益造成难以弥补的损害	因一方当事人的行为或其他原因可能导致法院将来的生效判决不能执行或难以执行
担保要求	应当提供	法院可以要求提供（例外：代位权诉讼中应当）
管辖法院	财产所在地、被申请人住所地或其他有管辖权的人民法院	（1）在一审中，由一审人民法院管辖； （2）上诉案件，二审法院接到报送案件之前，由第一审人民法院保全； （3）在二审中，由第二审人民法院保全
期限不同	必须在48小时内裁定	只有情况紧急的才要求48小时

A地甲公司与B地乙公司签订买卖合同，约定合同履行地在C地，乙到期未能交货。甲多次催货未果，便向B地基层法院起诉，要求判令乙按照合同约定交付货物，并支付违约金。法院受理后，甲得知乙将货物放置于其设在D地的仓库，并且随时可能转移。下列哪些选项是错误的？①

A. 甲如果想申请财产保全，必须向货物所在地的D地基层法院提出

B. 甲如果要向法院申请财产保全，必须提供担保

① A、B、D

C. 受诉法院如果认为确有必要，可以直接作出财产保全裁定

D. 法院受理甲的财产保全申请后，应当在48小时内作出财产保全裁定

（二）财产保全的相关程序规定

1. 财产保全的范围。保全的范围限于请求的范围或者与本案有关的财物。这个不仅适用于财产保全，也适用于行为保全。所谓限于请求的范围，是指所保全的财产或行为，应当在对象或价值上与请求的范围相同或在其范围之内。

2. 财产保全的措施。财产保全可以采取查封、扣押、冻结或法律规定的其他方法。法律规定的其他方法通常指以下几种方法：

（1）保存价款；

（2）扣押房屋、车辆等财产权证照，并通知有关产权登记部门；

（3）人民法院可以保全抵押物、质押物、留置物，但是抵押权人、质权人、留置权人有优先受偿权；

（4）对第三人到期债权的适用：债务人的财产不能满足保全请求，但对第三人有到期债权的，人民法院可以依债权人的申请裁定该第三人不得对本案债务人清偿；该第三人要求偿付的，由人民法院提存财物或价款。

注意：①针对债务人对第三人到期债权采取保全措施只有在债务人的财产不能满足保全请求时才可适用。

②财产已被查封、冻结的，不得重复查封、冻结。禁止重复是防止法院之间产生冲突，进而影响相关当事人的利益，引起不必要的纠纷。最高人民法院有规定轮候查封、冻结，此不属于重复。

③法院在财产保全中采取查封、扣押、冻结财产措施时，应当妥善保管被查封、扣押、冻结的财产。不宜由法院保管的，法院可以指定被保全人负责保管；不宜由被保全人保管的，可以委托他人或者申请保全人保管。查封、扣押、冻结担保物权人占有的担保财产，一般由担保物权人保管；由法院保管的，质权、留置权不因采取保全措施而消灭。

④被查封、扣押的财产，原则上任何人都不得使用、处分。但被查封、扣押物是不动产或特定动产（如车辆），若由法院指定被保全人负责保管的，如果继续使用对该财产的价值无重大影响，可以允许被保全人继续使用，但不得处分。被查封、扣押物是季节性商品，鲜活、易腐易烂以及其他不易长期保存的物品，法院可以责令当事人及时处理，由法院保存价款，必要时，可以由法院予以变卖，保存价款。

3. 财产保全的解除。在下列情况下，采取保全措施的法院或上级人民法院可以解除保全措施：

（1）没有起诉。诉前保全，申请人在30日内没有起诉的，人民法院应当裁定解除保全。

（2）提供担保。在财产纠纷案件中，被申请人提供有相应数额并可供执行的财产作担保的，人民法院应当及时解除保全。既然保全的目的是保障判决的执行或防止损害，那么被保全人提供了担保，可以实现与保全同样的目的，因此应当解除保全。

注意：因被申请人提供担保而解除财产保全只能适用于财产纠纷案件，即双方争议的是财产权益。如果是非财产案件，担保并不能实现与保全同样的目标，当事人的利益是在非财产价值上，担保这一财产属性的措施显然不能满足非财产的诉求，如原告要求采取保全措施，责令被告停止实施侵犯名誉权的行为，提供担保并不会防止名誉损害的发生和扩大，因而不适用这一制度。

（3）财产保全的原因和条件不存在或者发生了变化。如保全错误的；申请人撤回保全申

请的；申请人的起诉或者诉讼请求被生效裁判驳回的；被申请人在保全期内履行了义务。

4. 财产保全的救济。

（1）当事人不服人民法院保全裁定的，可以自收到裁定书之日起5日内申请复议（原法院）一次，复议期间不停止裁定的执行。

（2）人民法院根据申请人的申请而采取保全措施的，如果由于申请人的错误而导致被申请人因财产保全而受损失的，申请人应承担赔偿责任。

甲公司以乙公司为被告向法院提起诉讼，要求乙公司支付拖欠的货款100万元。在诉讼中，甲公司申请对乙公司一处价值90万元的房产采取保全措施，并提供担保。一审法院在作出财产保全裁定之后发现，乙公司在向丙银行贷款100万元时已将该房产和一辆小轿车抵押给丙银行。关于本案，哪一说法是正确的？①

A. 一审法院不能对该房产采取保全措施，因为该房产已抵押给丙银行

B. 一审法院可以对该房产采取保全措施，但是需要征得丙银行的同意

C. 一审法院可以对该房产采取保全措施，但是丙银行仍然享有优先受偿权

D. 一审法院可以对该房产采取保全措施，同时丙银行的优先受偿权丧失

二、行为保全

《民事诉讼法》第103条明确规定了行为保全制度。人民法院对于可能因当事人一方的行为或者其他原因，使判决难以执行或者造成当事人其他损害的案件，根据对方当事人的申请，可以裁定对其财产进行保全、责令其作出一定行为或者禁止其作出一定行为；当事人没有提出申请的，人民法院在必要时也可以裁定采取保全措施。关于行为保全有如下几点需要注意：

1. 行为保全的适用阶段。虽然《民事诉讼法》第103条只规定了诉讼中的行为保全，但是可以明确地告诉大家，行为保全同样适用于起诉之前，我们曾经称之为“诉前行为禁令”，只适用于知识产权法与继承法领域，而随着《民事诉讼法》将行为保全明确加以规定，可以得出一个结论，那就是行为保全也分为诉前和诉中两种，其中的诉前行为保全也不再限于知识产权和继承法领域，而是扩大到整个民商事领域。值得一提的是，《民事诉讼法解释》也在其第152条第2款中确认了诉前行为保全。

2. 行为保全的范围。行为保全的适用范围限于金钱请求以外的请求权，通常是请求相对人为一定的行为（作为）或不为一定行为（不作为）。

（1）作为方面，包括办理证照手续、转移所有权、交付特定物、返还原物、恢复原状等各类行为。

（2）不作为方面，主要包括排除妨碍、停止侵害等行为。所有上述行为，都必须限于与本案请求有关的事项。

3. 行为保全的措施。人民法院作出行为保全裁定后，一般应当向被请求人发出命令或强制令，责令被请求人作为或不作为。如果被请求人不履行命令，人民法院可以采取强制措施，迫使其履行，或者采取替代性方式，确保权利人权利受到保护，相关费用由被请求人承担。

4. 行为保全的程序。行为保全的程序，与财产保全基本相同，可参照财产保全制度施行。但由于行为保全制度的目的不在于保护财产，而在于保障权利。因此，行为保全措施不因被申请人提供担保而解除。

甲公司生产的“晴天牌”空气清新器销量占据市场第一，乙公司见状，将自己生产的同

① C

类型产品注册成“清天牌”，并全面仿照甲公司产品，使消费者难以区分。为此，甲公司欲起诉乙公司侵权，同时拟申请诉前禁令，禁止乙公司销售该产品。关于诉前保全，下列哪些选项是正确的？①

A. 甲公司可向有管辖权的法院申请采取保全措施，并应当提供担保

B. 甲公司可向被申请人住所地法院申请采取保全措施，法院受理后，须在48小时内作出裁定

C. 甲公司可向有管辖权的法院申请采取保全措施，并应当在30天内起诉

D. 甲公司如未在规定期限内起诉，保全措施自动解除

三、先予执行

先予执行是为了防止权利人的利益受到难以弥补的损害而建立的制度。具体来讲，先予执行是指人民法院受理案件后到终审判决作出之前，先解决权利人的生活或生产经营的急需，而依法裁定义务人预先履行义务的制度。法考对其考查的重心在于先予执行的适用条件和基本程序。

（一）适用范围

以下案件均可以适用先予执行：

1. 追索赡养费、扶养费、抚养费、抚恤金与医疗费用的。

2. 追索劳动报酬的。

3. 因情况紧急需要先予执行的。情况紧急是指：

（1）需要立即停止侵害、排除妨碍的；

（2）需要立即制止某项行为的；

（3）追索恢复生产、经营急需的保险理赔费的；

（4）需要立即返还社会保险金、社会救助资金的；

（5）不立即返还款项，将严重影响权利人生活和生产经营的。

先予执行的案件可以总结为“四费一金＋劳动报酬”。

仔细观察上述情况紧急情形之（1）、（2）两项可以发现，这两项和诉讼中的行为保全是交叉重合的，之所以出现这样的规定，是因为原《民事诉讼法》不存在诉讼中的行为保全制度，所以我们把其归入了先予执行的范畴当中。在具体的考题中，大家应当根据作出方式进行答案的选择，即如果题目是法院职权作出针对上述行为的裁定就选择行为保全，如果是根据当事人的申请作出针对上述行为的裁定，则既可以是行为保全，也可以是先予执行。

（二）适用条件

先予执行是为了解决紧迫的需要，由此出发，适用先予执行必须同时具备以下条件：

1. 明确性。当事人之间权利义务关系明确。

注意：这里当事人权利义务关系明确，不是全案的关系都明确，而只是先予执行的那一部分关系明确，如果全案的关系都明确了，法院就会作出相应裁判了。

2. 迫切性。不先予执行将严重影响申请人的生活或者生产经营。就是笔者常说的三个字——“活不起”。

3. 有能力。被申请人有履行能力。

4. 依申请。先予执行必须依当事人的申请适用，人民法院不得依职权适用。

---

① A、B、C

5. 诉讼中。人民法院应当在受理案件后终结判决作出前采取；管辖权尚未确定的，不能采取。因此不存在诉前先予执行。

6. 担保。可以责令其提供担保。

注意：先予执行的担保是非必要的，人民法院可以责令申请人提供担保，也可以不责令提供担保。但是一旦责令提供担保，申请人必须提供，否则驳回申请。

上述案件范围与适用条件并用，才能确定具体案件是否可以适用先予执行。

（三）程序要求

1. 范围。先予执行应当限于当事人诉讼请求的范围，并以当事人的生活、生产经营的急需为限。

借款纠纷的案件审理中，债权人申请先予执行已经认定了的3万元借款，理由是自己的儿子下个月要结婚，法院会不会认可这样的理由？显然不会，因为3万元的借款对于结婚而言并非急需。

2. 裁定程序——经过开庭审理。人民法院先予执行的裁定，应当由当事人提出书面申请，并经开庭审理后作出。在管辖权尚未确定的情况下，不得裁定先予执行。

3. 救济途径。当事人不能上诉，但是可以自收到裁定书之日起5日内申请复议（原法院），复议期间，不停止执行。

关于财产保全和先予执行，下列哪些选项是正确的？①

A. 二者的裁定都可以根据当事人的申请或法院依职权作出

B. 二者适用的案件范围相同

C. 当事人提出财产保全或先予执行的申请时，法院可以责令其提供担保，当事人拒绝提供担保的，驳回申请

D. 对财产保全和先予执行的裁定，当事人不可以上诉，但可以申请复议一次

① C、D

专题十二　对妨害民事诉讼的强制措施

这一专题考查频率不高。本专题重点掌握强制措施中的拘传、罚款和拘留，特别是要与刑事诉讼中的强制措施区别开来。2012 年修改的《民事诉讼法》增加了恶意诉讼的相关内容，《民事诉讼法解释》更是对此讲的内容予以细化，考生应当予以适当关注。

码上揭秘

一、妨害民事诉讼行为的构成

妨害民事诉讼的行为，是指在民事诉讼过程中，行为主体故意破坏和扰乱正常的诉讼秩序，妨碍民事诉讼活动正常进行的行为。妨害民事诉讼的行为的构成要件如下：

1. 主体要件。妨害民事诉讼的任何人。不仅适用于案件的当事人，也可以是其他诉讼参与人，还可以是案外人。

2. 时间要件。民事诉讼过程中，包括审判和执行。如果是在诉讼之前或在诉讼结束之后，行为人所实施的在形式上与妨害民事诉讼秩序类似的行为，虽然有可能也是违法的，但一般不能认为该行为构成妨害民事诉讼秩序。

3. 主观要件。实施妨害诉讼行为的人一定具有主观的故意。如果行为人是因为过失而造成妨害民事诉讼秩序的结果，如因为大意或疏忽而丢失了证据等，不构成妨害民事诉讼的行为。

4. 行为要件。实施了妨害民事诉讼的行为，实际上产生了后果。这里的行为可能表现为作为，如伪造证据或毁灭证据、指使他人作伪证等；也可以是不作为，如被告经传票传唤无正当理由拒绝到庭、有义务协助法院采取保全措施的人员拒绝协助法院开展工作等。

二、强制措施的种类与适用

根据《民事诉讼法》的规定，对妨害民事诉讼强制措施的种类有以下五种：拘传、训诫、责令退出法庭、罚款、拘留。考生重点掌握拘传、罚款和拘留。具体而言，每种强制措施的适用条件如下：

1. 拘传。

（1）适用对象。一般是必须到庭的被告。包括：

第一，追索赡养费、扶养费、抚养费案件的被告；

第二，不到庭无法查明案件事实的被告（如离婚案件）。

注意：修改后的民诉法司法解释规定人民法院对必须到庭才能查清案件基本事实的原告（如离婚案件），也可以拘传。

注意：无民事行为能力的当事人的法定代理人，经传票传唤无正当理由拒不到庭，必要时，人民法院可以拘传其到庭。此外，如果被告是给国家、集体造成损害的未成年人，其法定代理人无正当理由拒不到庭，也可以适用拘传。

（2）程序条件。经过两次传票传唤。

注意：必须到庭的被告经过一次传票传唤不来，可以先延期审理，再发第二次传票。

（3）事由条件。不到庭系无正当理由。

注意：拘传需要院长批准。

2. 训诫和责令退出法庭。训诫是指以口头方式予以严肃的批评教育。责令退出法庭则是对于违反法庭规则的人，强制其离开法庭的措施。训诫、责令退出法庭由合议庭或者独任审判员决定。训诫的内容、被责令退出法庭者的违法事实应当记入庭审笔录。

3. 拘留与罚款。

（1）拘留与罚款必须由法院院长批准。

（2）对个人的罚款金额，为人民币10万元以下；对单位的罚款金额，为人民币5万元以上100万元以下。

（3）拘留期限为15日以下，被拘留人在拘留期间认错悔改的，可以责令其具结悔过，提前解除拘留。

（4）人民法院对被拘留人采取拘留措施后，应当在24小时内通知其家属；确实无法按时通知或者通知不到的，应当记录在案。

（5）被拘留人不在本辖区的，作出拘留决定的人民法院应当派员到被拘留人所在地的人民法院，请该院协助执行，受委托的人民法院应当及时派员协助执行。

注意：在委托拘留情况下，被拘留人申请复议或者在拘留期间承认并改正错误，需要提前解除拘留的，受委托人民法院应当向委托人民法院转达或者提出建议，由委托人民法院审查决定。

（6）罚款和拘留既可以单独适用，也可以合并适用，但是对同一妨害民事诉讼行为的罚款和拘留不得连续适用。发生新的妨害民事诉讼行为的，人民法院可以重新予以罚款、拘留。

（7）当事人对罚款或拘留决定不服的，可以向上一级人民法院申请复议一次，但是，复议期间，不停止决定的执行。

三、对恶意诉讼的强制措施

2012年《民事诉讼法》增加了关于对恶意诉讼的规制措施的规定，从而加大了对于故意串通、非法勾结，利用诉讼程序和执行程序骗取文书，侵害他人权益行为的打击力度。根据《民事诉讼法》及相关司法解释，这些恶意诉讼的行为主要包括：

1. 当事人之间恶意串通，通过诉讼、调解等方式逃避债务、侵占他人财产、损害他人合法权益的行为。

2. 被执行人与他人恶意串通，通过诉讼、仲裁等方式逃避履行法律文书义务的行为。

对于上述行为，人民法院可以采取如下措施：

（1）根据情节轻重予以罚款、拘留。

（2）构成犯罪的，依法追究刑事责任。

注意：第三人提起撤销之诉，经审查，原案当事人之间恶意串通进行虚假诉讼的，同样适用上述措施处理。

下列哪些选项是1991年颁布实行的《民事诉讼法》（2007年修正）未作规定的制度？①

A. 公益诉讼制度　　B. 恶意诉讼规制制度

C. 检察监督中的抗诉制度　　D. 诉讼保全制度中的行为保全制度

---

① A、B、D

专题十三 普通程序

码上揭秘

从这一专题开始，我们进入分则程序论的学习，其实法考在民事诉讼的考题中仅考查三个程序，即审判程序、执行程序和仲裁程序。而在整个审判程序中，一审普通程序是最基本的前提性程序，诉讼法的基本原则、基本制度在其中有最集中的体现，这也就决定了在简易程序、二审程序、再审程序中，若无特别规定，都参照适用普通程序的相关规定。但是在法考当中，大量的流程顺序不是考试的重点。本专题的重点内容在于一审程序的启动（起诉与受理），尤其是受理案件时特殊情形的处理，以及审理案件中的特殊情况。考生应当认真学好本专题的相关内容，进而为其他审判程序的学习打下坚实的基础。

一、普通程序概述

普通程序是指人民法院审判第一审民事案件通常所适用的程序。普通程序是我国《民事诉讼法》规定的审判程序中最为重要，也是最为基础的一个程序。《民事诉讼法》规定的审判程序除普通程序外，还有简易程序、二审程序以及审判监督程序等。在众多程序中，普通程序无论是在立法的完整性、地位的基础性和重要性、程序结构、层次的复杂性等方面都胜于其他程序。普通程序构成了整个民事审判程序的基础，而且民事诉讼法的诸多原则、制度在该程序中都有充分的体现。普通程序的基本特征如下：

1. 普通程序具有程序的基础性和独立性。普通程序是人民法院审理民事案件的一个基本程序，民事诉讼法的基本原则、基本制度在该程序中都有集中的体现。普通程序是第二审程序、再审程序等其他后续程序启动的一个基础。因此，普通程序是整个民事审判程序的基础。

2. 普通程序具有程序的完整性。与其他诉讼程序相比较，普通程序是整个民事诉讼程序中体系最完整、内容最充实、程序结构最完备的一个程序。从原告提起诉讼开始到人民法院审查受理，从庭前准备到开庭审理至最后作出判决，以及包括在审理过程中可能出现的特殊情况的处理，如中止审理、延期审理等，民事诉讼法都作了详尽的规定。

3. 普通程序具有广泛的适用性。

（1）普通程序能够适用于各级人民法院审理的第一审民事案件。

（2）普通程序适用于除简单民事案件以外的其他所有民事案件的一审审理。简单民事案件一般适用简易程序加以审理，其他复杂、疑难以及影响大的民事案件，一律应当适用普通程序审理。

（3）人民法院适用简易程序、二审程序及再审程序审理民事案件时，该程序无特别规定的，应当适用普通程序的相关规定进行审理。

二、起诉与受理

（一）起诉的四项基本条件

当事人的起诉要被人民法院所受理，必须具备法律规定的起诉条件。依照《民事诉讼法》第 122 条的规定，起诉应当符合如下条件：

1. 有适格的原告。原告必须是与本案有直接利害关系的公民、法人或其他组织。这一条件包含了两层含义：

（1）原告必须具备民事诉讼权利能力。根据《民事诉讼法》的规定，享有民事诉讼权利能力的人包括公民、法人和其他组织，只有具备当事人能力的人，其权利受到侵害或者与他人发生争议时，才可以作为诉讼当事人提起诉讼。

（2）原告必须是正当当事人，即与案件存在法律上的“利害关系”。所谓“利害关系”，是指请求人民法院保护的利益是属于提起诉讼的当事人自己的利益或受其管理和支配的利益（如财产代管人、著作权管理组织等）。

注意：在公益诉讼的场合，此项条件不适用，原告只要是法律规定的机关和社会组织即可起诉。

2. 要有明确的被告。

（1）明确的被告不等于正确的被告，这里只要求原告对某一个具体的被告提出主张即可，至于事实上该主张是否应当对该当事人提出，我们并不关注；

（2）原告起诉时被告下落不明并不意味着被告不明确。

注意：原告提供被告的姓名或者名称、住所等信息具体明确，足以使被告与他人相区别的，可以认定为有明确的被告。起诉状列写被告信息不足以认定明确的被告的，人民法院可以告知原告补正。原告补正后仍不能确定明确的被告的，人民法院裁定不予受理。

3. 有具体的诉讼请求和事实、理由。此处尤其要注意诉讼请求要具体，必须明确提出自己的要求，如赔偿的数额、承担责任的形式，不能说“请法院酌情处理”。在这里我们必须注意的是：权利的可诉性和权利的可保护性的区别。权利是否可诉由原告自主判断，而权利是否可保护，则由法院适用实体法进行判断。

男方女方相恋5年后来分手，分手后女方心有不甘，将男方起诉到法院索要“青春费”，对于这一起诉，在满足起诉的条件下，法院应当依法受理。但是“青春费”这一权利主张在实体法上并不受保护，因此法院的做法是判决驳回女方的诉讼请求。

4. 主管和管辖必须要正确。这个条件涉及民事案件的法院主管与管辖两个问题，具体而言是指：

（1）该案件属于民事案件，并且当事人没有约定仲裁，属于人民法院受理的范围；

（2）当事人必须按照管辖的规定，向有管辖权的人民法院提出诉讼，否则，人民法院将不予受理。

（二）起诉的方式

起诉的方式，以书面起诉为原则，以口头起诉为例外。

（三）起诉状的内容

起诉状应当写明以下内容：

1. 原告、被告的有关情况。

注意：《民事诉讼法》规定在起诉状中要求有原告的联系方式，而不要求有被告的联系方式。

2. 原告的诉讼请求以及诉讼请求所依据的事实和理由。

3. 证据和证据来源、证人的姓名、住所等。

4. 受诉法院的名称、起诉的时间、起诉人签名或盖章。

注意：起诉状的内容中不包括案由，所谓案由可以简单理解为案件的法律性质。

（四）人民法院对起诉的立案与受理

受理是指人民法院根据起诉材料，认为原告的起诉符合民事诉讼法规定的条件，而决定予以立案审理的行为。一般来讲，原告起诉后，法院的处理方式有如下三种：

1. 受理。起诉符合法定条件的，应当在7日内登记立案并通知当事人。

注意：人民法院接到当事人提交的民事起诉状时，对当场不能判定是否符合起诉条件的，应当接收起诉材料，并出具注明收到日期的书面凭证。需要补充必要相关材料的，人民法院应当及时通知当事人。在补齐相关材料后，应当在7日内决定是否立案。

2. 不予受理。立案前，发现起诉不符合法定条件的，应当在7日内作出裁定书，不予受理。

3. 驳回起诉。立案后，发现起诉不符合法定条件的，应当裁定驳回起诉。

注意：1. 不予受理与驳回起诉都是对不符合起诉条件的案件的处理方式，两者的区别主要在于适用的时间不同：不予受理是案件尚未受理时的处理；而驳回起诉是案件受理后的处理。不予受理、驳回起诉采用的文书都是裁定，一般而言裁定可以是口头的，但是考虑到司法实践中立案难的问题，《民事诉讼法》特别规定，对于不予受理的案件，法院必须做出书面的裁定书，以保护当事人的程序利益。与此同时，因为裁定解决程序问题，所以当法院裁定不予受理或裁定驳回起诉后，原告仍然可以再次起诉，再次起诉满足条件的，法院应当受理。

2. 为了保障民事诉讼当事人诉讼权利的行使，修改后的《民事诉讼法解释》将原有的立案审查制度变为立案登记制，即人民法院接到当事人提交的民事起诉状时，对符合民事诉讼法相关规定，应当登记立案，然而从法考的角度而言此处的可考性不强。

【归纳总结】比较不予受理、驳回起诉和驳回诉讼请求：

比较内容	不予受理	驳回起诉	驳回诉讼请求
适用文书	书面裁定	裁定	判决
解决问题	程序问题	程序问题	实体问题
适用阶段	受理案件前	受理案件后	受理案件后
适用条件	起诉不符合受理条件	起诉不符合受理条件	起诉符合条件， 但原告的诉讼请求不能被支持
救济途径	可以上诉、申请再审	可以上诉、申请再审	可以上诉、申请再审
是否再起诉	可以再起诉	可以再起诉	不得再起诉，一事不再理
上诉期	10日	10日	15日
适用组织	立案庭	审判组织	审判组织

下列哪些案件人民法院应当受理？①

A. 林某曾与李某同居3年，二人分手时产生纠纷，林某起诉李某，要求赔偿“青春费”5万元

B. 甲诉乙离婚，法院于2004年3月判决不准离婚；2004年7月乙起诉甲，请求离婚

C. 陈某下落不明3年，其丈夫不申请宣告失踪，直接起诉离婚

D. 甲村民想承包本村鱼塘，故起诉乙村民，请求判决解除乙村民与本村的鱼塘承包合同

---

① A、B、C

三、特殊情形下对起诉的处理

虽然《民事诉讼法》明确规定了起诉的四项基本条件，但是司法实践中总有一些特殊情况让人无法作出准确的判断。为了统一司法适用，《民事诉讼法》第 127 条就某些特殊情形按照民事诉讼法的原则，明确规定了不予受理、应当受理以及受理后的处理方式，对于这些情形应当着重注意。为了方便把握，我们可以从五个角度进行阐述。

（一）主管

从人民法院主管的角度来看起诉条件，需要注意区别民事诉讼与其他几种纠纷解决方式之间的关系。本书前面已经介绍过，在此主要把握三句话：人民调解不影响诉讼，劳动争议仲裁前置，有效的仲裁协议排斥诉讼。

1. 人民调解不影响诉讼。当事人发生民事纠纷后，是否进行人民调解，以及进行人民调解后是否达成调解协议，并不影响当事人向人民法院起诉。

2. 劳动争议仲裁前置。劳动争议不能直接向人民法院起诉，对劳动争议仲裁裁决不服的才可以向人民法院起诉。具体请参见《劳动争议调解仲裁法》的相关规定。

3. 有效的仲裁协议排斥诉讼。当事人之间订立有效的仲裁协议，根据诚实信用原则，纠纷产生后当以仲裁的方式解决。但是，如果当事人之间订立有有效的仲裁协议，一方当事人向人民法院起诉而未声明有仲裁协议的，在满足起诉的条件下，人民法院应当受理。受理后，对方当事人在首次开庭前可以向人民法院提出仲裁协议，要求人民法院驳回起诉；但如果对方当事人不提出仲裁协议而应诉答辩的，则人民法院将继续审理。

（二）管辖权

1. 案件受理前，对不属于本院管辖的案件，裁定不予受理，告知原告向有管辖权的人民法院起诉。

2. 案件受理后，人民法院发现自己受理的案件不属于本院管辖的，应当移送有管辖权的法院管辖。

（三）一事不再理

1. 基本含义。一事不再理，是指对于同一案件已经由其他有管辖权的法院依法审理，或判决、裁定已经发生法律效力的案件，当事人起诉的，人民法院不予受理。由此可见，“一事不再理”原则适用于以下两种情况：

（1）已经由有管辖权的法院受理的案件；

（2）判决、裁定已经发生法律效力的案件。

在这两种情况下，法院对同一个案件都不会再次受理。这里的难点是对于同一案件的判断，理论上有不同的说法。《民事诉讼法解释》对此作出界定。该法第 247 条规定：当事人就已经提起诉讼的事项在诉讼过程中或者裁判生效后再次起诉，同时符合下列条件的，构成重复起诉：①后诉与前诉的当事人相同；②后诉与前诉的诉讼标的相同；③后诉与前诉的诉讼请求相同，或者后诉的诉讼请求实质上否定前诉裁判结果。

2. 一事不再理的例外。大多数案件都应当适用一事不再理原则，但是某些案件由于其本身的特殊性质，可能存在需要法院重复处理的情况，这样的例外主要有两类案件：

（1）离婚被维持的案件。对于离婚案件，判决不准离婚或调解和好的，被告不受一事不再理的限制。即此类案件原告的再次起诉受到一定的理由、时间的限制，具体内容参见后文离婚、收养案件的特殊规定第 2、3 点。

（2）增减抚养费案件。赡养费、扶养费、抚养费案件，裁判发生法律效力后，因新情况、新理由，一方当事人再行起诉要求增加或减少费用的，人民法院应作为新案受理。

注意：这里要求必须是在裁判发生效力后，而且是基于新情况、新理由。

【新增法条】《民事诉讼法解释》第248条规定：裁判发生法律效力后，发生新的事实，当事人再次提起诉讼的，人民法院应当依法受理。

3. 相关情形的处理。与一事不再理相关的情形还有一些，请考生注意不要将以下情形混淆为一事不再理：

（1）对于裁定不予受理、驳回起诉的案件，原告再次起诉的，如果符合起诉条件，人民法院应予受理。

注意：之所以这样规定，是因为裁定处理的是程序问题，程序问题可以再来。

（2）人民法院准许撤诉的案件（包括当事人撤诉和人民法院按撤诉处理），当事人依法再起诉，应当受理。

注意：①在民事诉讼中，撤回起诉后一般仍可自由起诉，但也存在例外：如后文离婚、收养案件的特殊规定第4点的内容。同时，根据《民事诉讼法解释》的规定，原审原告在第二审程序中撤回起诉后重复起诉的，人民法院不予受理；一审原告在再审审理程序中撤回起诉后重复起诉的，人民法院不予受理。

②在我们民事诉讼中，撤回起诉，原则上依然可以再起诉；但是撤回上诉，则不可以再上诉。这一规律法考从未考查过，本书在二审程序中会进一步讲解。

（四）离婚、收养案件的特殊规定

离婚和收养案件由于其特殊性质而存在一些特殊规定，对此应当着重把握，此为法考的常考考点。

1. 女方在怀孕期间、分娩后1年内或中止妊娠后6个月内，男方不得提出离婚。女方提出离婚的，或人民法院认为确有必要受理男方离婚请求的，人民法院应当受理。

何为“确有必要”呢？举个例子，如妻子生了孩子之后丈夫发现孩子不是自己的，那么显然不能替他人“无因管理”，否则他人构成“不当得利”。

2. 判决不准离婚、调解和好的离婚案件以及判决、调解维持收养关系的案件，没有新情况、新理由，原告在6个月内又起诉的，不予受理。注意两个条件：（1）没有新情况、新理由；（2）原告在6个月内又起诉。

3. 判决不准离婚、调解和好的离婚案件以及判决、调解维持收养关系的案件的被告向人民法院起诉的，符合起诉条件，应当受理。

4. 原告撤诉或者按撤诉处理的离婚案件，没有新情况、新理由，6个月内又起诉的，可不予受理。此为撤诉后仍可自由起诉的典型例外规定。

注意：这一规定限制的仅仅是原告在6个月内起诉，被告则不受限制。

5. 夫妻一方下落不明，另一方诉至人民法院，只要求离婚，不申请宣告下落不明人失踪或死亡的案件，人民法院应当受理，对下落不明人可以公告送达相关文书。

6. 在婚姻关系存续期间，当事人不起诉离婚而单独要求过错方赔偿精神损害赔偿的，人民法院不予受理。

（五）诉讼时效

诉讼时效是民法中的一项制度，诉讼时效消灭的是胜诉权，而不是起诉权。因此法律规定，当事人超过诉讼时效期间起诉的，人民法院应予受理。如果对方当事人提出诉讼时效抗辩，人民法院经审理认为抗辩事由成立的，判决驳回其诉讼请求。

注意：针对诉讼时效问题，法院在这里是一种实体处理，采用的是判决驳回其诉讼请求，而非裁定驳回起诉。因此，当法院判决驳回原告诉讼请求之后，原告以同一事实理由再次起诉的，法院不予受理。

关于起诉与受理的表述，下列哪些选项是正确的？①

A. 法院裁定驳回起诉的，原告再次起诉符合条件的，法院应当受理

B. 法院按撤诉处理后，当事人以同一诉讼请求再次起诉的，法院应当受理

C. 判决不准离婚的案件，当事人没有新事实和新理由再次起诉的，法院一律不予受理

D. 当事人超过诉讼时效起诉的，法院应当受理

四、先行调解和程序分流

1. 先行调解制度。先行调解是指法院立案前或立案后不久进行的调解。当事人向人民法院提起诉讼，人民法院尚未立案，根据案件具体情况，人民法院认为适宜调解，那么可以在尊重当事人意愿的情况下，先行调解。但如果当事人拒绝调解，或调解未能达成协议，法院应当及时立案。案件受理后，开庭审判之前，人民法院也可以调解。

2. 程序分流。法院在答辩期届满后，在开庭前的准备程序中，应当按照案件的不同情况，分别予以处理：

（1）当事人没有争议，符合督促程序规定条件的，可以转入督促程序。对于当事人没有实质性争议的案件，如果符合督促程序规定的条件的，可以将案件转为督促程序。督促程序为非诉程序，其审理程序简便、迅速，可以及时实现当事人的权利主张。

（2）开庭前可以调解的，采取调解方式及时解决纠纷。对于适宜调解的案件，开庭前人民法院可以主持调解，及时解决纠纷，这也呼应了先行调解原则之要求。

（3）根据案件情况，确定适用简易程序或者普通程序。如果受诉法院为基层人民法院时，对于第一审案件的审理存在选择适用普通程序和简易程序的问题。对于简单民事案件或当事人协议适用简易程序的案件，人民法院可以决定适用简易程序审理，其他案件适用普通程序审理。

（4）需要开庭审理的，通过要求当事人交换证据等方式，明确争议焦点。明确了案件的争议焦点，从而在审判中更具有针对性，大大提高了诉讼效率，也更有利于查明案件事实。

五、审理中的特殊问题

（一）撤诉

撤诉是指在人民法院受理案件后，宣告判决前，原告要求撤回起诉或者出现法定情形，视为原告撤回起诉的行为。由此，撤诉分为两种：申请撤诉和按撤诉处理。

1. 申请撤诉。

（1）主体要件：申请人一般是原告。原告的法定代理人可以代理其撤回起诉。有独立请求权的第三人也可以撤诉，因为其相当于原告；在二审程序中，上诉人也可以撤回上诉。

（2）撤诉的时间：在案件受理后，判决宣告前，当事人均可以申请撤诉。但是严格来讲，撤诉的时间应当限定在法庭辩论终结前。

（3）申请撤诉，是否准许，由人民法院裁定。

注意：①申请撤诉是当事人意思自治的体现，因此对于当事人的撤诉申请，法院一般都会准许。而根据《民事诉讼法解释》的规定，当事人申请撤诉或者依法可以按撤诉处理的案件，

① A、B、D

如果当事人有违反法律的行为需要依法处理的，人民法院可以不准许撤诉或者不按撤诉处理。同时，法庭辩论终结后原告申请撤诉，被告不同意的，人民法院可以不予准许。

②公益诉讼案件的原告在法庭辩论终结后申请撤诉的，人民法院不予准许。

2. 按撤诉处理。根据《民事诉讼法》和《民事诉讼法解释》的规定，下列情形出现时，人民法院视为原告撤诉，法律效果与申请撤诉相同：

（1）原告经传票传唤，无正当理由拒不到庭的，或者未经法庭许可中途退庭的，可以按撤诉处理；

（2）原告是无民事行为能力的当事人，其法定代理人经传票传唤无正当理由拒不到庭的，可以按撤诉处理；

（3）有独立请求权的第三人，经人民法院传票传唤，无正当理由拒不到庭的，或者未经法庭许可中途退庭的，可以对该第三人按撤诉处理，不影响原案的审理。

【记忆规律】一般是原告该来不来，按撤诉处理。

3. 撤诉的后果。

（1）本案的诉讼程序终结。撤诉是基于意思表示的结案方式；

（2）诉讼费用由原告或上诉人负担，减半收取；

（3）原告仍有起诉的权利，撤诉视为未起诉，原告仍有权提起诉讼；

（4）撤诉以后，本案诉讼时效期间重新开始计算。

（二）缺席判决

缺席判决与对席判决相对，是指人民法院审理案件中，一方当事人无正当理由拒不到庭或者未经法庭许可中途退庭的，人民法院经过开庭审理，依法对案件作出判决。依据法律规定，以下情形可以适用缺席判决：

1. 非必须到庭的被告（包括无民事行为能力人的法定代理人）经传票传唤，无正当理由拒不到庭的，或者未经法庭许可中途退庭的。

2. 原告经传票传唤，无正当理由拒不到庭，或者未经法庭许可中途退庭，被告反诉的，对于反诉可以对本案原告缺席判决。

3. 原告申请撤诉的，人民法院裁定不准许撤诉，原告经传票传唤，无正当理由拒不到庭的。

【归纳总结】缺席判决与按撤诉处理具有一定的相对性，都是因为当事人经传票传唤，无正当理由拒不到庭，或者未经法庭许可中途退庭，但缺席判决原则上针对的是被告，而按撤诉处理针对的是原告。但两者的相对并不完全具有对应性，因为缺席判决原则上针对被告，特殊情况下也可针对原告。

（三）审理阻碍

案件审理过程中，一些特殊情形的存在可能阻碍诉讼程序的进行，从而引起延期审理、诉讼中止、诉讼终结的适用。

1. 延期审理。受诉人民法院在开庭审理案件时，由于出现了法定的情形，致使开庭审理无法按期进行或无法继续进行，因而必须推延审理日期，即为延期审理。延期审理的实质在于特定情形的存在使得开庭无法进行，从而推迟了开庭，也仅仅是影响到了开庭，其他诉讼活动照常进行，因此延期审理又叫作延期开庭。《民事诉讼法》第 149 条规定了法定的决定延期审理的情形，包括：

（1）必须到庭的当事人和其他诉讼参与人有正当理由没有到庭的；

（2）当事人临时提出回避申请的；

（3）需要通知新的证人到庭，调取新的证据，重新鉴定、勘验，或者需要补充调查的；

（4）其他应当延期的情形。

注意：延期审理的文书是决定。延期审理前已进行的诉讼行为，对延期后的审理仍然有效。但延期的时间不计算在审理期限内。

法院开庭审理时一方当事人未到庭，关于可能出现的法律后果，哪些选项是正确的？①

A. 延期审理　　B. 按原告撤诉处理

C. 缺席判决　　D. 采取强制措施拘传未到庭的当事人到庭

2. 诉讼中止。在诉讼过程中，由于特殊情况的出现，致使诉讼暂时无法继续进行，待有关问题解决后再行恢复，即为诉讼中止。《民事诉讼法》第153条明确规定了法院裁定诉讼中止的情形，请注意记忆：

（1）一方当事人死亡，需要等待继承人表明是否参加诉讼的；

（2）一方当事人丧失诉讼行为能力，尚未确定法定代理人的；

（3）作为一方当事人的法人或者其他组织终止，尚未确定权利义务承受人的；

（4）一方当事人因不可抗拒的事由，不能参加诉讼的；

（5）本案必须以另一案的审理结果为依据，而另一案尚未审结的。

注意：在刑事案件与民事案件同时存在的情况下，民事案件是否中止取决于刑事案件的审判是否是民事案件审判的依据，如果不是则不存在民事案件中止的前提。例如，张某因孙某欠款不还向法院起诉。在案件审理中，孙某因盗窃被刑事拘留，法院对于本案的借款纠纷就应当继续审理。

居民甲与金山房地产公司签订了购买商品房一套的合同，后因甲未按约定付款。金山公司起诉至法院，要求甲付清房款并承担违约责任。在诉讼中，甲的妻子乙向法院主张甲患有精神病，没有辨别行为的能力，要求法院认定购房合同无效。本案中，若乙或金山公司向法院申请认定甲为无民事行为能力人，法院就应裁定诉讼中止，因为本案的审理必须以认定公民为无民事行为能力人案件的结果为依据。

（6）其他应当中止诉讼的情形。

注意：中止诉讼的原因消除后，法院直接恢复诉讼即可，并不需要作出新的裁定撤销原来的裁定。

3. 诉讼终结。诉讼终结，是指在诉讼进行过程中，因发生某种法定的诉讼终结的原因，使诉讼程序继续进行已没有必要或不可能继续进行，从而由人民法院裁定终结诉讼程序的制度。诉讼终结适用的具体情形请参见《民事诉讼法》第154条。该条规定，以下情形应终结诉讼：

（1）原告死亡，没有继承人，或者继承人放弃诉讼权利的；

（2）被告死亡，没有遗产，也没有应当承担义务的人的；

（3）离婚案件一方当事人死亡的；

（4）追索赡养费、扶养费、抚养费以及解除收养关系案件的一方当事人死亡的。

注意：之所以会有第（3）（4）两项之规定，是因为身份关系具有人身专属性，不会发生审判中的诉讼承担问题。

4. 诉讼中止与延期审理的区别。诉讼中止与延期审理两者十分相似，都是因法定情形而在诉讼中停止继续进行诉讼活动，但是两者也存在重要的区别，以下列出其区别要点：

---

① A、B、C、D

（1）适用范围。诉讼中止可以发生于诉讼程序开始以后一直到判决作出以前的任何诉讼阶段，而延期审理则只能适用于开庭审理阶段；

（2）适用效果。诉讼中止将造成本案诉讼程序的中途搁置，受诉法院和当事人、其他诉讼参与人就本案的一切诉讼活动都应当停止进行；延期审理只是将本案开庭审理的日期推延，有关诉讼活动并不因此停止，如通知证人到庭；

（3）恢复审理的时间是否可以预见。诉讼中止的法定情形来自于诉讼以外，何时恢复诉讼，通常受诉法院是很难左右的；但是延期审理的法定情形来自于诉讼之中，恢复审理的日期通常由人民法院确定；

（4）适用的文书。延期审理的文书是决定，诉讼中止的文书是裁定；

（5）法定情形。法定情形是绝对不同的，关键在于掌握做题的规律，即区分原因力的大小。

区分延期审理与诉讼中止的关键点就在于文书和原因力的大小。如果一个事项的出现影响当事人的更换，我们认为这样的事项原因力很大，那么应当诉讼中止。如果一个事项的出现根本不影响当事人的更换，我们认为这样的事项原因力小，那么就应延期审理。

如甲、乙人身损害赔偿一案，甲在前往法院的路上，胃病发作住院治疗，法院决定延期审理；而原告在诉讼中因车祸成为植物人，在原告法定代理人没有确定的期间，法院就应裁定中止诉讼。

法院对于诉讼中有关情况的处理，下列哪一做法是正确的？①

A. 杨某与赵某损害赔偿一案，杨某在去往法院开庭的路上，突遇车祸，被送至医院急救，法院遂决定中止诉讼

B. 毛某与安某专利侵权纠纷一案，法庭审理过程中，发现需要重新进行鉴定，法院裁定延期审理

C. 甲公司诉乙公司合同纠纷一案，审理过程中，甲公司与其他公司合并，法院裁定诉讼终结

D. 丙公司诉丁公司租赁纠纷一案，法院审理中，发现本案必须以另一案的审理结果为依据，而该案又尚未审结，遂裁定诉讼中止

---

① D

专题十四　简易程序

码上揭秘

简易程序是对一审普通程序的简化，其制度目的是对简单的民事纠纷适用简单的程序进行解决，从而节约诉讼资源、提高诉讼效率；对于当事人来讲，则以较小的诉讼成本维护自己的权利，解决了纠纷。它不是普通程序的附属程序，也不是普通程序的分支程序，而是与普通程序相对而言，并列而存的一种独立的第一审程序。对于本专题的内容，考生需要重点掌握两点：简易程序的适用范围（尤其是消极范围）以及简易程序的特点，换言之，也就是简易程序的简易之处。与此同时，这一讲中的小额诉讼应当给予适当关注，尤其是2014年《民事诉讼法解释》对于这一考点作出了修改和补充。法考在这一专题中的命题比较集中，考生只要足够认真，完全可以掌握本专题的全部内容。

一、简易程序的适用范围

法律对于简易程序的适用范围作出了规定，简易程序的适用范围可以从以下几个角度进行把握：

1. 适用法院。基层人民法院和它的派出法庭。中级及以上级别的人民法院（海事法院除外，这是《海事诉讼特别程序法》的特殊规定）不得适用简易程序。

2. 适用审级。第一审。这里的第一审是指因起诉而开始的初始一审，如果是按照一审程序的再审或二审法院发回重审的一审则不可适用简易程序。

3. 适用前提。事实清楚、权利义务关系明确、争议不大的简单民事案件：

（1）事实清楚，是指当事人双方对争议的事实陈述基本一致，并能提供可靠的证据，无须人民法院调查收集证据即可判明事实、分清是非。

（2）权利义务关系明确，是指谁是责任的承担者，谁是权利的享有者，关系明确。

（3）争议不大，是指当事人对案件的是非、责任以及诉讼标的争执无原则分歧。

4. 消极适用范围。下列案件不得适用简易程序：

（1）起诉时被告下落不明的。

注意：起诉时被告下落不明说明不满足事实清楚、权利义务关系明确这一前提，简易程序审理中被告离家出走等原因不影响简易程序的适用。

（2）发回重审和按照审判监督程序再审的。

注意：二审法院发回一审法院进行的重审或按照一审程序进行的再审只能适用普通程序。

（3）共同诉讼中一方或者双方当事人人数众多的。

注意：这里并不等于说共同诉讼不能适用简易程序，实际上这里说的是代表人诉讼。

（4）法律规定应当适用特别程序、督促程序、公示催告程序和企业法人破产还债程序的。

注意：之所以这样规定，是因为简易程序是争议案件的审理程序，非争议案件不能适用。

（5）涉及国家利益、社会公共利益的。

注意：这里的涉及国家利益、社会公共利益的案件主要是指公益诉讼，公益诉讼的管辖级别本身就在中院，当然不适用简易程序。

（6）第三人起诉请求改变或者撤销生效判决、裁定、调解书的。

注意：我们在第三人撤销之诉中已经讲过其应当适用一审普通程序审理。

章俊诉李泳借款纠纷案在某县法院适用简易程序审理。县法院判决后，章俊上诉，二审法院以事实不清为由发回重审。县法院征得当事人同意后，适用简易程序重审此案。在答辩期间，李泳提出管辖权异议，县法院不予审查。案件开庭前，章俊增加了诉讼请求，李泳提出反诉，县法院受理了章俊提出的增加诉讼请求，但以重审不可提出反诉为由拒绝受理李泳的反诉。关于本案，该县法院的下列哪些做法是正确的？①

A. 征得当事人同意后，适用简易程序重审此案

B. 对李泳提出的管辖权异议不予审查

C. 受理章俊提出的增加诉讼请求

D. 拒绝受理李泳的反诉

二、简易程序与普通程序的转换

1. 普通程序转为简易程序，即简易程序的约定适用（协议选择）。《民事诉讼法》第160条第2款规定：基层人民法院和它派出的法庭审理前款规定以外的民事案件，当事人双方也可以约定适用简易程序。即如果基层人民法院适用第一审普通程序审理的民事案件，当事人各方自愿选择适用简易程序，经人民法院审查同意的，可以适用简易程序进行审理。这里注意以下三点：

（1）当事人双方均自愿。

（2）决定权在法院，即并不是当事人要求转换，法院就一定会将普通程序转换为简易程序。

（3）当事人双方约定适用简易程序的，应当在开庭前提出。口头提出的，记入笔录，由双方当事人签名或者捺印确认。

注意：已经按照普通程序审理的案件，在开庭后不得转为简易程序审理。虽然当事人要求转换为简易程序也不一定被转换，但拥有决定权的法院却没有不经当事人的要求直接转换的权利。

【关联考点】民诉中适用普通程序的案件可以选择适用简易程序，但是在刑事诉讼中一旦适用普通程序，不能转为简易程序。

2. 简易程序转为普通程序。人民法院决定适用简易程序后，在审理过程中，发现案情复杂，需要转为普通程序审理的，可以转为普通程序。主要有两种情况：

（1）当事人就适用简易程序提出异议，人民法院经审查认为异议成立的；

（2）人民法院在审理过程中发现不宜适用简易程序的，由合议庭进行审理，并及时通知双方当事人；

（3）原告提供了被告准确的送达地址，但人民法院无法向被告直接送达或留置送达应诉通知书的，应当将案件转入普通程序审理。

【关联考点】原告不能提供被告准确的送达地址，人民法院经查证后仍不能确定被告送达地址的，可以被告不明确为由裁定驳回原告起诉。

① B、C

注意：简易程序转为普通程序，法院应当作出裁定。同时，简易程序转为普通程序的，审理期限从立案之日计算，不是从程序改变之日起算，即连续、继续算，而不是重新计算。

夏某因借款纠纷起诉陈某，法院决定适用简易程序审理。法院依夏某提供的被告地址送达时，发现有误，经多方了解和查证也无法确定准确地址。对此，法院下列哪一处理是正确的？①

A. 将案件转为普通程序审理　　B. 采取公告方式送达

C. 裁定中止诉讼　　D. 裁定驳回起诉

三、简易程序的特点（简易之处）

简易程序是对一审普通程序的简化，法律有特别规定的适用特别规定，没有特别规定的则适用一审普通程序的规定。因此，在这里考生主要掌握简易程序的简易之处：

1. 起诉方式简便。法律明确规定简易程序中可以口头起诉。

2. 受理程序简便。可以当即受案审理，也可以另定日期审理。最高人民法院《关于适用简易程序审理民事案件的若干规定》（以下简称《简易程序若干规定》）第7条规定：双方当事人到庭后，被告同意口头答辩的，人民法院可以当即开庭审理。《民事诉讼法解释》第266条第3款也规定，当事人双方均表示不需要举证期限、答辩期间的，人民法院可以立即开庭审理或者确定开庭日期。

3. 传唤方式简便。简易程序中可用简便方式传唤、通知当事人、证人，不要求必须采用传票、通知书形式；传唤的时间，不受在开庭前3日的时间限制。

注意：简易程序中可用简便的方式送达诉讼文书，但以捎口信、电话、传真、电子邮件等形式发送的开庭通知，未经当事人确认或没有其他证据足以证明当事人已经收到的，人民法院不得将其作为按撤诉处理和缺席判决的依据。

4. 委托代理人简便。依据《民事诉讼法解释》第89条第2款规定，适用简易程序审理的案件，双方当事人同时到庭并径行开庭审理的，可以当场口头委托诉讼代理人，由人民法院记入笔录。从而打破了委托诉讼代理人应当书面委托的形式要求。

5. 审判组织简便。简易程序由一名审判员独任审理，在开庭时应当有书记员记录，不可自审自记。

注意：简易程序不能由人民陪审员参加。

6. 开庭方式简便。当事人双方可就开庭方式向人民法院提出申请，由人民法院决定是否准许。经当事人双方同意，可以采用视听传输技术等方式开庭。

注意：简易程序属于一审程序，必须开庭审理。但其开庭的方式可以多元化。

7. 庭审程序简便。依照简易程序审理案件，审理程序比较简便。本着简便易行的原则，法院在进行法庭调查、法庭辩论时，可以不按法定顺序进行。

8. 庭审次数较少。适用简易程序审理的民事案件，原则上应当一次开庭审结，但人民法院认为确有必要再次开庭的除外。

9. 宣判方式简便。人民法院适用简易程序审理民事案件，判决结案的宣判方式有两种：当庭宣判和定期宣判，除人民法院认为不宜当庭宣判的以外，均应当当庭宣判。

注意：无论是当庭宣判，还是定期宣判，当事人都可以选择要求法院邮寄送达，且留置送达的场所包括受送达人住所和从业场所。需要注意的是，本书之前已经讲过适用简易程序的案

① D

件，不适用公告送达（互联网法院除外）。

10. 审限较短。法院适用简易程序审理案件，原则上应当在立案之日起 3 个月内审结，有特殊情况需要延长的，由本院院长批准，可以延长 1 个月。

11. 举证期限较短。适用简易程序案件的举证期限由人民法院确定，也可以由当事人协商一致并经人民法院准许，但不得超过 15 日。

【关联考点】人民法院确定举证期限，第一审普通程序案件不得少于 15 日；小额诉讼案件的举证期限一般不超过 7 日。

12. 裁判文书可简化。适用简易程序审理的民事案件，有下列情形之一的，人民法院在制作裁判文书时对认定事实或者判决理由部分可以适当简化：

（1）当事人达成调解协议并需要制作民事调解书的；

（2）一方当事人在诉讼过程中明确表示承认对方全部或者部分诉讼请求的；

（3）当事人对案件事实没有争议或者争议不大的；

（4）涉及个人隐私或者商业秘密的案件，当事人一方要求简化裁判文书中的相关内容，人民法院认为理由正当的；

（5）当事人双方一致同意简化裁判文书的。

注意：裁判文书对事实认定和判决理由部分可以简化，但是不等于不写，因为《民事诉讼法》明确要求裁判文书中必须写明裁判的结果和裁判的理由。

【记忆规律】上述情形，笔者总结了记忆方法：调解结案的 + 承认的 + 无争议或争议不大的 + 关涉私密的 + 一致同意的。

四、简易程序的不可省略之处

1. 公开审判原则。简易程序中也应当遵循公开审判原则，除了《民事诉讼法》所规定的不公开审理的事项外，其他案件并不因为适用简易程序而不公开审理。

2. 告知回避的权利。法院在开庭时应当告知当事人有权申请回避，告知当事人申请回避的权利这一程序是不能省略的。

3. 书记员必须参加。庭审必须有书记员参加，不能由审判员自审自记。

4. 裁判及调解书应当加盖基层法院印章。简易程序审理后所制作的判决书、裁定书、调解书，必须加盖基层法院印章，而不能加盖派出法庭的印章。

1. 关于简易程序的简便性，下列哪一表述是不正确的？①

A. 受理程序简便，可以当即受理，当即审理

B. 审判程序简便，可以不按法庭调查、法庭辩论的顺序进行

C. 庭审笔录简便，可以不记录诉讼权利义务的告知、原被告的诉辩意见等通常性程序内容

D. 裁判文书简便，可以简化裁判文书的事实认定或判决理由部分

2. 郑飞诉万雷侵权纠纷一案，虽不属于事实清楚、权利义务关系明确、争议不大的案件，但双方当事人约定适用简易程序进行审理，法院同意并以电子邮件的方式向双方当事人通知了开庭时间（双方当事人均未回复）。开庭时被告万雷无正当理由不到庭，法院作出了缺席判

① C

决。送达判决书时法院通过各种方式均未联系上万雷，遂采取了公告送达方式送达了判决书。对此，法院下列哪些行为是违法的？①

A. 同意双方当事人的约定，适用简易程序对案件进行审理

B. 以电子邮件的方式向双方当事人通知开庭时间

C. 作出缺席判决

D. 采取公告方式送达判决书

五、小额诉讼程序

小额诉讼程序是对简易程序的创新和发展，实行一审终审，以最大化地利用有限的司法资源。小额诉讼程序的适用要注意以下几点：

1. 适用的法院。基层人民法院及其派出法庭。

2. 适用的案件。事实清楚、权利义务关系明确、争议不大的简单金钱给付案件，具体而言，其适用案件的积极范围和消极范围如下：

（1）积极范围：下列金钱给付的案件，适用小额诉讼程序审理：

①买卖合同、借款合同、租赁合同纠纷；

②身份关系清楚，仅在给付的数额、时间、方式上存在争议的赡养费、抚养费、扶养费纠纷；

③责任明确，仅在给付的数额、时间、方式上存在争议的交通事故损害赔偿和其他人身损害赔偿纠纷；

④供用水、电、气、热力合同纠纷；

⑤银行卡纠纷；

⑥劳动关系清楚，仅在劳动报酬、工伤医疗费、经济补偿金或者赔偿金给付数额、时间、方式上存在争议的劳动合同纠纷；

⑦劳务关系清楚，仅在劳务报酬给付数额、时间、方式上存在争议的劳务合同纠纷；

⑧物业、电信等服务合同纠纷；

⑨其他金钱给付纠纷。

（2）消极范围：下列案件，不适用小额诉讼程序审理：

①人身关系、财产确权案件；

②涉外案件；

③需要评估、鉴定或者对诉前评估、鉴定结果有异议的案件；

④一方当事人下落不明的案件；

⑤当事人提出反诉的案件；

⑥其他不宜适用小额诉讼的程序审理的案件。

根据该规定，符合条件的知识产权纠纷也可以适用小额诉讼程序进行审理了。

注意：《海事诉讼特别程序法》第98条规定海事法院可以适用简易程序。因此，海事法院可以适用小额诉讼程序审理简单的海事、海商案件。

因为小额诉讼程序除特别规定外，都应当适用简易程序的规定，因此，考生必须明确不能适用简易程序审理的案件同样不能适用小额诉讼程序进行审理。

3. 法定适用的标的额标准。标的额为各省、自治区、直辖市上年度就业人员年平均工资

① C、D

50%以下。

4. 适用一审终审。这是小额诉讼程序最大的特色。适用该程序作出的判决，当事人不得上诉，但如果确有错误，可以再审。

【关联考点】对小额诉讼案件的判决、裁定，当事人以《民事诉讼法》第207条规定的事由向原审人民法院申请再审的，人民法院应当受理。申请再审事由成立的，应当裁定再审，组成合议庭进行审理。作出的再审判决、裁定，当事人不得上诉。

当事人以不应按小额诉讼案件审理为由向原审人民法院申请再审的，人民法院应当受理。理由成立的，应当裁定再审，组成合议庭审理。作出的再审判决、裁定，当事人可以上诉。

5. 小额诉讼程序的约定适用：基层人民法院和它派出的法庭审理前款规定的民事案件，标的额超过各省、自治区、直辖市上年度就业人员年平均工资百分之五十但在二倍以下的，当事人双方也可以约定适用小额诉讼的程序。

6. 法院的告知义务。根据《民事诉讼法解释》的规定，人民法院适用小额诉讼程序审理案件，应当向当事人告知该类案件审理的审判组织、一审终审、审理期限、诉讼费用交纳标准等相关事项。

7. 举证期限。小额诉讼案件的举证期限由人民法院确定，也可以由当事人协商一致并经人民法院准许，但一般不超过7日。

8. 答辩期限：被告要求书面答辩的，人民法院可以在征得其同意的基础上合理确定答辩期间，但最长不得超过15日。

注意：当事人到庭后表示不需要举证期限和答辩期间的，人民法院可立即开庭审理。

9. 审理期限：人民法院适用小额诉讼的程序审理案件，应当在立案之日起两个月内审结。有特殊情况需要延长的，经本院院长批准，可以延长一个月。

注意：管辖权异议和驳回起诉的裁定是可以上诉的裁定，但是在小额诉讼中出现了例外，即一经作出即生效。

10. 管辖异议。当事人对按照小额诉讼案件审理有异议的，应当在开庭前提出。人民法院经审查，异议成立的，适用简易程序的其他规定审理；异议不成立的，告知当事人，并记入笔录。

11. 程序异议。当事人对按照小额诉讼案件审理有异议的，可以在开庭前向人民法院提出异议。人民法院对当事人提出的异议应当审查，异议成立的，应当适用简易程序的其他规定审理或者裁定转为普通程序；异议不成立的，裁定驳回。

注意：人民法院在审理过程中，发现案件不宜适用小额诉讼的程序的，应当适用简易程序的其他规定审理或者裁定转为普通程序。

12. 裁判文书的简化。小额诉讼案件的裁判文书可以简化，主要记载当事人基本信息、诉讼请求、裁判主文等内容。

13. 适用简易程序的其他规定。小额诉讼程序是在简易程序一章中作出的规定，表明小额诉讼程序除特别规定外，都应当适用简易程序的规定。

1. 赵洪诉陈海返还借款100元，法院决定适用小额诉讼程序审理。关于该案的审理，下列哪一选项是错误的？①

A. 应在开庭审理时先行调解

B. 应开庭审理，但经过赵洪和陈海的书面同意后，可书面审理

C. 应当庭宣判

D. 应一审终审

2. 根据《民事诉讼法》及相关司法解释的规定，下列哪些案件不适用小额诉讼程序？②

A. 人身关系案件

B. 涉外民事案件

C. 海事案件

D. 发回重审的案件

3. 李某诉谭某返还借款一案，M市N区法院按照小额诉讼案件进行审理，判决谭某返还借款。判决生效后，谭某认为借款数额远高于法律规定的小额案件的数额，不应按小额案件审理，遂向法院申请再审。法院经审查，裁定予以再审。关于该案再审程序适用，下列哪些选项是正确的？③

A. 谭某应当向M市中级法院申请再审

B. 法院应当组成合议庭审理

C. 对作出的再审判决当事人可以上诉

D. 作出的再审判决仍实行一审终审

---

① B ② A、B、D ③ B、C

专题十五　二审程序

码上揭秘

二审程序又称为上诉审程序，其制度目的就在于为当事人提供对一审裁判结果不服的救济途径，疏解当事人对一审裁判不服的心理情绪，并监督一审法院的裁判。关于本专题，考生应当在掌握二审程序与一审程序不同之处的基础上，重点掌握二审程序的启动，包括启动主体、启动途径等，二审的审理程序，尤其是二审中的调解，以及二审的裁判。本专题在法考中每年都会进行命题，从未轮空，但本专题的考点分布相对集中，考生不必太过担心。

一、第二审程序与第一审程序的联系与区别

第二审程序是以第一审程序的存在为前提的，第一审程序审理完结才有可能启动第二审程序；但第二审程序并不是第一审程序的必然结果，第一审程序终结后，当事人如果没有上诉，第二审程序就不会启动。在法律规定的程序适用上，第二审人民法院审理上诉案件，首先运用第二审程序的有关规定；第二审程序没有规定的，要适用普通程序的有关规定。第二审程序与第一审程序都属于诉讼案件的审判程序，作为两种不同的诉讼程序，也存在着诸多重要的区别，其主要有：

1. 审判程序发生的原因不同。一审诉讼程序的发生，是因为当事人之间发生纠纷，要求人民法院维护民事权利，解决纠纷；而二审程序的发生是因为当事人不服一审裁判结果而提起上诉，要求上级法院重新审查。

2. 审判组织不同。表现在两个层面：

（1）在审判组织形式上，适用第一审程序审理民事案件时，人民法院可以组成合议庭进行审理，也可以组成独任庭进行审理，即合议制和独任制。其中合议制适用于一审普通程序，独任制适用于一审简易程序和基层人民法院适用普通程序审理的基本事实清楚、权利义务关系明确的第一审民事案件。而适用第二审程序审理民事案件时，人民法院原则上应当组成合议庭进行审理，但中级人民法院对第一审适用简易程序审结或者不服裁定提起上诉的第二审民事案件，事实清楚、权利义务关系明确的，经双方当事人同意，可以由审判员一人独任审理。

（2）在合议制的组成人员上，第一审程序实行合议制的，合议庭可以由审判员组成，也可以由审判员和人民陪审员共同组成；而第二审法院实行合议制的，其合议庭必须由审判员组成，不能有人民陪审员参加。

3. 审理的对象不同。第一审程序依据原告的起诉状而展开，审理的对象是双方当事人之间的民事权益争议；而第二审程序是对当事人上诉请求的有关事实和适用的法律进行审查，审理对象是一审法院的裁判，同时对当事人不服部分的民事权益争议进行审查处理。

4. 是否需要开庭审理不同。适用第一审程序审理民事案件，法院应当开庭审理，即使适用一审简易程序和小额诉讼程序也不例外；而适用二审程序审理民事上诉案件，原则上应当开庭审理，但法院可以根据法律规定的特定情形，即没有提出新的事实、证据或理由，认为不需要开庭的，可以不开庭审理而径行裁判。

5. 裁判的效力不同。第一审程序审结后的判决，不一定能够生效，如果当事人在上诉期

内没有上诉，则该判决生效；如果当事人在上诉期内提起上诉，则该判决不能生效。无论如何，在上诉期间内都是未发生法律效力的裁判。第二审程序审结后的裁判，一经作出即发生法律效力。

二、上诉的条件与撤回

二审的启动是依赖于当事人的上诉而发生的，只有当事人向人民法院依法提起了上诉，才能启动二审法院的审理。因此，二审启动的条件也就是当事人上诉的条件。法考对于上诉条件的关注主要为以下考点：

（一）上诉的主体条件

要提出上诉，上诉人与被上诉人都必须合格，双方都必须是一审当事人。只有一审中的当事人才可以上诉，通常是一审的原告和被告、有独立请求权的第三人，也只有一审中的当事人才可以被上诉，即在提起上诉的时候，不能以案外人作为被上诉人。

注意：有独立请求权的第三人相当于原告，因此可以作为上诉人或被上诉人；无独立请求权的第三人只有被判令承担责任时才有权上诉；委托代理人必须要特别授权才可以上诉。

具体而言，确定上诉人、被上诉人的规则如下：

因为上诉要解决的是当事人不服的问题，因此只要谁提起上诉（前提是有上诉权），谁就是上诉人；上诉人对谁不服，谁就是被上诉人。根据这个原则就可以确定上诉人、被上诉人。

1. 在一对一型简单的民事案件中，上诉人与被上诉人的确定是非常简单的。提起上诉的人即为上诉人，对方如果没有提起上诉，那么就是被上诉人。

2. 双方当事人（包括第三人）都提出上诉的，均为上诉人，换言之，如果所有人都提出了上诉，就会发生所有的人都是上诉人，而没有被上诉人的情况。

注意：无独立请求权的第三人只有被判令承担责任时才有权上诉。

3. 必要共同诉讼上诉人与被上诉人的确定。这是此部分的难点问题。必要共同诉讼人中的一人或者部分人提出上诉的，其中上诉人、被上诉人根据不同情形而确定：

（1）该上诉是对与对方当事人之间权利义务分担有意见，不涉及其他共同诉讼人利益的，对方当事人为被上诉人，未上诉的同一方当事人依原审诉讼地位列明；

（2）该上诉仅对共同诉讼人之间权利义务分担有意见，不涉及对方当事人利益的，未上诉的同一方当事人为被上诉人，对方当事人依原审诉讼地位列明；

（3）该上诉对双方当事人之间以及共同诉讼人之间权利义务承担有意见的，未提出上诉的其他当事人均为被上诉人。

注意：本书在必要共同诉讼的内部关系中讲解过，因为必要共同诉讼中当事人的诉讼标的具有同一性（同一个标的——一个诉），所以共同诉讼人都必须参加诉讼，其中一人的诉讼行为经其他共同诉讼人承认，对其他共同诉讼人发生效力。但是这里的承认发生效力有一个例外，就是必要共同诉讼人的上诉，必要共同诉讼人独立行使上诉权，无须其他共同诉讼人同意。

必要共同诉讼上诉人与被上诉人确定的三个规定读起来很拗口，对于做题的实际意义不大，仅从应试的角度来看，可运用对应法则，即将一审裁判的内容和上诉人的上诉请求对应起来进行比较，看一看如果上诉请求成立，谁会有损失，谁有损失，谁就是被上诉人。

1. 甲在某报发表纪实报道，对明星乙和丙的关系作了富有想象力的描述。乙和丙以甲及报社共同侵害了他们的名誉权为由提起诉讼，要求甲及报社赔偿精神损失并公开赔礼道歉。一审判决甲向乙和丙赔偿1万元，报社赔偿3万元，并责令甲及报社在该报上书面道歉。报社提起上诉，请求二审法院改判甲和自己各承担2万元，以甲的名义在该报上书面道歉。二审法院如何确定当事人的地位？①

A. 报社是上诉人，甲是被上诉人，乙和丙列为原审原告

B. 报社是上诉人，甲、乙、丙是被上诉人

C. 报社是上诉人，乙和丙是被上诉人，甲列为原审被告

D. 报社和甲是上诉人，乙和丙是被上诉人

2. 甲对乙享有10万元到期债权，乙无力清偿，且怠于行使对丙的15万元债权，甲遂对丙提起代位权诉讼，法院依法追加乙为第三人。一审判决甲胜诉，丙应向甲给付10万元。乙、丙均提起上诉，乙请求法院判令丙向其支付剩余5万元债务，丙请求法院判令甲对乙的债权不成立。关于二审当事人地位的表述，下列哪一选项是正确的？②

A. 丙是上诉人，甲是被上诉人　　B. 乙、丙是上诉人，甲是被上诉人

C. 乙是上诉人，甲、丙是被上诉人　　D. 丙是上诉人，甲、乙是被上诉人

（二）上诉的对象

1. 判决。诉讼程序的一审判决一般都可以上诉。具体来讲，除了一审终审的判决，如最高人民法院一审的判决、依照特别程序、督促程序、公示催告程序作出的判决、小额诉讼的判决不能上诉外，其他判决均可以上诉。

2. 裁定。不予受理、驳回起诉、管辖权异议以及企业法人破产还债程序中的驳回破产申请的裁定可以提起上诉。但是法考在民事诉讼法部分只考查前三个裁定，关于驳回破产申请的裁定大家无须记忆。

3. 调解书。调解结案一审终审，因此调解书不能上诉。

（三）上诉期限

针对一审未生效判决和裁定的上诉期限是不同的，具体而言：

1. 判决。不服判决的上诉期间为15日。

2. 裁定。不服裁定的上诉期间为10日。

3. 涉外案件境内无住所一方的上诉期间为30日。这里特别指出的是涉外案件的上诉期不区分判决和裁定一律为30日，但是这一规定只适用境内无住所的一方当事人，境内有住所一方当事人的上诉期依然用上述1、2两点即判决15日、裁定10日之规定。因而，在涉外案件中，若一方当事人在境内无住所，另一方当事人在境内有住所，则两者的上诉期限分别起算，但是一审裁判的生效期限则以后一个，即30日为准。

（四）二审法院与上诉途径

二审的法院管辖是恒定的，只能是一审法院的上一级法院。

注意：二审法院的确定与提起上诉的途径不同。当事人提起上诉，既可以直接向上一级法院提交上诉状，也可以通过原审法院提交上诉状，当事人直接向第二审人民法院上诉的，第二审人民院应当在5日内将上诉状移交原审人民法院。

（五）上诉的形式要件

1. 书面上诉状。上诉必须提交书面上诉状。如果当事人口头表示上诉，后来没有在法定期间提交上诉状的，视为没有提出上诉。

注意：这一点和起诉可以口头不同，上诉不可以口头，必须书面。

2. 提交上诉状原则上应当由上诉人向原审法院提交，但是民事诉讼法允许上诉人直接向

---

① B　② A

上一级法院提交。

3. 上诉状副本由原审法院送达对方当事人，对方当事人在收到之日起15日内向原审法院提交答辩状，对方当事人不提交答辩状的，不影响人民法院审理。

吴某被王某打伤后诉至法院，王某败诉。一审判决书送达王某时，其当即向送达人郑某表示上诉，但因其不识字，未提交上诉状。关于王某行为的法律效力，下列哪一选项是正确的？①

A. 王某已经表明上诉，产生上诉效力

B. 郑某将王某的上诉要求告知法院后，产生上诉效力

C. 王某未提交上诉状，不产生上诉效力

D. 王某口头上诉经二审法院同意后，产生上诉效力

（六）上诉的撤回

上诉的撤回与一审中的撤诉具有相同的制度价值，因此两者在程序上基本是一致的。

1. 撤回的时间。第二审人民法院判决宣告前，上诉人可以申请撤回上诉。

2. 撤回的决定权。当事人申请撤回上诉，是否准许，由第二审人民法院裁定。这就存在不准许撤回上诉的情况：当事人申请撤回上诉，人民法院经审查认为一审判决确有错误，或者双方当事人串通损害国家和集体利益、社会公共利益及他人合法权益的，不应准许。

注意：（1）根据意思自治原则，对于当事人的撤诉申请，无论是撤回起诉，还是撤回上诉，法院一般都是准许的，即以准许为原则。

（2）当事人在二审程序中不仅可以申请撤回上诉，也可以申请撤回起诉，即在第二审程序中，原审原告申请撤回起诉，经其他当事人同意，且不损害国家利益、社会公共利益、他人合法权益的，人民法院可以准许。准许撤诉的，应当一并裁定撤销一审裁判。

3. 不同时间撤回上诉对一审裁判的效力影响也不同：

（1）在上诉期内撤回上诉的，不得再次上诉，判决是否生效取决于其他当事人在上诉期内是否上诉。

注意：这里特别之处，撤回起诉原则上还可以再起诉，而撤回上诉则不可以再上诉，但这是针对上诉人而言的，如果还在上诉期内，上诉人撤回上诉后不可以再上诉，但是其他人还是有机会的。

（2）在上诉期满后的二审过程中撤回上诉，法院裁定准许后，一审判决即生效。

注意：上诉人在上诉期满后的二审过程中撤回上诉，说明其他人放弃了在上诉期内上诉的权利，因此法院裁定准许后，一审判决即生效。

张某诉新立公司买卖合同纠纷案，新立公司不服一审判决提起上诉。二审中，新立公司与张某达成协议，双方同意撤回起诉和上诉。关于本案，下列哪一选项是正确的？②

A. 起诉应在一审中撤回，二审中撤回起诉的，法院不应准许

B. 因双方达成合意撤回起诉和上诉的，法院可准许张某二审中撤回起诉

C. 二审法院应裁定撤销一审判决并发回重审，一审法院重审时准许张某撤回起诉

D. 二审法院可裁定新立公司撤回上诉，而不许张某撤回起诉

---

① C ② B

三、二审的审理

（一）二审审理范围——有限审查原则

1. 二审要解决的是当事人的不服，因此审理范围仅限于上诉请求的有关事实认定和法律适用问题。但有例外：对上诉人上诉请求的有关事实和适用法律进行审查时，如果发现在上诉请求以外原判决违反法律禁止性规定、侵害社会公共利益或者他人利益的，应当予以纠正。

2. 被上诉人在答辩中要求变更或者补充第一审判决内容的，第二审人民法院可以不予审查。

朱某诉力胜公司商品房买卖合同纠纷案，朱某要求判令被告支付违约金5万元；因房屋质量问题，请求被告修缮，费用由被告支付。一审法院判决被告败诉，认可了原告全部诉讼请求。力胜公司不服令其支付5万元违约金的判决，提起上诉。二审法院发现一审法院关于房屋有质量问题的事实认定，证据不充分。关于二审法院对本案的处理，下列哪些说法是正确的？①

A. 应针对上诉人不服违约金判决的请求进行审理

B. 可对房屋修缮问题在查明事实的情况下依法改判

C. 应针对上诉人上诉请求所涉及的事实认定和法律适用进行审理

D. 应全面审查一审法院对案件的事实认定和法律适用

（二）二审审理组织与审理方式

1. 审判组织。原则上应当由审判员组成合议庭审理，但中级人民法院对第一审适用简易程序审结或者不服裁定提起上诉的第二审民事案件，事实清楚、权利义务关系明确的，经双方当事人同意，可以由审判员一人独任审理。

2. 二审审理方式。

（1）原则上应当开庭审理，所有的审判程序都以开庭审理为原则，当然一审必须开庭。

（2）例外情况下，二审也可以不开庭审理。《民事诉讼法》规定，第二审人民法院对上诉案件，经过阅卷、调查和询问当事人，对没有提出新的事实、证据或者理由，人民法院认为不需要开庭审理的，可以不开庭审理。《民事诉讼法解释》明确了如下几种不开庭审理的情形：①不服不予受理、管辖权异议和驳回起诉裁定的；②当事人提出的上诉请求明显不能成立的；③原判决、裁定认定事实清楚，但适用法律错误的；④原判决严重违反法定程序，需要发回重审的。

【记忆规律】针对裁定的上诉；法定驳回；法定改判；法定发回。（法定就是应当的意思）

（3）一般认为，不开庭审理不等于书面审理，因为即使不开庭，也应当询问当事人。

3. 二审审理地点。

（1）可以在本院进行；

（2）可以在案件发生地进行；

（3）也可以在原审人民法院所在地进行。

4. 宣判方式。第二审人民法院宣告判决可以自行宣判，也可以委托原审人民法院或者当事人所在地人民法院代行宣判。

---

① A、C

四、二审的调解与和解

本书之前已经讨论过审判程序一般都能适用调解，因此二审程序仍然涉及法院调解与当事人双方和解之问题。而二审中的调解是二审程序中极其重要的一个问题。

（一）二审中的调解

我们可以把二审中的调解分为两大类进行学习，法院在一审中有过错，简称法院之过型与当事人在一审中有过错的当事人之过型。

1. 法院之过。法院之过具体是指如下情形：

（1）“漏事”。一审中已经提出的诉讼请求，原审人民法院未作审理、判决的，调解不成的，发回重审。

（2）“漏人”。必须参加诉讼的当事人或者有独立请求权的第三人在一审中未参加诉讼，调解不成的，发回重审（发回重审的裁定书不列应当追加的当事人）。

注意：必须参加诉讼的当事人通常是指必要共同诉讼人。但此处注意，《民事诉讼法解释》将有独立请求权的第三人纳入“漏人”的范围之中。

【关联考点】第一审程序中未参加诉讼的第三人，申请参加第二审程序的，人民法院可以准许。

注意：之所以发回重审的裁定书不列应当追加的当事人，是因为发回的裁定书是二审法院的文书，而追加当事人是一审法院的事。

（3）一审判决不准离婚的案件，上诉后，第二审人民法院认为应当判决离婚的，可以根据当事人自愿的原则，与子女抚养、财产问题一并调解，调解不成的，发回重审。

注意：对于这一情形，大家一定要注意，其适用的情形是“一审法院判决不准离婚，二审法院认为应当判决离婚”，如果是“一审法院判决准予离婚，二审法院认为不应准许离婚”的，则不属于本条适用范围，而应当进行调解，调解不成，可以直接判决不准离婚。大家一定要分情形予以记忆，千万不能混淆。记忆的关键在于明确对于离婚案件我们一般不倡导，所以二审认为应当离婚，就先调解，不行再发回重审。还需注意的是，此种情形下若双方当事人同意由第二审人民法院一并审理的，第二审人民法院可以一并裁判。

2. 当事人之过。当事人之过包括如下两种情形：

（1）在第二审程序中，原审原告增加独立的诉讼请求，就新增加的诉讼请求进行调解，调解不成的，告知当事人另行起诉。

（2）在第二审程序中，原审被告提出反诉的，就反诉进行调解，调解不成的，告知当事人另行起诉。之所以这样规定，是因为增加、变更诉讼请求或反诉原则上应当在一审中提出，当事人在一审中不提，到了二审中提出，超过了这一时间期限，属于自身的原因，因此法院并不会发回重审，发回重审对于一审法院来说相当于一次程序性的制裁。

注意：1. 在上述两种情形下，若双方当事人同意由第二审人民法院一并审理的，第二审人民法院可以一并裁判。

2. 第二审人民法院调解成功的案件必须制作调解书，调解书送达后，原审人民法院的判决视为撤销。因此，即使是二审的调解变更了一审裁判的内容，也无须写明撤销字样。

齐远、张红是夫妻，因感情破裂诉至法院离婚，提出解除婚姻关系、子女抚养、住房分割等诉讼请求。一审判决准予离婚并对子女抚养问题作出判决。齐远不同意离婚提出上诉。二审中，张红增加诉讼请求，要求分割诉讼期间齐远继承其父的遗产。下列哪一说法是正确的？①

A. 一审漏判的住房分割诉讼请求，二审可调解，调解不成，发回重审

B. 二审增加的遗产分割诉讼请求，二审可调解，调解不成，发回重审

C. 住房和遗产分割的两个诉讼请求，二审可合并调解，也可一并发回重审

D. 住房和遗产分割的两个诉讼请求，经当事人同意，二审法院可一并裁判

（二）二审中和解的特殊规定

二审中，当事人可以和解。当事人在二审中达成和解协议的，有两种选择：

1. 请求人民法院对双方达成的和解协议进行审查并制作调解书。

2. 申请撤诉，经审查符合撤诉条件的，人民法院应予准许。

一审中因和解而撤诉一定是撤回起诉，这没有任何异议，而二审中的和解而撤诉究竟是撤回上诉还是撤回起诉呢？笔者认为这里的撤诉，可以是撤回起诉，也可以是撤回上诉，因为这些年的考题在这个问题上都考查过，所以你只需要看清考题，出题人在题目中会明确告诉你撤回的是起诉还是上诉。两种撤诉的后果截然不同，撤回起诉，一审裁判失去效力；撤回上诉，则一审裁判发生效力。

李某诉赵某解除收养关系，一审判决解除收养关系，赵某不服提起上诉。二审中双方和解，维持收养关系，向法院申请撤诉。关于本案下列哪一表述是正确的？②

A. 二审法院应当准许当事人的撤诉申请

B. 二审法院可以依当事人和解协议制作调解书，送达双方当事人

C. 二审法院可以直接改判

D. 二审法院可以裁定撤销原判

五、二审的裁判

（一）对第一审判决提起上诉的案件的裁判（重点）

1. 维持原判。原判决认定事实清楚，适用法律正确的，判决驳回上诉，维持原判决。

注意：（1）民事诉讼讲究对仗的工整，因此这里是判决对判决。

（2）原判决、裁定认定事实或者适用法律虽有瑕疵，但裁判结果正确的，第二审人民法院可以在判决、裁定中纠正瑕疵后予以维持。

2. 依法改判。

（1）应当改判。原判决认定事实错误或适用法律错误的，依法改判、撤销或变更；

（2）可以改判。认定基本事实不清的，可以裁定撤销原判决发回原审人民法院重审，二审人民法院也可以查清事实后改判。

注意：这里区分了认定事实错误和基本事实不清。认定事实错误是指根据现有证据，可以确认一审法院的事实认定是错误的，并且能够厘清正确的事实，那么从提高诉讼效率的角度考虑，由二审法院直接予以纠正即可。基本事实不清是指用以确定当事人主体资格、案件性质、民事权利义务等对原判决、裁定的结果有实质性影响的事实不清。两者的处理方式是不同的。

3. 发回重审。

（1）可以发回。认定基本事实不清的，二审法院可以裁定撤销原判决，发回原审人民法院重审。

（2）应当发回。原判决严重违反法定程序的，应当裁定撤销原判，发回重审。具体包括

---

① A　② A

以下几种情形：

①审理本案的审判人员、书记员应当回避而未回避的；

②应当公开审判未进行公开审判的；

③未经开庭审理而作出判决的；

④审判组织的组成不合法的；

⑤适用普通程序审理的案件当事人未经传票传唤而缺席判决的；

⑥无诉讼行为能力人未经法定代理人代为诉讼的；

⑦剥夺当事人法定的诉讼权利，严重影响公正审判的。

注意：《民事诉讼法》第177条第2款的规定对发回次数进行了限制：原审人民法院对发回重审的案件作出判决后，当事人提起上诉的，第二审人民法院不得再次发回重审，即发回重审的次数只能一次。我们知道，二审发回重审发回给一审，一审法院按照普通程序审理，因此一审法院重新审理后当事人还可以再次提起上诉。需要注意的是，再次上诉到二审法院，二审法院就不能再次发回重审，而只能作相应的处理，比如改判或维持。

注意：这里的发回次数只能一次，不区分事实不清的可以发回和程序违法的应当发回，此处规定不同于刑诉。

4. 驳回起诉。二审法院认为该案依法不应由人民法院受理的，可以由第二审人民法院直接裁定撤销原判，驳回起诉。这实际上是关于受理问题上诉的规定。

5. 撤销并移送。二审法院认为第一审人民法院受理案件违反专属管辖规定的，应当裁定撤销原裁判并移送有管辖权的人民法院。

（二）对第一审裁定提起上诉的案件的裁定

1. 第二审人民法院对不服第一审人民法院裁定的上诉案件的处理，一律适用裁定。

2. 对于原裁定认定事实清楚、适用法律正确的，裁定驳回上诉，维持原裁定。

3. 查明一审人民法院作出的不予受理的裁定有错误，应在撤销原裁定的同时，指令第一审人民法院立案受理。

4. 查明一审人民法院作出的驳回起诉的裁定有错误，应在撤销原裁定的同时，指令第一审人民法院进行审理。

5. 查明第一审人民法院作出的管辖权异议裁定有错误的，应在撤销原裁定的同时，指令第一审人民法院继续审理或移送给有管辖权的人民法院进行审理。

二审法院根据当事人上诉和审理情况，对上诉案件作出相应裁判。哪一选项正确？①

A. 二审法院认为原判对上诉请求的有关事实认定清楚、适用法律正确，裁定驳回上诉，维持原判

B. 二审法院认为原判对上诉请求的有关事实认定清楚，但适用法律有错误，裁定发回重审

C. 二审法院认为一审判决是在案件未经开庭审理而作出的，裁定撤销原判，发回重审

D. 原审原告增加独立的诉讼请求，二审法院合并审理，一并作出判决

① C

专题十六　再审程序

码上揭秘

再审程序也称为审判监督程序。在法考中，再审程序的考点分为两部分：再审的启动和再审的审理，其中，再审的启动实乃重中之重。而对于再审的审理程序，我们只需关注其有限的几个特殊点即可，其他规定完全可以比照一审、二审程序进行掌握。再审程序的整体难度很大，这一方面是由于再审程序的法律规定相对零散，考生无法进行有效的关联；另一方面则是由于再审的三种启动方式考生经常会张冠李戴，这就是思维不清晰的后果。希望有条件的考生可以配合笔者的审判监督程序五表和笔者的授课音频进行本专题的学习。

【归纳总结】 一审、二审与再审的比较。

比较内容	一审程序	二审程序	审判监督程序
程序性质	正常性审判程序	正常性审判程序	非正常性纠错程序
审理法院	各级法院	一审法院的上一级	原审法院、上级法院以及最高人民法院
审理对象	当事人之间的争议	一审未生效裁判	已生效的法律文书
程序启动	基于当事人的起诉权	基于当事人的上诉权	基于法院审判监督权、检察院法律监督权以及当事人的审理申请权
遵守时间	诉讼时效	上诉期	当事人申请再审受6个月限制
适用程序	适用普通程序或者简易程序	适用二审程序	对于一审案件的再审，适用一审普通程序；对于二审案件的再审或提审案件，适用二审程序
裁判效力	法定上诉期内不生效	生效	第一审普通程序作出的裁判，法定上诉期内不生效；适用第二审程序作出的裁判是生效裁判

根据《民事诉讼法》的规定，第二审程序与审判监督程序具有下列哪些区别？①

A. 第二审程序与审判监督程序合议庭的组成形式不尽相同

B. 适用第二审程序以开庭审理为原则，而适用审判监督程序以书面审理为原则

C. 第二审程序中法院可以以调解方式结案，而适用审判监督程序不适用调解

D. 适用第二审程序作出的裁判是终审裁判，适用审判监督程序作出的裁判却未必是终审裁判

一、适用于再审的文书

1. 判决。原则上生效判决都可以适用再审程序。但是下列判决不能适用再审程序：

（1）特别程序及其他非诉程序的案件的判决不适用于再审程序。

---

① A、D

（2）依照审判监督程序审理后维持原判的案件，当事人不得申请再审——有限再审。

【关联考点】当事人申请再审，有下列情形之一的，人民法院不予受理：

①再审申请被驳回后再次提出申请的；

②对再审判决、裁定提出申请的；

③在人民检察院对当事人的申请作出不予提出再审检察建议或者抗诉决定后又提出申请的。

注意：依据《民事诉讼法》第216条第1款规定，有下列情形之一的，当事人可以向人民检察院申请检察建议或者抗诉：①人民法院驳回再审申请的；②人民法院逾期未对再审申请作出裁定的；③再审判决、裁定有明显错误的。

解读：我们把这个法条称之为“有限再审”，为了解决再审启动时，当事人多头申请、重复申请导致司法资源浪费的问题，法律规定在再审申请被驳回后或者再审审理后维持原判等几种情形下，当事人不得再次向法院申请再审。但是，对于上述情形，若当事人坚持认为再审判决、裁定有明显错误的，则可以向检察院申请检察建议或抗诉。因此可以说，我国的有限再审实际上是“一次法院＋一次检察院”的模式，这样规定是希望通过对当事人向检察机关申请检察监督进行适当规制，形成再审启动机制上“法院纠错先行，检察监督断后”的局面，鼓励当事人在穷尽法院系统内的救济渠道后，再启动检察监督机制，从而适度限制再审的启动，确保司法的终局性。

（3）对已经发生法律效力的解除婚姻关系的判决、调解书，不得申请再审。这里不等于说离婚案件的判决不适用再审，因为离婚案件的判决既包括身份关系的解除，也包括财产分割，这里只是说身份关系的解除发生效力后不得再审，因为配偶很可能此时已经再婚了。当事人就离婚案件中的财产分割问题申请再审的，则分情况对待：

①如涉及判决中已分割的财产，人民法院应当依法进行审查，符合再审条件的，应立案审理；

②如涉及判决中未作处理的夫妻共同财产，应当告知当事人另行起诉。

2. 裁定。原则上生效的裁定可以再审。根据《民事诉讼法》和相关司法解释的规定，可以提起再审的民事裁定，仅限于不予受理的裁定、驳回起诉的裁定和按自动撤回上诉处理的裁定。

3. 调解书。生效调解书如果确有错误，人民法院可以启动再审，当事人可以违背自愿、合法原则申请再审，检察院也可以提起抗诉。但是，检察院只有在生效调解书损害国家利益、社会公共利益的特定情形下才可以对调解书进行抗诉，即调解书的有限抗诉。

二、人民法院启动的再审

人民法院启动再审的方式包括三种：

1. 本院：（院长＋审委会）各级人民法院院长和本院审判委员会。各级人民法院院长对本院已经发生法律效力的判决、裁定、调解书，发现确有错误，认为需要再审的，应当提交审判委员会讨论决定。这里应注意以下两点：

（1）院长不是决定再审的主体，再审的决定主体是本院的审委会，因此这种模式称之为“院长＋审委会”的模式；

（2）“院长＋审委会”的模式只适用于本院作出的生效文书。

2. 上级人民法院。上级人民法院对下级人民法院已经发生法律效力的判决、裁定、调解书，发现确有错误的，有权提审或者指令下级人民法院再审。

注意：这里并不强调上一级，只要是上级法院即可启动这一程序，因为上下级法院之间是监督关系。

3. 最高人民法院。最高人民法院对地方各级人民法院已经发生法律效力的判决、裁定、调解书，发现确有错误的，有权提审或者指令下级人民法院再审。

本书把上级法院和最高人民法院启动再审的模式称之为“上级＋最高”的模式，这种模式下处理方式有两种，即提审或指令下级人民法院再审。提审必然适用二审程序审理，而指令下级法院再审则是指令作出生效文书的原法院进行再审，不同于《刑事诉讼法》中一般指令原审生效法院以外的其他法院进行再审的规定。

必须注意的是，虽然《民事诉讼法》第205条第2款规定了提审和指令下级法院再审两种方式，然而根据2015年2月通过的最高人民法院《关于民事审判监督程序严格依法适用指令再审和发回重审若干问题的规定》第2条第3款规定，人民法院依据《民事诉讼法》第205条第2款裁定再审的，应当提审。也就是说，当上级法院和最高法院依职权裁定再审的适合一律提审，不存在指令下级法院再审的空间了，亦即司法解释对民诉法本身的规定作出了限缩，考生需要记住在“上级＋最高”的模式下不再有指令下级法院再审的空间，上级法院和最高法院一律提审，用二审程序再审。

注意：为了确保司法的终局性和安定性，根据司法解释的规定，在同一案件中，人民法院对本院生效裁判提起再审的次数，以及上级人民法院提起再审后指令或指定同一下级法院再审的次数，一般限于一次。

三、人民检察院启动的再审——主要讲解抗诉这一方式

（一）抗诉的主体

1. 最高人民检察院对包括最高人民法院在内的各级人民法院的生效判决、裁定、调解书都可以提起抗诉。

2. 上级人民检察院对下级人民法院已经发生效力的判决、裁定、调解书可以提起抗诉。

注意：同级人民检察院不得对同级人民法院的生效文书提起抗诉（最高人民检察院除外，“最高抗最高”），而是应当提请上级人民检察院按照审判监督程序提出抗诉，即检察院再审抗诉只能上抗下，最高人民检察院除外。但是同级人民检察院可以向同级人民法院提出检察建议。

【记忆规律】我们将抗诉的完整口诀表述为：“上抗下，文书同级送。”

（二）抗诉的对象

人民法院作出的已经发生法律效力的确有错误的判决、裁定，对调解书原则上不能抗诉。检察院只有在调解书损害国家利益、社会公共利益的特定情形下才可以对调解书进行抗诉。

（三）抗诉的事由

检察院对生效判决、裁定提起抗诉、检察建议必须具有法定的理由，这些理由与当事人申请再审的理由完全一致，即《民事诉讼法》第207条的13项事由：

1. 有新的证据，足以推翻原判决、裁定的。
2. 原判决、裁定认定的基本事实缺乏证据证明的。
3. 原判决、裁定认定事实的主要证据是伪造的。
4. 原判决、裁定认定事实的主要证据未经质证的。
5. 对审理案件需要的主要证据，当事人因客观原因不能自行收集，书面申请人民法院调

查收集，人民法院未调查收集的。

6. 原判决、裁定适用法律确有错误的。

7. 审判组织的组成不合法或者依法应当回避的审判人员没有回避的。

8. 无诉讼行为能力人未经法定代理人代为诉讼或者应当参加诉讼的当事人，因不能归责于本人或者其诉讼代理人的事由，未参加诉讼的。

9. 违反法律规定，剥夺当事人辩论权利的。

10. 未经传票传唤，缺席判决的。

11. 原判决、裁定遗漏或者超出诉讼请求的。

12. 据以作出原判决、裁定的法律文书被撤销或者变更的。

13. 审判人员在审理该案件时有贪污受贿、徇私舞弊、枉法裁判行为的，人民法院应当再审。

人民检察院对调解书提出抗诉或检察建议的理由是该调解书损害国家利益和社会公共利益。

注意：在抗诉的13个事由中，大家必须记住前5个事由，这5个事由都和证据有关，笔者把其称之为“证据层面”。

（四）抗诉的方式和效果

1. 抗诉的方式。人民检察院决定对人民法院的判决、裁定、调解书提出抗诉的，应当制作抗诉书。抗诉书应当写明抗诉的人民检察院和接受抗诉的人民法院，当事人的基本情况，抗诉的案件，原审裁判的结果以及抗诉的事实和理由等。抗诉书由检察长签名，并加盖人民检察院的印章。人民检察院的抗诉书应当向其同级人民法院提起。

如前所述，抗诉的方式和途径可以简单总结为一句话“上抗下，文书同级送”（当然“上抗下”有一个例外，即最高人民检察院抗最高人民法院）。笔者举个例子：

某市中级人民法院作出一个生效裁判，其同级的某市检察院无权提出抗诉，只能提请该省检察院进行抗诉。省检察院作为市中院的上级检察院，认为该案确有错误，有权提起抗诉，此所谓上抗下；同时，省检察院的抗诉书应当向省高院送出，此所谓文书同级送。

2. 抗诉的效果。人民检察院提起抗诉，不受时间的限制。对于人民检察院依法提出抗诉的案件，人民法院应当再审，即只要人民检察院提出抗诉，人民法院就应当接受，并不需要院长提交审判委员会讨论。接受抗诉的人民法院应当自收到抗诉书之日起30日内作出再审的裁定，进入再审审理。但如果人民检察院的抗诉不符合法定的条件情形，人民法院可以建议人民检察院补正或者撤回；不予补正或者撤回的，应当函告人民检察院不予受理。

【关联法条】《民事诉讼法解释》第417条规定：人民检察院依当事人的申请对生效判决、裁定提出抗诉，符合下列条件的，人民法院应当在30日内裁定再审：

（1）抗诉书和原审当事人申请书及相关证据材料已经提交；

（2）抗诉对象为依照民事诉讼法和本解释规定可以进行再审的判决、裁定；

（3）抗诉书列明该判决、裁定有《民事诉讼法》第215条第1款规定情形；

（4）符合《民事诉讼法》第216条第1款第（1）项、第（2）项规定情形。

不符合前款规定的，人民法院可以建议人民检察院予以补正或者撤回；不予补正或者撤回的，人民法院可以裁定不予受理。

依据《民事诉讼法解释》释义的内容观点，人民检察院依法向人民法院提出抗诉是检察机关行使法律监督权的表现，接受抗诉的人民法院一般应当及时裁定再审，但是为了减少和避免检察机关抗诉的随意性和差误，维护司法机关整体的公信力和权威，人民法院需对检察机关的抗诉进行必要的形式审查。当然，审查之后，一般都会裁定再审，即“抗诉一般必然引起再审”。

【关联考点】检察建议。人民法院收到再审检察建议后，应当组成合议庭，在3个月内进行审查，发现原判决、裁定、调解书确有错误，需要再审的，依照《民事诉讼法》的规定裁定再审，并通知当事人；经审查，决定不予再审的，应当书面回复人民检察院。

注意：检察建议并不必然引起再审，法院要进行审查。同时，再审检察建议应当经检委会讨论决定后方能向同级人民法院提出，并报上级人民检察院备案。

（五）抗诉引起再审的审理法院

根据《民事诉讼法》第218条的规定，接受抗诉的法院原则上应当自己审理该抗诉案件，但是有《民事诉讼法》第207条第1款第（1）项至第（5）项规定情形之一的（证据层面），可以交下一级人民法院再审，但经该下一级人民法院再审的除外。关于抗诉再审的审理法院需要特别注意几点：

1. 接受抗诉的法院原则上应当审理该抗诉案件，而这里生效裁判是其下级法院作出的，因此接受抗诉的法院自己审理实际上说的是提审，适用二审程序审理。

2. 有五项证据层面情形之一的，接受抗诉的法院可以选择交给作出生效裁判的原下一级法院（注意这里是可以）再审，换言之，五种证据层面情形下，接受抗诉的上级法院也可以选择自己提审该案。

3. 如果接受抗诉的法院选择将案件交给作出生效裁判的原下一级法院进行审理，则可能是二审程序，也可能是一审程序，关键看生效裁判是几审程序作出的。

4. “但经该下一级人民法院再审的除外”是2012年《民事诉讼法》新增加的一句话。我们可以简单地理解为该案件已经由该下一级人民法院再审过一次。对于这一关联考点我们会在当事人申请再审的程序中进行详细讲解。

笔者在本书中用一个表为考生理清抗诉的流程，即审监五表之第一表——“再审的抗诉图”。（**“审监五表”可参见本书的附录部分**）

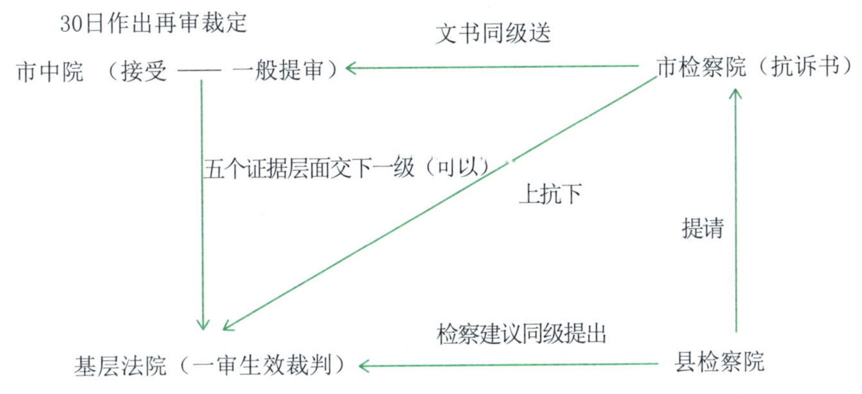

审监五表之一　再审抗诉图

四、当事人申请再审

（一）申请主体

有权提出再审申请的是原审中的当事人，即原审中的原告、被告、有独立请求权的第三人和判决其承担义务的无独立请求权的第三人以及上诉人和被上诉人。此外，《民事诉讼法解释》纳入了案外人申请再审和被遗漏的必要共同诉讼人申请再审的规定。

注意：当事人死亡或者终止的，其权利义务承继者可以申请再审；但判决、调解书生效后，当事人将判决、调解书确认的债权转让，债权受让人对该判决、调解书不服申请再审的，人民法院不予受理。

（二）申请对象

1. 已经发生法律效力的判决、裁定。

注意：在这里必须关联不能申请再审的情形，具体可见上述适用于再审的文书部分。

2. 已经发生法律效力的调解书。

（三）申请理由

当事人对于判决、裁定、调解书申请再审应当具有实质性的理由，而这一理由针对不同的文书有所不同：

1. 对于生效的判决、裁定——事由与检察院抗诉事由相同（13 个），具体是指：

（1）有新的证据，足以推翻原判决、裁定的。所谓“新的证据”是指如下四种情况：

①在原审庭审结束前已经存在，因客观原因于庭审结束后才发现的，即原审庭审结束前已客观存在庭审结束后新发现的证据；

②在原审庭审结束前已经发现，但因客观原因无法取得或者在规定的期限内不能提供的，即原审庭审结束前已经发现，但因客观原因无法取得或在规定的期限内不能提供的证据；

③在原审庭审结束后形成，无法据此另行提起诉讼的，即原审庭审结束后原作出鉴定结论、勘验笔录者重新鉴定、勘验，推翻原结论的证据；

④再审申请人提交的证据在原审中已经提供，原审人民法院未组织质证且未作为裁判根据的当事人在原审中提供的主要证据，即原审未予质证、认证，但足以推翻原判决、裁定的，应当视为新的证据。

（2）原判决、裁定认定的基本事实缺乏证据证明的。所谓“基本事实”，是指对原判决、裁定的结果有实质影响，用以确定当事人主体资格、案件性质、具体权利义务和民事责任等主要内容所依据的事实。

（3）原判决、裁定认定事实的主要证据是伪造的。

（4）原判决、裁定认定事实的主要证据未经质证的。

（5）对审理案件需要的主要证据，当事人因客观原因不能自行收集，书面申请人民法院调查收集，人民法院未调查收集的。

（6）原判决、裁定适用法律确有错误的。

（7）审判组织的组成不合法或者依法应当回避的审判人员没有回避的。

（8）无诉讼行为能力人未经法定代理人代为诉讼或者应当参加诉讼的当事人，因不能归责于本人或者其诉讼代理人的事由，未参加诉讼的。

（9）违反法律规定，剥夺当事人辩论权利的。

注意：“剥夺当事人辩论权利”包括原审开庭过程中审判人员不允许当事人行使辩论权利，或者以不送达起诉状副本或上诉状副本等其他方式，致使当事人无法行使辩论权利的。但依法缺席审理，依法径行判决、裁定的除外。

（10）未经传票传唤，缺席判决的。

（11）原判决、裁定遗漏或者超出诉讼请求的。

（12）据以作出原判决、裁定的法律文书被撤销或者变更的。

（13）审判人员在审理该案件时有贪污受贿、徇私舞弊、枉法裁判行为的，人民法院应当再审。

2. 对于调解书，提出证据证明调解违反自愿原则或调解协议的内容违反法律的，即只有调解协议违反自愿、合法原则的，才可以申请再审。

（四）时间条件

1. 原则规定。当事人申请再审，应当在判决、裁定、调解书发生法律效力后 6 个月内提出，即客观标准 6 个月。

2. 特殊情况。有《民事诉讼法》第 207 条第（1）、（3）、（12）、（13）项规定情形的，自知道或者应当知道之日起 6 个月内提出，即主观标准 6 个月。

这些特殊情形分别是指：

（1）有新的证据，足以推翻原判决、裁定的；

（3）原判决、裁定认定事实的主要证据是伪造的；

（12）据以作出原判决、裁定的法律文书被撤销或者变更的；

（13）审判人员审理该案件时有贪污受贿、徇私舞弊、枉法裁判行为的。

注意：①只有当事人申请再审才有时间限制，法院主动再审、检察院抗诉均无时间限制。②这里的 6 个月为不变期间，不适用中止、中断和延长的规定。

（五）当事人申请再审的程序

1. 当事人申请再审的途径。

（1）向原审法院的上一级法院申请。原则上当事人、案外人向上一级人民法院申请再审。

（2）例外情形也可以向原审法院（原生效审法院）申请。当事人一方人数众多或者当事人双方为公民的案件，也可以向原审人民法院申请再审。这是为了便利当事人申请再审，如果“一刀切”式地规定申请再审只能向上一级人民法院提出，那么有可能存在当事人不便于申请再审的情形，因此法律对此作了例外规定。

注意：只有在当事人一方人数众多或当事人双方为公民的两种例外情形下才可以向原审法院申请再审，其他情况下只能向上一级法院申请再审。在两种例外情形下，当事人是可以选择向原审法院申请再审，这就意味着在当事人一方人数众多或当事人双方为公民的两种例外情形下，当事人也可以选择向上一级法院申请再审。

注意：司法解释规定，当事人一方人数众多或者当事人双方为公民的案件，当事人分别向原审人民法院和上一级人民法院申请再审且不能协商一致的，由原审人民法院受理。

2. 申请、答辩与审查。

（1）申请程序。当事人申请再审的，应当提交再审申请书等材料。人民法院应当自收到再审申请书之日起 5 日内将再审申请书副本发送对方当事人。

（2）答辩。对方当事人应当自收到再审申请书副本之日起 15 日内提交书面意见；不提交书面意见的，不影响人民法院审查。人民法院可以要求申请人和对方当事人补充有关材料，询问有关事项。

（3）审查期限。人民法院审查再审申请的期限为收到再审申请书之日起 3 个月内，有特殊情况需要延长的，由本院院长批准。

（4）裁定。审查的结果，无论是否启动再审，都应当以裁定的形式作出结论。具体而言：①当事人主张的再审事由成立，人民法院应当裁定再审。②当事人主张的再审事由不成立，或者当事人申请再审超过法定申请再审期限、超出法定再审事由范围等不符合《民事诉讼法》和《民事诉讼法解释》规定的申请再审条件的，人民法院应当裁定驳回再审申请。

3. 审查并作出裁定的步骤。根据再审申请的情况和案件的情况，人民法院对再审申请审查并作出裁定的步骤可能不同，根据具体情况分为三步：

（1）人民法院经审查再审申请书等材料，认为申请再审事由成立的，应当径行裁定再审；

（2）人民法院认为仅审查再审申请书等材料难以作出裁定的，应当调阅原审卷宗予以审查；

（3）人民法院可以根据案情需要决定是否询问当事人。询问当事人既可以是单方询问，也可以是双方同时到场。但是，对以有新的证据足以推翻原判决、裁定为由提出的再审申请，人民法院应当询问当事人。

注意：再审审查只是针对再审事由，而非案件本身，因而在审查期间，人民法院不得根据当事人的申请委托鉴定、勘验。

4. 并案处理规则。一方当事人申请再审后，有可能该案中的对方当事人也申请再审，也有可能检察院就此案提起抗诉，那么法院将对此进行并案处理。

（1）在审查再审申请过程中，对方当事人也申请再审的，人民法院应当将其列为申请再审人，对其提出的再审申请一并审查。

注意：经审查，其中一方再审申请人主张的再审事由成立的，应当裁定再审。各方再审申请人主张的再审事由均不成立的，一并裁定驳回再审申请。

（2）人民法院审查再审申请期间，人民检察院对该案提出抗诉的，人民法院应当裁定再审（因为一旦检察院提起抗诉，法院应当再审，无须进行实质审查），申请再审人提出的具体再审请求应纳入审理范围。

5. 终结审查。出现以下情形，人民法院可以裁定终结审查：

（1）申请再审人死亡或者终止，无权利义务承受人或者权利义务承受人声明放弃再审申请的；

（2）在给付之诉中，负有给付义务的被申请人死亡或者终止，无可供执行的财产，也没有应当承担义务的人的；

（3）当事人达成和解协议且已履行完毕的，但当事人在和解协议中声明不放弃申请再审权利的除外；

（4）他人未经授权以当事人名义申请再审的；

（5）原审法院或者上一级人民法院已经裁定再审的；

（6）不符合再审申请以1次为限的申请。

（六）当事人申请再审的审理法院

1. 法院级别的限制。因当事人申请裁定再审的案件由中级人民法院以上的人民法院审理。但当事人一方人数众多或当事人双方为公民的案件，当事人选择向原审的基层人民法院申请再审的除外。

注意：我们把这个法条称为“当事人申请再审一般回不到基层”，至少是中院进行审理。但是2012年《民事诉讼法》增加了一个例外，即当事人一方人数众多或当事人双方为公民的案件，当事人可以选择向原审的基层人民法院申请再审，此时就回到了基层。

在这里，我们来阐述一下检察院抗诉引起再审审理法院规定中的“但经该下一级人民法院

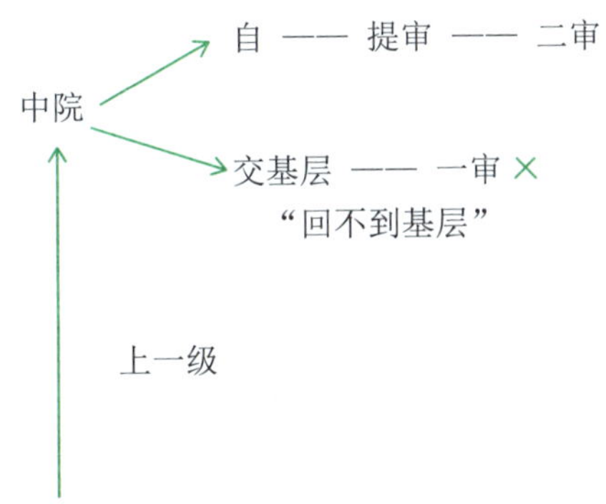

基层法院（一审生效）

（注：非例外是指不满足一方人数众多或双方为公民的案件）

审监五表之二　当事人申请再审三种情形图（非例外情形）第一种

再审的除外”这句话。笔者用一个例子给大家讲清楚：在当事人一方人数众多或当事人双方为公民的案件中，当事人可以选择向原审的基层法院申请再审，假设该基层法院经过再审维持了原裁判，那么基于有限再审的原则，当事人此时不能再次申请再审了，但如果坚持认为再审的裁判有错误，可以申请检察院抗诉。那么有权对基层法院抗诉的检察院最低应当是市检察院，市检察院的抗诉书送给市中院，市中级人民法院接受抗诉后一般是自己提审，五个证据情形可以交给原基层法院，这些我们都讲过了。但是这时候问题来了，因为当事人申请再审的时候，原基层法院已经审理过一次了，所以此时即便存在五个证据情形，中级人民法院也不能再交给下一级的基层法院了。这就是我们说的“但经该下一级人民法院再审的除外”。

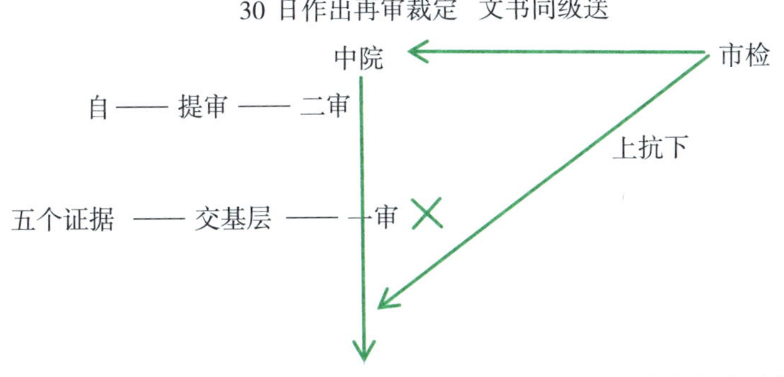

例外：基层（一审生效）——当事人申请再审——基层法院再审维持

（注：例外是指满足一方人数众多或双方为公民的案件）

审监五表之五　但经该下一级法院再审的除外

2. 再审法院的确定。如果是最高人民法院、高级人民法院裁定再审的案件，由本院再审或者交其他人民法院再审，也可以交原审人民法院再审。如果是中级人民法院裁定再审的案件，则只能由本院进行再审。

注意： 交原审中的原审指的是原生效审法院，这里的其他法院指的是和原生效审法院同级的其他法院。特别需要考生引起关注的是，2015 年 2 月通过的最高人民法院《关于民事审判监督程序严格依法适用指令再审和发回重审若干问题的规定》明确了因当事人申请裁定再审案件，以提审为原则，同时细化了可以指令以及不得指令原审法院再审的情形。

《最高人民法院关于民事审判监督程序严格依法适用指令再审和发回重审若干问题的规定》第2条第1款规定：因当事人申请裁定再审的案件一般应当由裁定再审的人民法院审理。有下列情形之一的，最高人民法院、高级人民法院可以指令原审人民法院再审：（1）依据《民事诉讼法》第207条第（4）项、第（5）项或者第（9）项裁定再审的；（2）发生法律效力的判决、裁定、调解书是由第一审法院作出的；（3）当事人一方人数众多或者当事人双方为公民的；（4）经审判委员会讨论决定的其他情形。

《最高人民法院关于民事审判监督程序严格依法适用指令再审和发回重审若干问题的规定》第3条规定，虽然符合该规定第2条可以指令再审的条件，但有下列情形之一的，应当提审（应当提审即为不得指令、不得交原审）：（1）原判决、裁定系经原审人民法院再审审理后作出的；（2）原判决、裁定系经原审人民法院审判委员会讨论作出的；（3）原审审判人员在审理该案件时有贪污受贿，徇私舞弊，枉法裁判行为的；（4）原审人民法院对该案无再审管辖权的；（5）需要统一法律适用或裁量权行使标准的；（6）其他不宜指令原审人民法院再审的情形。

【记忆规律】原法院再审审理过一次、审委会作出、原审审判人员有不法行为、原法院无再审管辖权、统一适用标准的。

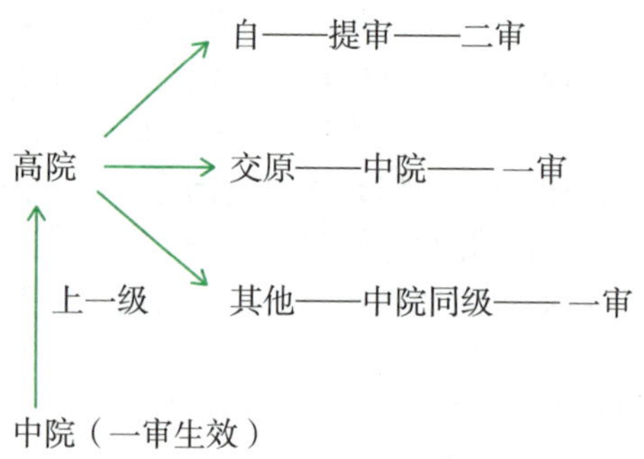

审监五表之三　当事人申请再审三种情形图（非例外情形）第二种

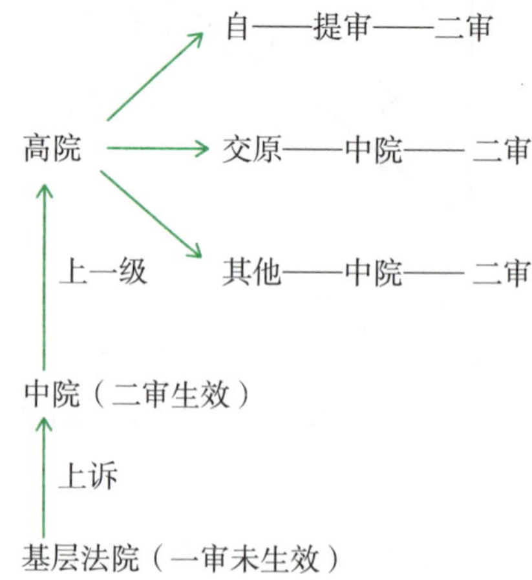

审监五表之四　当事人申请再审三种情形图（非例外情形）第三种

甲公司诉乙公司合同纠纷案，南山市S县法院进行了审理并作出驳回甲公司诉讼请求的判决，甲公司未提出上诉。判决生效后，甲公司因收集到新的证据申请再审。下列哪些选项是正确的？①

A. 甲公司应当向S县法院申请再审

B. 甲公司应当向南山市中级法院申请再审

C. 法院应当适用一审程序再审本案

D. 法院应当适用二审程序再审本案

五、再审审理的特殊问题

（一）再审对于原判决、裁定的影响

人民法院决定再审的，原则上应当裁定中止原判决、裁定的执行。2012年《民事诉讼法》增加了例外规定，即追索赡养费、扶养费、抚养费、抚恤金、医疗费用、劳动报酬等案件，可以不中止执行。即我们在先予执行中讲过的“四费一金＋劳动报酬”。

（二）审判程序与裁判效力主要因案件的原审程序不同而不同

1. 人民法院决定再审的案件，发生法律效力的判决、裁定是由第一审法院作出的，按照第一审普通程序审理，所作的判决、裁定，当事人可以上诉。

2. 发生法律效力的判决、裁定是由第二审法院作出的，按照第二审程序审理，所作的判决、裁定，是发生法律效力的判决、裁定。

3. 上级人民法院按照审判监督程序提审的，按照第二审程序审理，所作的判决、裁定是发生法律效力的判决、裁定。

（三）再审的审理程序

1. 一律实行合议制，即必须组成合议庭，而不得适用简易程序。

2. 如果由原审人民法院再审的，应当另行组成合议庭，即原来参加本案审理的审判人员不得参加合议庭。

3. 合议庭中审判员、人民陪审员的构成依据再审程序是按照一审还是二审审理确定。因此，再审程序中合议庭仍可能有人民陪审员。

4. 人民法院审理再审案件原则上应当开庭审理。但是满足三个条件可以不开庭审理：

（1）按照第二审程序审理；

（2）双方当事人已经以其他方式充分表达意见；

（3）双方书面同意不开庭审理。

注意：按照一审程序审理的再审案件本质上是一审，因此必须开庭。

5. 再审的审理范围。

（1）有限审查。再审审理的范围受到两个方面的限制：

①人民法院应当在具体的再审请求范围内或在抗诉支持当事人请求的范围内审理再审案件；

②当事人超出原审范围增加、变更诉讼请求的，不属于再审审理范围。

注意：法院调解也是审理的一种方式，既然当事人超出原审范围增加、变更诉讼请求的，不属于再审审理范围，那么当事人在再审审理程序中增加、变更诉讼请求的，再审法院并不进行调解，而是直接告知另行起诉。

① B、D

（2）例外。①涉及国家利益、社会公共利益，或者当事人在原审诉讼中已经依法要求增加、变更诉讼请求，原审未予审理且客观上不能形成其他诉讼的，人民法院再审时可不受有限审查的限制；②经再审裁定撤销原判决，发回重审后，当事人增加诉讼请求的，此时属于一审程序中当事人增加诉讼请求，人民法院可以将当事人增加的诉讼请求与原诉讼请求合并处理。

韩某起诉翔鹭公司要求其依约交付电脑，并支付迟延履行违约金5万元。经县市两级法院审理，韩某均胜诉。后翔鹭公司以原审适用法律错误为由申请再审，省高院裁定再审后，韩某变更诉讼请求为解除合同，支付迟延履行违约金10万元。再审法院最终维持原判。关于再审程序的表述，下列哪些选项是正确的？①

A. 省高院可以亲自提审，提审应当适用二审程序

B. 省高院可以指令原审法院再审，原审法院再审时应当适用一审程序

C. 再审法院对韩某变更后的请求应当不予审查

D. 对于维持原判的再审裁判，韩某认为有错误的，可以向检察院申请抗诉

（四）再审申请的撤回与再审中的撤回起诉、撤回抗诉

1. 再审申请的撤回。再审申请的撤回有如下三种情形：

（1）申请再审人在再审期间撤回再审申请的，是否准许由人民法院裁定，裁定准许的，应终结再审程序；

（2）申请再审人经传票传唤，无正当理由拒不到庭的，或者未经法庭许可中途退庭的，可以裁定按自动撤回再审申请处理；

（3）申请再审人经传票传唤，无正当理由拒不接受询问，可裁定按自动撤回再审申请处理。

【关联考点】人民法院在再审申请审查过程中，可以根据具体情况决定是否询问当事人，以有新的证据，足以推翻原裁判为由申请再审的，应当询问。再审申请撤回后，再审程序终结，并恢复原裁判文书的执行。

注意：人民法院准许撤回再审申请或者按撤回再审申请处理后，再审申请人再次申请再审的，不予受理，但有《民事诉讼法》第207条第（1）项、第（2）项、第（12）项、第（13）项规定情形，由知道或者应当知道之日起6个月内提出的除外。

2. 再审审理中撤回起诉，是指按照第一审程序审理再审案件时，一审原告申请撤回起诉的，是否准许由人民法院裁定。裁定准许的，应当同时裁定撤销原判决、裁定、调解书。

注意：之所以作出裁定准许的应当同时裁定撤销原判决、裁定、调解书的规定，是因为撤回起诉获准，相当于没有起诉，既然没有起诉就不存在生效文书，所以将生效文书一并撤销。

【新增法条】《民事诉讼法解释》第410条规定：一审原告在再审审理程序中申请撤回起诉，经其他当事人同意，且不损害国家利益、社会公共利益、他人合法权益的，人民法院可以准许。裁定准许撤诉的，应当一并撤销原判决。一审原告在再审审理程序中撤回起诉后重复起诉的，人民法院不予受理。

3. 抗诉的撤回有两种情形。

（1）人民检察院撤回抗诉的，人民法院应当准予；

（2）在再审过程中，申请抗诉的当事人经传票传唤，无正当理由拒不到庭的，或者未经

① A、C、D

法庭许可中途退庭的，在不损害国家利益、社会公共利益或第三人利益的条件下，人民法院应当裁定终结再审程序。

因抗诉撤回而终结再审程序时，应同时恢复对原判决的执行。

（五）再审审理的裁判方式

1. 维持原判。在以下两种情况下应当维持原判：

（1）原判决、裁定认定事实清楚、适用法律正确的，应予维持；

（2）原判决、裁定在认定事实、适用法律或阐述理由方面虽有瑕疵，但裁判结果正确的，人民法院应在再审判决、裁定中纠正上述瑕疵后予以维持。

2. 驳回起诉。再审法院认为不符合民事诉讼法规定的受理条件的，裁定撤销一、二审判决，驳回起诉。

3. 发回重审。发回重审在以下三种情形下适用：

（1）按照二审程序审理的过程中发现原审严重违反法定程序的；

（2）按照二审程序审理的过程中发现事实不清的，原则上应当在查清事实后改判，但原审人民法院便于查清事实，化解纠纷的，可以裁定撤销原判决，发回重审；

（3）原审程序遗漏必须参加诉讼的当事人且无法达成调解协议，以及其他违反法定程序不宜在再审程序中直接作出实体处理的，应当裁定撤销原判决，发回重审。

4. 依法改判。依法改判适用于如下两种情形：

（1）人民法院按照第二审程序审理再审案件，发现原判决认定事实错误或者认定事实不清的，原则上应当在查清事实后改判，但原审人民法院便于查清事实，化解纠纷的，可以裁定撤销原判，发回重审；

（2）新的证据证明原判决、裁定确有错误的，人民法院应予改判、撤销或变更。

5. 再审中的调解。

（1）原则规定。再审程序中可以调解，当事人在再审审理中经调解达成协议的，人民法院应当制作调解书。调解书经各方当事人签收后，即具有法律效力，原判决、裁定视为被撤销。

（2）调解不成发回重审。人民法院发现原一、二审判决遗漏了应当参加诉讼的当事人的，可以根据当事人自愿的原则予以调解，调解不成的，裁定撤销一、二审判决，发回原审人民法院重审。

（六）案外人申请再审的处理

因案外人申请人民法院裁定再审的，区分该案外人是否为必要共同诉讼当事人而有不同的处理方式。

1. 案外人为必要的共同诉讼当事人：

（1）在按第一审程序再审时，应追加其为当事人，作出新的判决；

（2）在按第二审程序再审时，经调解不能达成协议的，应撤销原判，发回重审，重审时应追加案外人为当事人。

2. 案外人不是必要的共同诉讼当事人的，仅审理原判决、裁定、调解书对其民事权益造成损害的内容，并应根据审理情况作出撤销、改变原文书相关判项或者维持原生效文书的裁判；撤销或改变原判决相关判项的，应当告知案外人以及原审当事人可以提起新的诉讼解决相关争议。

某省高级人民法院依照审判监督程序审理某案，发现张某是必须参加诉讼的当事人，而

一、二法院将其遗漏。在这种情况下该省高级人民法院应当如何处理？①

A. 可以通知张某参加诉讼，并进行调解，调解不成的，裁定撤销二审判决，发回二审法院重审

B. 可以通知张某参加诉讼，并进行调解，调解不成的，裁定撤销一、二审判决，发回一审法院重审

C. 应当直接裁定撤销二审判决，发回二审法院重审

D. 只能直接裁定撤销一、二审判决，发回一审法院重审

① B

专题十七　特别程序

我国《民事诉讼法》规定的审理程序包括诉讼程序和非讼程序。诉讼程序是为了解决当事人之间的纠纷而设立；非讼程序则并不解决纠纷，特别程序是非讼程序的一种，是法院对非民事权益争议案件进行处理的一种方式，其目的在于确认某种事实或法律关系是否存在。我国民诉法下的特别程序包括六类案件，其中人民调解协议的确认案件和担保物权的实现案件是2012年《民事诉讼法》修改时新增加的两个程序。需要明确的是，适用特别程序审理的案件不都是非讼案件，如选民资格案件。法考对本专题内容的考查主要集中于特别程序的特殊性以及每类适用特别程序审理的案件的各自特点。强化识记是应对非讼案件的最佳方法，本专题要求理解的内容不多。

码上揭秘

一、特别程序的特点

特别程序与诉讼程序是两类不同的程序，虽然在诉讼原理上具有一定的共同性，并在一定程度上具有融合的趋势，但法考关注的是特别程序与一般诉讼程序所不同的地方。因此，应当注意把握特别程序的以下特点：

（一）一审终审

特别程序实行一次审理即告终结的制度，特别程序作出的判决，当事人不能上诉。特别程序的判决也不适用审判监督程序，无论是法院、当事人，还是检察院，都不能对特别程序的案件启动再审。除了选民资格案件外，其他特别程序的案件作出判决以后，出现了新情况，可以由原审法院按照特别程序的规定，作出新判决，裁定撤销或者改变原判决、裁定。

（二）独任审理

特别程序的审判组织原则上是由审判员独任审理，但在3种情形下应当由审判员组成合议庭审理：第一，选民资格案件；第二，特别程序中的重大、疑难案件；第三，担保财产标的额超过基层人民法院管辖范围的担保物权的实现案件。

注意：上述3种例外情形即便是采用合议庭方式审理，也不能有人民陪审员参加，而必须是审判员组成合议庭。因为人民陪审员不能参加特别程序的审理。

（三）管辖法院

适用特别程序的管辖法院为对象所在地的基层人民法院。但2021年《民事诉讼法》第201条规定：调解协议所涉纠纷应当由中级人民法院管辖的，向相应的中级人民法院提出。即调解协议的司法确认案件也可能由中级人民法院管辖。

（四）审限较短

除选民资格案件必须在选举日前审结外，人民法院适用特别程序审理的案件，应当在立案之日起30日内或者公告期满后30日内审结，特别程序的审限是可以延长的，但必须经过本院院长批准。

（五）程序目的

特别程序的目的不是解决民事权益冲突，而是确认某种事实或法律关系是否存在。

（六）启动主体特殊

特别程序的启动，有的是基于当事人的起诉，有的是基于当事人提出申请，但起诉人或者申请人不一定与本案有直接利害关系。

二、选民资格案件

选民资格案件是选举过程中法院对公民的选民资格予以确认的一种程序，考生在此需把握的主要考点集中在起诉、管辖与审限等方面，注意以下几个要点：

1. 选举委员会先行处理程序（申诉处理前置）。选民资格案件以对选举委员会的申诉处理不服为前置条件，没有经过选举委员会对申诉处理的，人民法院应该告知起诉人先向选举委员会申诉，不能向人民法院直接起诉。

2. 起诉人不一定是选民本人。《民事诉讼法》并没有限制选民资格案件的起诉人，因此，起诉人可以是选民本人，也可以是其他人。

当甲认为甲应当有选民资格，而选民名单上没有甲的时候，甲去起诉，那就是选民本人；当甲认为美国籍的李老师不应该有选民资格，而李老师却出现在选民名单之上，甲去起诉，此时甲就是其他人。

3. 起诉时间。在选举日的 5 日以前起诉，这是对起诉时间的要求。

4. 管辖法院。选区所在地基层人民法院管辖。

5. 诉讼参加主体。开庭审理，起诉人、选举委员会的代表和有关公民必须参加。

当甲认为美国籍的李老师不应该有选民资格，而李老师却出现在选民名单之上，甲去起诉，此时李老师就是有关公民，即选民。

6. 审限要求。必须在选举日前审结，而不得延长到选举日后，这是对选民资格案件审限的要求，与特别程序的其他案件的审限要求不同。

7. 判决书的送达。判决书应当在选举日前送达选举委员会和起诉人，并通知有关公民，即选民。

三、宣告失踪、宣告死亡案件

（一）宣告失踪、宣告死亡的条件——下落不明的期间

1. 宣告失踪。公民下落不明满 2 年，利害关系人可以申请宣告其失踪。

2. 宣告死亡。公民下落不明满 4 年，或者因意外事件下落不明，从事故发生之日起满 2 年，或者因意外事件下落不明，经有关机关证明该公民不可能生存，利害关系人可以申请宣告其死亡。

（二）公告期间

在宣告失踪、宣告死亡案件中，公告是必经程序，具体而言：

1. 宣告失踪的公告期间为 3 个月。

2. 宣告死亡的公告期间为 1 年。

3. 因意外事件下落不明，经有关机关证明该公民不可能生存的，宣告死亡的公告期间为 3 个月。

（三）管辖

下落不明人住所地基层人民法院。

（四）宣告失踪后的财产代管人变更程序

宣告失踪时，人民法院应当为被宣告失踪人指定财产代管人，因为失踪人的财产代管人是

非实体当事人的一种。但是财产代管人可能会出现要变更的情况，一定要注意变更的程序。变更申请人不同，变更程序有所不同：

1. 代管人申请变更代管的，比照《民事诉讼法》特别程序的有关规定进行审理。申请有理的，裁定撤销申请人的代管人身份，同时另行指定财产代管人；申请无理的，裁定驳回申请。

2. 失踪人的其他利害关系人申请变更代管的，人民法院应告知其以原指定的代管人为被告起诉，并按普通程序进行审理。这是因为其他利害关系人申请变更代管的说明存在争议，而特别程序不解决争议，因此告知其起诉，走普通程序。

李某因债务人刘某下落不明申请宣告刘某失踪。法院经审理宣告刘某为失踪人，并指定刘妻为其财产代管人。判决生效后，刘父认为由刘妻代管财产会损害儿子的利益，要求变更刘某的财产代管人。关于本案程序，下列哪一说法是正确的？①

A. 李某无权申请刘某失踪

B. 刘父应提起诉讼变更财产代管人，法院适用普通程序审理

C. 刘父应向法院申请变更刘妻的财产代管权，法院适用特别程序审理

D. 刘父应向法院申请再审变更财产代管权，法院适用再审程序审理

（五）被宣告失踪人和被宣告死亡人出现后的处理

1. 由该公民或其他的利害关系人向作出宣告判决的人民法院提出申请。

2. 法院作出新判决，撤销原判决。这是因为作出宣告失踪、宣告死亡的判决后，被宣告人出现，此时不能适用二审程序，也不能适用再审程序，只能由作出判决的法院作出新判决，撤销原判决。

3. 宣告公民死亡案件，被宣告死亡人出现后，因死亡宣告而消灭的人身关系，有条件恢复的，可以恢复。

注意：这里因死亡宣告而消灭的人身关系能否恢复，取决于配偶是否再婚。（但其配偶向婚姻登记机关书面声明不愿意恢复的除外）

（六）申请宣告的撤回

人民法院受理宣告失踪、宣告死亡案件后，作出判决前，申请人撤回申请的，人民法院应当裁定终结案件，但其他符合法律规定的利害关系人加入程序要求继续审理的除外。

四、认定公民无民事行为能力或者限制民事行为能力案件

（一）管辖

该公民住所地基层人民法院。

（二）确定代理人

1. 应当由申请人以外的该公民的近亲属为代理人。

2. 近亲属互相推诿的，由人民法院指定其中一人为代理人。

3. 该公民健康情况许可的，还应当询问本人的意见。

（三）鉴定

这是审理此类案件的重要程序。

（四）对其他诉讼程序的影响

在其他诉讼过程中，如果有人申请人民法院认定当事人无民事行为能力或者限制民事行为能力的，应当中止原诉讼；然后，按照特别程序对申请作出处理。这就是本书在诉讼中止情形

---

① B

中讲述的本案的审理要以另一案的审理结果为依据，而另一案尚未审结的情形。考生可参考下述案例作进一步理解。

居民甲与金山房地产公司签订了购买商品房一套的合同，后因甲未按约定付款。金山公司起诉至法院，要求甲付清房款并承担违约责任。在诉讼中，甲的妻子乙向法院主张甲患有精神病，没有辨别行为的能力，要求法院认定购房合同无效。关于本案应当如何处理？乙或金山公司可以向法院申请认定甲为无民事行为能力人，法院应裁定诉讼中止。

五、认定财产无主案件

（一）管辖

认定财产无主案件的管辖法院为财产所在地基层人民法院。

注意：与金额无关，恒定为财产所在地基层人民法院。

（二）条件

1. 所有人不明。
2. 有形财产。

注意：不能申请对无形财产，如智力成果认定无主，因为智力成果你看不见，摸不着，但是它就存在于我深深的脑海里。

（三）公告

这是审理认定财产无主案件的必经程序。认定财产无主应当在人民法院公告后满 1 年无人认领。

（四）财产所有人出现的处理

1. 在民法典规定的诉讼时效期间内可以对财产提出请求。
2. 人民法院审查属实后，应当作出新判决，撤销原判决。

【关联考点】认定财产无主案件，公告期间有人对财产提出请求，人民法院应当裁定终结特别程序，告知申请人另行起诉，适用普通程序审理。因为有人对财产提出请求说明有争议了，而特别程序不解决争议，因此一旦出现争议，程序即终结。

六、确认调解协议案件

诉讼外调解达成的调解协议不具有强制执行力，但是可以向人民法院申请司法确认，经过确认合法有效的调解协议具有强制执行力。2012 年《民事诉讼法》在特别程序中专门规定了调解协议的司法确认程序，2021 年《民事诉讼法》作出部分修改。具体而言：

1. 申请主体。双方当事人或其代理人共同申请。“必须大手牵小手，表示你们俩真的和好了”。

注意：当事人申请司法确认调解协议，可以采用书面形式或者口头形式。当事人口头申请的，人民法院应当记入笔录，并由当事人签名、捺印或者盖章。

2. 适用范围：经**依法设立的调解组织**调解达成调解协议，不再限于人民调解组织的调解，除人民调解委员会外普遍存在的商事调解、道交赔偿调解、医疗纠纷调解和残联、妇联、消协、物协等社会团体的调解亦在其中。

消极范围：申请确认婚姻关系、亲子关系、收养关系等身份关系无效、有效或者解除的；涉及适用其他特别程序、公示催告程序、破产程序审理的；调解协议内容涉及物权、知识产权确权的案件，人民法院不予受理确认申请。

3. 申请期限。自调解协议生效之日起30日内。

4. 管辖法院。

（1）人民法院邀请调解组织开展先行调解的，向作出邀请的人民法院提出；

（2）调解组织自行开展调解的，向当事人住所地、标的物所在地、调解组织所在地的基层人民法院提出；调解协议所涉纠纷应当由中级人民法院管辖的，向相应的中级人民法院提出。

注意：最高法院《关于调整中级人民法院管辖第一审民事案件标准的通知》（2021年10月1日起实施）规定：

一、当事人住所地均在或者均不在受理法院所处省级行政辖区的，中级人民法院管辖诉讼标的额5亿元以上的第一审民事案件。

二、当事人一方住所地不在受理法院所处省级行政辖区的，中级人民法院管辖诉讼标的额1亿元以上的第一审民事案件。

5. 确认的结果。

（1）人民法院受理申请后，经审查——书面审查，符合法律规定的，裁定调解协议有效，一方当事人拒绝履行或者未全部履行的，对方当事人可以向人民法院申请执行；

（2）不符合法律规定的，裁定驳回申请，当事人可以通过调解方式变更原调解协议或者达成新的调解协议，也可以向人民法院提起诉讼。

注意：人民法院审理确认调解协议案件，由一名审判员独任审理。审判员根据双方当事人提供的证明材料对调解协议的合法性进行审查；人民法院审查相关情况时，应当通知双方当事人共同到场对案件进行核实。人民法院经审查，认为当事人的陈述或者提供的证明材料不充分、不完备或者有疑义的，可以要求当事人限期补充陈述或者补充证明材料。必要时，人民法院可以向调解组织核实有关情况。

6. 申请的撤回。确认调解协议的裁定作出前，当事人撤回申请的，人民法院可以裁定准许。当事人无正当理由未在限期内补充陈述、补充证明材料或者拒不接受询问的，人民法院可以按撤回申请处理。

7. 对于确认申请结果的异议。对人民法院作出的确认调解协议，当事人有异议的，应当自收到裁定之日起15日内提出；利害关系人有异议的，自知道或者应当知道其民事权益受到侵害之日起6个月内提出。

1. 甲区A公司将位于丙市价值5000万元的写字楼转让给乙区的B公司。后双方发生争议，经丁区人民调解委员会调解达成协议：B公司在1个月内支付购房款。双方又对该协议申请法院作出了司法确认裁定。关于本案及司法确认的表述，下列哪些选项是不正确的？①

A. 应由丙市中级法院管辖

B. 可由乙区法院管辖

C. 应由一名审判员组成合议庭，开庭审理司法确认申请

D. 本案的调解协议和司法确认裁定，均具有既判力

2. 李云将房屋出售给王亮，后因合同履行发生争议，经双方住所地人民调解委员会调解，双方达成调解协议，明确王亮付清房款后，房屋的所有权归属王亮。为确保调解协议的效力，双方约定向法院提出司法确认申请，李云随即长期出差在外。下列哪一说法是正确的？②

A. 本案系不动产交易，应向房屋所在地法院提出司法确认申请

---

① A、C、D ② D

B. 李云长期出差在外，王亮向法院提出确认申请，法院可受理

C. 李云出差两个月后，双方向法院提出确认申请，法院可受理

D. 本案的调解协议内容涉及物权确权，法院不予受理

七、实现担保物权案件

《民法典》第410条规定："抵押权人与抵押人未就抵押权实现方式达成协议的，抵押权人可以请求人民法院拍卖、变卖抵押财产。"质权和留置权也有类似的请求法院拍卖、变卖担保财产的规定。与之相适应，《民事诉讼法》规定了实现担保物权案件的特别程序。

1. 申请行使担保物权的主体。担保物权人以及其他有权请求实现担保物权的人。担保物权人为了实现自己的担保物权，可以申请行使担保物权。而出质人、留置权中的债务人或者所有权人等在质权人、留置权人怠于行使担保物权时，也可以要求实现担保物权。

2. 管辖。担保财产所在地或者担保物权登记地基层人民法院。

注意：实现票据、仓单、提单等有权利凭证的权利质权案件，可以由权利凭证持有人住所地人民法院管辖；无权利凭证的权利质权，由出质登记地人民法院管辖。实现担保物权案件属于海事法院等专门人民法院管辖的，由专门人民法院管辖。

3. 申请的审查。

（1）人民法院应当就主合同的效力、期限、履行情况，担保物权是否有效设立、担保财产的范围、被担保的债权范围、被担保的债权是否已届清偿期等担保物权实现的条件，以及是否损害他人合法权益等内容进行审查；

（2）被申请人或者利害关系人提出异议的，人民法院应当一并审查；

（3）由审判员一人独任审查。担保财产标的额超过基层人民法院管辖范围的，应当组成合议庭进行审查；

（4）人民法院审查实现担保物权案件，可以询问申请人、被申请人、利害关系人，必要时可以依职权调查相关事实。

4. 审查后的处理。

（1）当事人对实现担保物权无实质性争议且实现担保物权条件成就的，裁定准许拍卖、变卖担保财产；

（2）当事人对实现担保物权有部分实质性争议的，可以就无争议部分裁定准许拍卖、变卖担保财产；

（3）当事人对实现担保物权有实质性争议的，裁定驳回申请，并告知申请人向人民法院提起诉讼。

5. 对于处理结果的异议。对人民法院作出的准许实现担保物权的裁定，当事人有异议的，应当自收到裁定之日起15日内提出；利害关系人有异议的，自知道或者应当知道其民事权益受到侵害之日起6个月内提出。

6. 特殊规定。

（1）被担保的债权既有物的担保又有人的担保，当事人对实现担保物权的顺序有约定，实现担保物权的申请违反该约定的，人民法院裁定不予受理；没有约定或者约定不明的，人民法院应当受理；

（2）同一财产上设立多个担保物权，登记在先的担保物权尚未实现的，不影响后顺位的担保物权人向人民法院申请实现担保物权。

甲公司与银行订立了标的额为8000万元的贷款合同，甲公司董事长美国人汤姆用自己位于W市的三套别墅为甲公司提供抵押担保。贷款到期后甲公司无力归还，银行向法院申请适用特别程序实现对别墅的抵押权。关于本案的分析，下列哪一选项是正确的？①

A. 由于本案标的金额巨大，且具有涉外因素，银行应向W市中院提交书面申请

B. 本案的被申请人只应是债务人甲公司

C. 如果法院经过审查，作出拍卖裁定，可直接移交执行庭进行拍卖

D. 如果法院经过审查，驳回银行申请，银行可就该抵押权益向法院起诉

① D

专题十八　督促程序

码上揭秘

现实生活中，债的纠纷种类多、数量大，其中许多案件债权债务关系明确，当事人之间并不存在争议。对于此类案件，债权人可不通过通常的诉讼程序，直接向人民法院提出申请，以支付令的方式使债权人取得执行根据，以简便方式及时实现其债权。由于人民法院适用督促程序是直接以支付令的方式催促债务人及时偿还债务，但并不经过审理解决当事人之间的债务纠纷，所以督促程序又叫作支付令程序，属于非讼程序的一种。2012 年《民事诉讼法》对督促程序作出了相应修改，尤其是规定了对于债务人提出的书面异议的审查以及实现了督促程序和诉讼程序的衔接，而这两点在 2013 年、2014 年的考题中进行了考查。本专题的考察重点在于督促程序的适用条件和异议程序。

一、适用支付令程序的条件

1. 债权人请求债务人给付的标的仅限于请求给付金钱或有价证券。具体包括金钱或汇票、本票、支票以及股票、债券、国库券、可转让的存款单等有价证券。

2. 请求给付的金钱或者有价证券已到期且数额确定，并写明了请求所根据的事实、证据。

注意：在债权到期之前，即使债务人明确表示将不支付，也不适用督促程序。

3. 债权人没有对等给付义务，即债权人与债务人没有其他债务纠纷。

前几天甲在某网上商城上买了一部手机，但是收到手机后甲发现手机有问题，于是迟迟不肯付款，在这种情况下该网上商城是不能申请支付令的，因为该网上商城和甲之间有对等给付义务，负有退货或换货的义务。

4. 支付令能够送达债务人。对不在我国境内和虽在我国境内但下落不明的人不能签发支付令。

注意：这里的“能够”是指客观上可以送达；支付令不可以公告送达，但可以适用留置送达。

5. 需向有管辖权的法院申请。申请支付令的案件由债务人住所地的基层人民法院管辖。

注意：地域和级别，基层人民法院受理债权人依法申请支付令的案件，不受争议金额的限制。两个以上人民法院都有管辖权的，债权人可以向其中一个基层人民法院申请支付令。债权人向两个以上有管辖权的基层人民法院申请支付令的，由最先立案的人民法院管辖。

6. 债权人未向人民法院申请诉前保全。如果债权人向法院申请诉前保全，说明其有走诉讼程序的意愿，即采取诉前保全后应当在 30 日内向法院提起诉讼。

二、支付令的效力

支付令具有两种效力，这两种效力产生的时间是不同的，本书把它称为两个效力是分离的。

1. 限期履行债务——督促力。支付令送达给债务人时即产生此督促效力，督促债务人自收到支付令之日 15 日内提出异议或在 15 日内清偿债务。

2. 强制履行债务——执行力。债务人自收到支付令之日起15日内，既不提出异议，又不清偿债务的，债权人有权向受诉人民法院申请强制执行，即15日满不异议产生此强制执行效力。

三、债务人的异议

（一）异议的条件

1. 异议只能由债务人提出。

2. 异议必须在法定期限内（15日）提出，债务人超过法定期间提出异议的，视为未提出异议。

3. 异议必须以书面方式提出，口头方式提出的异议无效。

4. 异议只能向发出支付令的人民法院提出。

注意：债务人收到支付令后，向其他人民法院起诉的，不能视为提出异议；但债务人向发出支付令的法院起诉，则视为有效异议。

甲公司向乙公司购买了5万元的苹果，甲公司以乙公司提供的苹果不符合约定为由拒绝付款。为此，乙公司向法院申请支付令，要求甲公司支付货款。在支付令异议期间，甲公司既不提出异议又不履行义务，而是向另一法院提起诉讼，要求退货。这一起诉对支付令有什么影响？甲公司的起诉行为不能阻止支付令的效力。

5. 异议必须针对债权人的实体权利主张提出，即异议应当针对债权债务关系本身。

何为针对债权债务本身的有效异议呢？下面举三个例子。

（1）债务人收到支付令后，提出书面异议表示自己从来没有欠过债权人的钱，因否定了债权债务本身而构成有效异议。

（2）债务人收到支付令后，提出书面异议表示自己的确欠了债权人的钱，但是还没有到清偿期，因不满足支付令的条件，即已到清偿期而构成有效异议。

（3）债务人收到支付令后，提出书面异议表示自己已经清偿，因消灭了债权债务本身而构成有效异议。

①债务人对债务本身没有异议，只是提出缺乏清偿能力、延缓债务清偿期限、变更债务清偿方式等异议的，不影响支付令的效力。

②债权人基于同一债权债务关系，向债务人提出多项支付请求，债务人仅就其中一项或几项请求提出异议的，不影响其他各项请求的效力。

③债权人基于同一债权债务关系，就可分之债向多个债务人提出支付请求，多个债务人中的一人或几人提出异议的，不影响其他请求的效力。

对《民事诉讼法》规定的督促程序，下列哪一选项是正确的？①

A. 向债务人送达支付令时，债务人拒绝签收的，法院可以留置送达

B. 向债务人送达支付令时法院发现债务人下落不明的，可以公告送达

C. 支付令送达债务人之后，在法律规定的异议期间，支付令不具有法律效力

D. 债务人对支付令提出异议，通常以书面的形式，但书写异议书有困难的，也可以口头提出

（二）异议的效果

1. 法院需要审查异议是否成立。

---

① A

注意：这里的审查是形式审查，而非实质审查，因此不审查异议理由。一旦当事人之间对实体问题有争议，那么不管异议理由是否成立，都应当裁定终结督促程序。

2. 异议成立，裁定终结督促程序，支付令自行失效。

注意：（1）人民法院作出终结督促程序裁定前，债务人请求撤回异议的，应当准许。债务人对撤回异议反悔的，人民法院不予支持；

（2）在人民法院发出支付令前，申请人撤回申请的，也应当裁定终结督促程序。

3. 支付令失效的，转入诉讼程序，但申请支付令的一方当事人不同意提起诉讼的除外。

此规定是为了节约当事人的诉讼成本。为便利债权人，支付令失效后，其无需另行起诉，而是转入诉讼程序，进而实现了督促程序和诉讼程序的衔接。但考虑到有的当事人可能不愿意诉讼，所以诉讼的权利仍然属于当事人，如果当事人不愿意提起诉讼，那么也不进入诉讼程序。具体而言：

（1）支付令失效后，申请支付令的一方当事人不同意提起诉讼的，应当自收到终结督促程序裁定之日起7日内向受理申请的人民法院提出。申请支付令的一方当事人不同意提起诉讼的，不影响其向其他有管辖权的人民法院提起诉讼。

（2）支付令失效后，申请支付令的一方当事人自收到终结督促程序裁定之日起7日内未向受理申请的人民法院表明不同意提起诉讼的，视为向受理申请的人民法院起诉。债权人提出支付令申请的时间，即为向人民法院起诉的时间。

黄某向法院申请支付令，督促陈某返还借款。送达支付令时，陈某拒绝签收，法官遂进行留置送达。12天后，陈某以已经归还借款为由向法院提起书面异议。黄某表示希望法院彻底解决自己与陈某的借款问题。下列哪一说法是正确的？①

A. 支付令不能留置送达，法官的送达无效

B. 提出支付令异议的期间是10天，陈某的异议不发生效力

C. 陈某的异议并未否认二人之间存在借贷法律关系，因而不影响支付令的效力

D. 法院应将本案转为诉讼程序审理

（三）特殊情况处理

1. 对设有担保的债务案件主债务人发出的支付令，对担保人没有拘束力。债权人就担保关系单独提起诉讼的，支付令自行失效。

2. 债权人申请支付令之前已向人民法院申请诉前保全，或申请支付令同时又要求诉前保全的，应当裁定驳回申请。

3. 人民法院受理支付令申请后，债权人就同一债权关系又提起诉讼，或者人民法院发出支付令之日起30日内无法送达债务人，或债务人收到支付令前，债权人撤回申请的，应当裁定终结督促程序。

（四）支付令的撤销

人民法院院长发现本院已经发生法律效力的支付令确有错误，认为需要撤销的，应当提交本院审判委员会讨论决定后，裁定撤销支付令，驳回债权人的申请。

---

① D

专题十九　公示催告程序

公示催告程序和我们商法上的票据法密切相关，是指在票据持有人之票据被盗、遗失或者灭失的情况下，人民法院根据当事人的申请，以公告的方式催告利害关系人在一定期间内申报权利。如果逾期无人申报，根据申请人的申请，依法作出除权判决的程序。公示催告程序就其性质而言，是非诉程序。法考在本专题的考点主要集中于公示催告程序的适用范围、权利申报以及除权判决的作出等。总体而言，本专题难度不大，考生只需强化识记即可轻松应对。

码上揭秘

一、适用范围

适用申请公示催告程序的事项是有限的：

1. 按照规定可以背书转让的票据。
2. 依照法律规定可以申请公示催告的其他事项。

二、公示催告的申请

1. 申请原因。票据被盗、遗失或者灭失。

张三的票据被李四抢走了，张三是不可以申请公示催告的，因为此时张三知道票据在何处，就在李四的手里。

2. 申请人。票据持有人，指的是票据被盗、遗失或者灭失前的最后持有人。

注意：和票据的最后持有人相对应，还有一个人是票据的现在持有人，也就是我们会提及的利害关系人。

3. 申请法院。票据支付地的基层人民法院管辖。之所以规定由票据支付地的基层法院管辖，其原因在于非讼案件的管辖都在基层法院，且票据支付地法院最便于查明票据事项。

三、法院的受理和公告

1. 人民法院决定受理申请的，应当同时通知支付人停止支付。

注意：人民法院收到公示催告的申请后，应当立即审查，并决定是否受理。经审查认为符合受理条件的，通知予以受理，并同时通知支付人停止支付；认为不符合受理条件的，7 日内裁定驳回申请。

2. 3 日内发出公告，催促利害关系人（票据的现在持有人）申报权利。

3. 公示催告的期间，由人民法院根据情况决定，但不得少于 60 日，且公示催告期间届满日不得早于票据付款日后 15 日。

四、利害关系人申报权利

1. 原则上在公示催告期间申报权利。在作出除权判决之前申报的，法院也应当准许。
2. 利害关系人申报权利，人民法院只进行形式审查，如是否与公示催告的票据相同。

注意：利害关系人申报权利，人民法院应当通知其向法院出示票据，并通知公示催告申请人在指定的期间查看该票据。

3. 符合形式条件的申报，人民法院应当裁定终结公示催告程序。

注意：这里符合形式条件的申报是指票据是同一张，票据归属存在争议，公示催告程序作为非讼程序的一种，也不解决争议，所以只能裁定终结公示催告程序。公示催告申请人申请公示催告的票据与利害关系人出示的票据不一致的，应当裁定驳回利害关系人的申报。

甲公司因票据遗失向法院申请公示催告。在公示催告期间届满的第3天，乙向法院申报权利。下列哪一说法是正确的？①

A. 因公示催告期间已经届满，法院应当驳回乙的权利申报

B. 法院应当开庭，就失票的权属进行调查，组织当事人进行辩论

C. 法院应当对乙的申报进行形式审查，并通知甲到场查验票据

D. 法院应当审查乙迟延申报权利是否具有正当事由，并分别情况作出处理

五、除权判决

1. 除权判决的作出。除权判决依公示催告申请人的申请作出（注意：需要再一次申请）；应当组成合议庭审理。

2. 条件。

（1）在申报权利的期间没有人申报的，或者申报被驳回；

（2）公示催告申请人应自申报权利期间届满的次日起1个月内申请人民法院作出除权判决。

3. 审判组织。

（1）公示催告阶段，由审判员一人独任审理；

（2）判决宣告票据无效阶段（又称除权判决阶段），应当由审判员组成合议庭审理。

4. 除权判决的效力。

（1）被催告申报权利的票据丧失效力，即原票据作废；

（2）申请人可以依据除权判决，向票据义务人主张权利（请求付款），付款人不得拒绝支付。

5. 救济。利害关系人在除权判决作出后可以向作出判决的人民法院起诉。但注意这里的起诉有两个条件：

（1）因正当理由不能在判决前向人民法院申报权利的。

（2）期间：自知道或者应当知道判决公告之日起1年内。

注意：公示催告程序中存在两次公告，第一次法院受理后3日内发出公告，催促利害关系人申报权利；第二次发出公告是在除权判决作出后，从而便于利害关系人行使救济权。

六、公示催告程序的终结

公示催告程序随申请作出除权判决而正常结束。裁定终结公示催告程序是公示催告程序的非正常结束，需要注意几种情形：

1. 利害关系人在公示催告期间向人民法院申报权利的，经审查符合形式条件的，裁定终结公示催告程序。

---

① C

2. 利害关系人在申报期届满后，除权判决作出之前申报权利的，经审查符合形式条件的，裁定终结公示催告程序。

3. 公示催告申请人在公示催告期间申请撤回的，裁定终结公示催告程序。

4. 公示催告申请人逾期（申报期满后超过 1 个月）不申请法院作出除权判决的，裁定终结公示催告程序。

注意：终结公示催告程序后，公示催告申请人或者申报人向人民法院提起诉讼，因票据权利纠纷提起的，由票据支付地或者被告住所地人民法院管辖；因非票据权利纠纷提起的，由被告住所地人民法院管辖。

专题二十　民事裁判

法院在审理民事案件的过程中，根据案件的事实和国家的法律，针对审理案件过程中发生的各种问题按法定程序所做的结果性的处理，通常称为民事裁判。民事裁判有广义和狭义之分。广义的民事裁判包括人民法院的判决、裁定和决定等，还包括人民法院认可的调解协议。狭义的民事裁判仅指人民法院作出的判决和裁定。每种民事裁判都有自己独立的适用范围和适用条件，法律效力也有所区别。因此，法考在本专题几乎是每年一题。这一专题主要介绍三种文书，即判决、裁定和决定。

码上揭秘

【归纳总结】民事判决、裁定、决定之间的区别。

项目	民事判决	民事裁定	民事决定
解决事项	实体性问题	主要是程序性问题	一些特殊问题
目的	解决民事纠纷	推进诉讼进程	清除诉讼障碍
作出时间	审理的最后阶段	审理阶段和执行阶段	审理阶段和执行阶段
作出形式	书面	口头或书面	口头或书面
法律依据	民法等实体法	民事诉讼法	民事诉讼法
上诉范围	一审普通案件	仅限于不予受理、驳回起诉、管辖权异议的裁定	均不可上诉
上诉时间	15 天	10 天	
适用次数	一次（指的是生效判决）	多次	多次
救济方式不同	不服未生效判决可上诉： 1. 漏判：（补充判决） 2. 笔误：（裁定补正） 3. 错判：（看是否上诉）	1. 对于不予受理、驳回起诉、管辖权异议可上诉 2. 财产保全和先予执行的裁定可以复议一次——原法院 3. 执行管辖权异议的裁定、执行行为异议的裁定、驳回仲裁裁决执行申请的裁定可以复议一次；不服决定——上一级法院	对于回避、罚款、拘留的决定可以申请复议一次
说理制度	《民事诉讼法》第 155 条、第 157 条规定，判决书、裁定书应当写明裁判结果和作出该裁判的理由		
公开制度	《民事诉讼法》第 159 条规定了裁判文书的公开查阅制度，即公众可以查阅发生法律效力的判决书、裁定书（没有调解书），但涉及国家秘密、商业秘密和个人隐私的内容除外 **注意：**申请查阅发生法律效力的判决书、裁定书的，应当向作出该生效裁判的人民法院以书面形式提出。		

关于民事诉讼的裁定，下列哪一选项是正确的？①

A. 裁定可以适用于不予受理、管辖权异议和驳回诉讼请求

B. 当事人有正当理由没有到庭的，法院应当裁定延期审理

C. 裁定的拘束力通常只及于当事人、诉讼参与人和审判人员

D. 当事人不服一审法院作出的裁定，可以向上一级法院提出上诉

---

① C

专题二十一　执行程序

民事执行是国家执行机关根据生效的法律文书，运用国家强制力强制义务人履行生效法律文书所确定的义务，实现或满足权利人民事权利的行为。因此可以说，执行程序设立的目的是在争议解决的前提下，实现特定的法律文书所确定的民事权利义务。执行程序是法考中考点最为零散的一个程序，考点不集中，出题人很少连续几年考查同一考点，所以考生应当重点关注那些近几年未曾考查的考点以及传统上重者恒重的考点。

码上揭秘

一、执行程序与审判程序的关系

执行程序与审判程序既有联系又有区别。

1. 两者的联系表现为。依审判程序作出的具有给付内容并需予以执行的法律文书适用执行程序予以执行。

2. 两者的区别表现为。审判程序是确定民事权利义务关系的程序，执行程序是实现民事权利义务关系的程序，执行程序是保证审判程序的任务得以实现的有力手段。但执行程序具有相对的独立性：

（1）经审判程序处理的民事案件并非必然经过执行程序；

（2）执行程序所适用的案件不只限于审判程序处理的案件范围。

公证机关制作的具有强制执行效力的债权文书，仲裁机构作出的生效裁决书，如果需要执行，也由人民法院适用执行程序进行执行。因此，执行程序既不绝对地依赖于审判程序而存在，也非审判程序的必然延续。

关于民事审判程序与民事执行程序的关系，下列哪些说法是错误的？①

A. 民事审判程序是确认民事权利义务的程序，民事执行程序是实现民事权利义务关系的程序

B. 法院对案件裁定进行再审时，应当裁定终结执行

C. 民事审判程序是民事执行程序的前提

D. 民事执行程序是民事审判程序的继续

二、执行根据与执行管辖

（一）执行根据

执行根据即能够据以执行的法律文书，这些法律文书主要包括：

1. 人民法院制作的法律文书。

（1）生效的民事判决、裁定、**调解书**；

（2）生效的刑事判决、裁定中的财产部分；

（3）非讼案件中的生效法律文书：确认调解协议裁定、实现担保物权的裁定、支付令；

① B、C、D

（4）人民法院制作的承认并同意协助执行外国法院判决、裁定的裁定书、执行令，人民法院制作的承认并同意协助执行国外仲裁机构裁决的裁定书、执行令。

2. 法律规定由人民法院执行的其他机关制作的法律文书。

（1）生效的仲裁裁决书和调解书；

（2）有效的公证债权文书；

（3）行政处理决定书、处罚决定书。

（二）执行管辖

1. 管辖法院的确定。

（1）发生法律效力的民事判决、裁定，以及刑事判决、裁定中的财产部分，由第一审人民法院或者与第一审人民法院同级的被执行的财产所在地人民法院执行。

甲诉乙侵权一案经某市东区法院一审终结，判决乙赔偿甲6万元。乙向该市中级法院提出上诉，二审法院驳回了乙的上诉请求。乙居住在该市南区，家中没有什么值钱的财产，但其在该市西区集贸市场存有价值5万元的货物。甲应当向下列哪一个法院申请执行？该市东区法院、西区法院。东区法院为一审法院，西区法院为与一审法院同级的财产所在地法院。

（2）发生法律效力的实现担保物权裁定、确认调解协议裁定、支付令，由作出裁定、支付令的人民法院或者与其同级的被执行财产所在地的人民法院执行。

（3）认定财产无主的判决，由作出判决的人民法院将无主财产收归国家或者集体所有。

（4）法律规定由人民法院执行的其他法律文书，由被执行人住所地或者被执行的财产所在地人民法院执行。其中，对于生效的仲裁裁决，原则上由被执行人住所地或者被执行的财产所在地的中级人民法院管辖，当执行案件符合基层法院一审民商事案件级别管辖受理范围，并经上级人民法院批准后，可以由被执行人住所地或者被执行财产所在地的基层人民法院管辖。

2. 执行管辖权转移。基层法院和中级人民法院管辖的执行案件，因特殊情况需要由上级人民法院执行的，可以报请上级人民法院执行。

3. 共同管辖的处理。对两个以上人民法院都有管辖权的执行案件：

（1）由最先接受申请（等同于最先立案）的人民法院执行；

（2）人民法院在立案前发现其他有管辖权的人民法院已经立案的，不得重复立案；

（3）立案后发现其他有管辖权的人民法院已经立案的，应当撤销案件。已经采取措施的，应当将控制的财产交先立案的法院。

注意：这里和审判中共同管辖处理的规定不同，执行中应当撤销案件，而不是移送。

4. 执行管辖权异议。当事人对法院的执行管辖有异议的，可以提出。此处需注意的考点有：

（1）提出的时间。自收到执行通知书之日起10日内提出。

注意：这里不同于审判中管辖权异议的时间：答辩期——国内15日，涉外30日。

（2）审查结果。异议成立的，应当撤销执行案件，并告知当事人向有管辖权的人民法院申请执行；异议不成立的，裁定驳回。

注意：这里和审判中管辖权异议成立的处理规定不同，执行中应当撤销案件，而不是移送。

（3）裁定的救济程序。当事人对裁定不服的，可以向上一级人民法院申请复议。

（4）对执行的影响。管辖权异议审查和复议期间，不停止执行，以防止当事人借管辖权异议程序逃避执行。

三、执行启动方式及相关问题

执行启动方式有两种不同的情形：申请执行和移送执行。其中申请执行是原则，移送执行是例外。

（一）申请执行的条件

生效法律文书的执行，一般应当由当事人依法提出申请。申请应当符合以下6个条件：

1. 申请执行的法律文书已经生效。

2. 申请执行人是生效法律文书确定的权利人或其继承人、权利承受人。

3. 申请执行人在法定期限内提出申请。

《民事诉讼法》第246条关于申请执行的期间规定了以下几个方面：

（1）无论申请人是谁，申请执行的期限为2年（可变期间），具体而言：

①从法律文书规定履行期间的最后一日起计算；

②法律文书规定分期履行的，从最后一期履行期限届满之日起计算；

③法律文书未规定履行期间的，从法律文书生效之日起计算。

（2）执行时效适用中止制度。在申请执行时效期间的最后6个月内，因不可抗力或者其他障碍不能行使请求权的，申请执行时效中止。从中止时效的原因消除之日起，申请执行时效期间继续。

（3）执行时效适用中断制度。可以引起中断的情形如申请执行时效因申请执行、当事人双方达成和解协议、当事人一方提出履行要求或同意履行义务而中断。从中断时起，申请执行时效期间重新计算。

（4）不作为义务的执行时效起算方式。生效法律文书规定债务人负有不作为义务的，申请执行时效期间从债务人违反不作为义务之日起计算。

注意：申请执行人超过申请执行时效期间向人民法院申请强制执行的，人民法院应予受理。被执行人对申请执行时效期间提出异议，人民法院经审查异议成立的，裁定不予执行。被执行人履行全部或者部分义务后，又以不知道申请执行时效期间届满为由请求执行回转的，人民法院不予支持。

4. 申请执行的法律文书有给付内容，且执行标的和被执行人明确。

注意：根据执行标的有限原则，执行只能针对被执行人的行为和财产。

5. 义务人在生效法律文书确定的期限内未履行义务。

6. 属于受申请执行的人民法院管辖。

（二）移送执行的范围

1. 人民法院已生效的具有给付赡养费、扶养费、抚养费、抚恤金、医疗费和劳动报酬内容的法律文书（四费一金＋劳动报酬）。

2. 人民法院作出的民事制裁决定书。如罚款、拘留的决定。

3. 人民法院已生效的刑事法律文书中含有财产执行内容的法律文书，如刑事附带民事判决书。

4. 以撤销或变更已执行完毕的法律文书为内容的新判决书。我们称其为“执行回转的文书”。

5. 人民检察院提起公益诉讼案件判决、裁定发生效力后，被告不履行的，人民法院应当移送执行。

（三）执行通知和立即执行的采用

人民法院的执行员接到申请执行书或移送执行书后 10 日内，应当向被执行人发出执行通知，责令其在指定的期间内履行义务；逾期不履行的，强制执行。但为了防止被执行人在接到执行通知后隐匿、转移财产，《民事诉讼法》通过三次修订，专门确立了立即执行制度。执行员有权不再指定履行期间，而是立即采取强制执行措施，并可在采取强制措施的同时，或者自采取强制执行措施之日起 3 日内，发送执行通知书。

（四）逾期执行的救济

1. 适用情形。人民法院自收到申请执行书之日起 6 个月未执行的。关于“收到申请执行书之日起超过 6 个月未执行”，最高人民法院《关于适用〈中华人民共和国民事诉讼法〉执行程序若干问题的解释》第 10 条列举了四种情形：

（1）债权人申请执行时被执行人有可供执行的财产，执行法院自收到请执行书之日起超过 6 个月对该财产未执行完结的；

（2）执行过程中发现被执行人可供执行的财产，执行法院自发现财产之日起超过 6 个月对该财产未执行完结的；

（3）对法律文书确定的行为义务的执行，执行法院由收到申请执行书之日起超过 6 个月未依法采取相应执行措施的；

（4）其他有条件执行超过 6 个月未执行的。

注意：这里的 6 个月期间，不应当计算执行中的公告期间、鉴定评估期间、管辖争议处理期间、执行争议协调期间、暂缓执行期间以及中止执行期间。

2. 救济途径。申请执行人可以向上一级人民法院申请。

3. 救济方式。上一级人民法院经审查，可以责令原执行法院在一定期限内执行，也可以决定由本院执行或者指令其他人民法院执行。

4. 救济后果。执行法院在指定期间内无正当理由仍未执行完结的，上一级人民法院应当裁定由本院执行或者指令本辖区其他人民法院执行，而不能再次责令原执行法院限期执行。

（五）不予执行

对于法院的文书，人民法院不会出现不予执行的情况。对于其他机关制作的法律文书（包括公证的债权文书和仲裁裁决书），当事人申请人民法院执行，人民法院应当审查，经审查认为有法定不予执行情形的，应当裁定不予执行。

1. 公证债权文书。当事人申请执行的公证债权文书确有错误的，人民法院裁定不予执行。

2. 仲裁裁决。《民事诉讼法》第 244 条第 2 款和第 3 款分别规定了应当对仲裁裁决裁定不予执行的法定情形。

（1）依申请不予执行。人民法院必须依据当事人的申请而不予执行（《民事诉讼法》第 244 条第 2 款），其包括如下情形：

①当事人在合同中没有订有仲裁条款或者事后没有达成书面仲裁协议的；

②裁决的事项不属于仲裁协议的范围或者仲裁机构无权仲裁的；

③仲裁庭的组成或者仲裁的程序违反法定程序的；

④裁决所根据的证据是伪造的；

⑤对方当事人向仲裁机构隐瞒了足以影响公正裁决的证据的；

⑥仲裁员在仲裁该案时有贪污受贿、徇私舞弊、枉法裁决行为的。

注意：2012 年《民事诉讼法》统一了不予执行仲裁裁决和撤销仲裁裁决的事由，消除了一些不确定的因素，避免法院和仲裁机构因认识上的不同而导致仲裁裁决被撤销或不予执行，体现了对仲裁的尊重。

（2）依职权不予执行。法院无须当事人的申请而可以直接裁定不予执行。只有一种情形：人民法院认定执行该裁决违背社会公共利益的，裁定不予执行。

注意：仲裁裁决被人民法院裁定不予执行的，当事人可以根据双方达成的书面仲裁协议重新申请仲裁，也可以向人民法院起诉。

当事人请求不予执行仲裁裁决或者公证债权文书的，应当在执行终结前向执行法院提出。

四、委托执行

委托执行是指有管辖权的人民法院遇到特殊情况，依法将应由本法院执行案件送交有关的法院代为执行。

（一）委托执行的适用条件

被执行人、被执行的财产在外地的，负责执行的人民法院可以委托当地人民法院代为执行，也可以直接到当地执行。

注意：负责执行的人民法院可以直接到当地执行，不是必须委托执行。

（二）受委托法院应当执行

1. 受委托人民法院收到委托函件后，必须在15日内开始执行，不得拒绝。

2. 受委托人民法院自收到委托函件之日起15日内不执行的，委托人民法院可以请求受委托人民法院的上级人民法院指令受委托人民法院执行。

（三）受委托法院享有审查处理权

执行案件被指定执行、提级执行、委托执行后，当事人、利害关系人对原执行法院的执行行为提出异议或案外人对原执行法院的执行标的提出异议的，由提出异议时负责该案件执行的人民法院（即受托法院）审查处理；受指定或者受委托的人民法院是原执行法院的下级人民法院的，仍由原执行法院审查处理。

五、执行行为异议

当事人、利害关系人认为执行行为违反法律规定的，可以向负责执行的人民法院提出书面异议。该异议针对的是执行行为违反法律规定。

1. 异议的主体。当事人、利害关系人。

当事人可以提出执行行为异议，大家都可以理解，那什么时候可以由利害关系人提出呢？举一个例子来说明。

执行法院若想执行某个公司股东的股权，在执行之前必须履行一个告知义务，因为其他股东在同等条件下有优先购买权。假设执行法院未通知其他股东便执行了某个股东的股权，则此时其他股东可以作为利害关系人提出执行行为异议。

2. 异议的理由。执行行为违反法律规定。

3. 异议的形式。必须采用书面形式；申请复议的，也应当采取书面形式。

4. 异议的审查。法院应当自收到书面异议之日起15日内审查，要审查异议理由是否成立。

5. 审查结果。裁定撤销或改正执行行为，或者裁定驳回异议。

6. 对审查结果的救济途径：

（1）可以自裁定送达之日起10日内向上一级人民法院申请复议。

（2）上一级人民法院对当事人、利害关系人的复议申请，应当组成合议庭进行审查。

注意：上一级法院应当组成合议庭在30日内复议完毕，特殊情形经院长批准可延长不超过 30 日。

（3）对执行的影响。执行异议审查和复议期间，不停止执行。但被执行人、利害关系人提供充分、有效的担保请求停止相应处分措施的，人民法院可以准许；人民法院准许停止执行后，申请执行人提供充分、有效的担保请求继续执行的，应当继续执行。

六、案外人对执行标的的异议

案外人对执行标的的异议是指在执行过程中，案外人对被执行的财产的全部或一部分主张实体权利并要求负责执行的人民法院停止并变更执行的书面请求，根据《民事诉讼法》和相关司法解释的规定，对于案外人对执行标的提出的异议有如下考点：

（一）案外人异议的条件

1. 应当在执行中（即执行程序开始后至执行终结前）提出异议。提出异议的主体必须是案外人。

2. 异议理由必须是对执行标的主张所有权或者有其他足以阻止执行标的转让、交付的实体权利，而且是正当的。

（二）程序问题

1. 应当以书面形式提出，并提供证据，执行法院应当自收到异议之日起 15 日内进行审查。

注意： 这里的审查是实质审查，确认异议理由是否成立。

2. 审查期间可以对财产采取查封、扣押、冻结等保全措施，但不得进行处分。正在实施的处分措施应当停止。但如果案外人向人民法院提供充分、有效的担保请求解除对异议标的的查封、扣押、冻结的，人民法院可以准许；申请执行人提供充分、有效的担保请求继续执行的，应当继续执行。

注意： 在审查期间权属尚未确定，因此不能处分。

3. 审查认为异议成立，即案外人对执行标的享有足以排除强制执行的权益的，应当裁定中止对该标的的执行。申请执行人自裁定送达之日起 15 日内未提起诉讼的，人民法院应当裁定解除已经采取的执行措施。如果异议理由不成立的，则裁定予以驳回。

注意： 中止执行的范围仅限于案外人依该条规定提出异议部分的财产范围；对被执行人的其他财产，不应中止执行。同时，驳回案外人执行异议裁定送达案外人之日起 15 日内，人民法院不得对该执行标的进行处分。

（三）案外人异议裁定的救济

案外人和当事人对裁定不服的，救济方式因是否与原判决、裁定有关而不同：

1. 如果案外人、当事人对裁定不服，认为原判决、裁定错误的，依照审判监督程序办理，即案外人、当事人对执行异议的裁定不服，认为原判决、裁定、调解书内容错误损害其民事权益的，可以在执行异议裁定送达之日起 6 个月内，向作出原判决、裁定、调解书的人民法院申请再审。

2. 与原判决、裁定无关的，案外人、当事人可以自裁定送达之日起 15 日内向人民法院提起诉讼，我们称之为异议之诉。具体可以分为案外人异议之诉和申请执行人异议之诉两种。

（四）异议之诉的提出

1. 案外人异议之诉。如果异议不成立，即执行法院不支持案外人，原裁判又未直接涉及执行标的的权利归属，则案外人可以向人民法院起诉。

（1）当事人排列。应当以申请执行人为被告；被执行人反对案外人对执行标的所主张的实体权利的，应当以申请执行人和被执行人为共同被告。

（2）管辖法院。由执行法院管辖。

（3）对执行的影响。诉讼期间，不停止执行。但案外人的诉讼请求确有理由或者提供充分、有效的担保请求停止执行的，可以裁定停止对执行标的进行处分；申请执行人提供充分、有效的担保请求继续执行的，应当继续执行。

2. 申请执行人异议之诉。如果异议成立，即执行法院支持了案外人，裁定了中止执行，原裁判又未直接涉及执行标的的权利归属，则申请执行人可以向人民法院起诉。

（1）当事人排列。应当以案外人为被告；被执行人反对申请执行人请求的，应当以案外人和被执行人为共同被告；

（2）管辖法院。由执行法院管辖。

注意：异议之诉应当按照第一审普通程序进行审理。同时，在异议之诉审理期间，人民法院不得对执行标的进行处分。申请执行人请求法院继续执行并提供相应担保的，人民法院可以准许。

注意：案外人、当事人对于申请再审和执行异议之诉的两种救济，其并不能自由选择，只能以原判决、裁定是否直接涉及执行标的的权利归属，即原判的标的物与执行的标的物是否同一为标准，采取两者中的某一种救济方式。何时申请再审救济，何时采取执行异议之诉救济，这里笔者给出一个做题的规律：即“原判的标的物与执行的标的物是否同一”。当标的物同一时，再审救济；当标的物不同一时，执行异议之诉救济。

甲与乙争议一辆价值90万元的轿车，经法院审理判决该轿车归甲所有，并责令乙将该轿车交付于甲。判决生效后，乙拒绝交付。

（1）甲申请执行该轿车，丙提出异议，认为该轿车是自己的。

丙——异议——轿车——审查（标的物同一）

①成立。裁定中止执行——申请执行人申请再审；

②不成立。裁定驳回——案外人申请再审。

（2）因轿车无法执行，甲申请执行乙的房屋，丙提出异议，认为房屋是自己的。

丙——异议——房屋——审查（标的物不同一）

①成立。裁定中止执行——申请执行人异议之诉；

②不成立。裁定驳回——案外人异议之诉。

1. 关于执行行为异议与案外人对执行标的异议的比较，下列哪一选项是错误的？①

A. 异议都是在执行过程中提出

B. 异议都应当向执行法院提出

C. 申请异议当事人有部分相同

D. 申请异议人对法院针对异议所作裁定不服，可采取的救济手段相同

2. 张山承租林海的商铺经营饭店，因拖欠房租被诉至饭店所在地甲法院，法院判决张山偿付林海房租及利息，张山未履行判决。经律师调查发现，张山除所居住房以外，其名下另有一套房屋，林海遂向该房屋所在地乙法院申请执行。乙法院对该套房屋进行查封拍卖。执行过程中，张山前妻宁虹向乙法院提出书面异议，称两人离婚后该房屋已由丙法院判决归其所有，目前尚未办理房屋变更登记手续。

请回答第（1）～（3）题。

（1）对于宁虹的异议，乙法院的正确处理是：②

---

① D ② A、C

A. 应当自收到异议之日起15日内审查

B. 若异议理由成立，裁定撤销对该房屋的执行

C. 若异议理由不成立，裁定驳回

D. 应当告知宁虹直接另案起诉

(2) 如乙法院裁定支持宁虹的请求，林海不服提出执行异议之诉，有关当事人的诉讼地位是：①

A. 林海是原告，张山是被告，宁虹是第三人

B. 林海和张山是共同原告，宁虹是被告

C. 林海是原告，张山和宁虹是共同被告

D. 林海是原告，宁虹是被告，张山视其态度而定

(3) 乙法院裁定支持宁虹的请求，林海提出执行异议之诉，下列说法可成立的是：②

A. 林海可向甲法院提起执行异议之诉

B. 如乙法院审理该案，应适用普通程序

C. 宁虹应对自己享有涉案房屋所有权承担证明责任

D. 如林海未对执行异议裁定提出诉讼，张山可以提出执行异议之诉

七、执行和解

执行和解是指在执行过程中，申请执行人和被执行人自愿协商，达成协议，并经人民法院审查批准后，结束执行程序的行为。执行和解是当事人处分自己民事权利和诉讼权利的行为。

(一) 适用

1. 执行和解是双方当事人自行达成的协议，法院并未主持该协议的达成。当事人达成和解协议向法院提出的，法院将和解协议记入笔录。

注意：执行和解也可以口头，口头达成协议的，法院将当事人协议内容记入笔录，由双方签字或盖章。

2. 人民法院在执行中不进行调解。

(二) 执行和解的效力

1. 执行和解协议不具有法律上的强制执行力。

2. 执行和解协议不具有撤销原执行文书的效力。

3. 执行和解履行完毕后具有终结执行的效力。

(三) 恢复执行

1. 恢复执行的条件。

(1) 申请执行人因受欺诈、胁迫与被执行人达成和解协议，或者当事人不履行或不完全履行和解协议的；因受欺诈、胁迫而达成的和解协议，不是当事人真实意思的表示，违背了执行和解的基本原理，当事人当然可以申请恢复执行原裁判文书。

(2) 当事人申请恢复执行，执行法院不可依职权恢复执行。

2. 恢复执行的对象。恢复对原生效法律文书的执行，而不是对执行和解协议的执行。

3. 恢复执行的法律效果。人民法院恢复执行后，和解协议已履行的部分应当扣除，和解协议已经履行完毕的，人民法院应当裁定终结执行，不予恢复执行。

注意：《执行和解规定》明确赋予了申请执行人以选择权，即在被执行人不履行和解协议

---

① D　② B、C

时，申请执行人既可以申请恢复执行，也可以就履行执行和解协议提起诉讼。

在执行程序中，甲和乙自愿达成和解协议：将判决中确定的乙向甲偿还1万元人民币改为给付价值相当的化肥、农药。和解协议履行完毕后，甲以化肥质量不好向法院提出恢复执行程序。下列哪一选项是正确的？①

A. 和解协议无效，应恢复执行原判决

B. 和解协议有效，但甲反悔后应恢复执行原判决

C. 和解协议已履行完毕，应执行回转

D. 和解协议已履行完毕，法院应作执行结案处理

八、执行担保

执行担保是指在执行过程中，被执行人向人民法院提供担保，以换取暂缓执行的制度。

（一）适用条件

1. 被执行人向人民法院提出担保申请。

注意：担保的方式，可以由被执行人向人民法院提供财产担保，也可以由第三人提供物保或人保。

2. 申请执行人同意。

3. 人民法院准许。

（二）效力

1. 执行担保成立后，人民法院决定暂缓执行及暂缓执行的期限。

2. 人民法院对暂缓执行的期限的决定权有两点限制：

（1）如果担保是有期限的，暂缓执行的期限应与担保期限一致；

（2）最长不得超过1年。

（三）对被执行人不履行义务的措施

1. 被执行人或担保人对担保的财产在暂缓执行期间有转移、隐藏、变卖、毁损等行为的，人民法院可以恢复强制执行。

2. 被执行人在人民法院决定暂缓执行的期限届满后仍不履行义务的，人民法院可以依申请执行人的申请恢复执行，并直接执行担保财产，或者裁定执行担保人的财产，无须将担保人变更、追加为被执行人。

注意：为保护担保人的利益，执行担保人的财产应当注意两个方面的限度：

（1）债务限度：应以担保人应当履行的义务部分为限，且担保人的财产被执行后，可以通过诉讼对被执行人进行追偿。

（2）时间限度：超过担保期间后不再执行担保财产，担保期间自暂缓执行期限届满之日起计算，担保期间以担保书中记载为准，没有记载担保期间或记载不明的，担保期间为1年。

九、执行承担

执行承担是指在执行程序中，由于出现特殊情况，被执行人的义务由其他主体履行。法考对此考查的角度在于哪种情形下适用执行承担。这些情形与民法理论相关，较为简单，请结合民法掌握这些情形。

---

① D

（一）被执行人为公民的执行承担

作为被执行人的公民死亡的，其遗产继承人没有放弃继承的，人民法院可以裁定变更被执行人，由该继承人在遗产的范围内偿还债务。继承人放弃继承的，人民法院可以直接执行被执行人的遗产。

（二）被执行人为法人或其他组织变更时的执行承担

执行中作为被执行人的法人或者其他组织分立、合并的，其权利义务由变更后的法人或者其他组织承受；被撤销的，如果依有关实体法的规定有权利义务承受人的，可以裁定该权利义务承受人为被执行人。

（三）其他组织不履行义务的情形

其他组织在执行中不能履行法律文书确定的义务的，人民法院可以裁定执行对该组织依法承担义务的法人或者公民个人的财产。主要有以下情形：

1. 被执行人为无法人资格的私营独资企业，无能力履行法律文书确定的义务，人民法院可以裁定执行该独资企业业主的其他财产。

2. 被执行人为个人合伙组织或合伙型联营企业，无能力履行生效法律文书确定的义务，人民法院可以裁定追加该合伙组织的合伙人或参加该联营企业的法人为被执行人。

3. 被执行人为企业法人的分支机构不能清偿债务时，可以裁定企业法人为被执行人。企业法人直接经营管理的财产仍不能清偿债务的，人民法院可以裁定执行该企业法人其他分支机构的财产。

（四）在执行中，被执行的法人或其他组织名称变更情况的处理

在执行中，作为被执行人的法人或者其他组织名称变更的，人民法院可裁定变更后的法人或者其他组织为被执行人。

在以上情形中应注意：一般都可以直接裁定变更或追加执行主体，无须另外经过其他程序。

十、执行回转

执行回转是指在执行完毕后，原据以执行的判决书、裁定书或其他法律文书因确有错误而被依法撤销，对已被执行的财产，人民法院应当作出裁定，责令取得财产的人返还；拒不返还的，强制执行。执行回转是民事执行中一项必要的补救性制度，目的在于保护当事人的合法利益。

（一）适用执行回转的两种情形

1. 据以执行的判决、裁定和调解书确有错误，被人民法院撤销的，人民法院可以依职权适用执行回转。

2. 法律规定由人民法院执行的其他法律文书执行完毕后，该法律文书被有关机关依法撤销的，经当事人申请，人民法院应当适用执行回转。

（二）适用执行回转的条件

1. 执行程序已经完毕。

2. 执行根据依法被撤销。

3. 根据新的法律文书执行，即必须具有对原已作为执行根据的法律文书作出明确否定的新的法律文书。

（三）执行回转的方式

对已被执行的财产，人民法院应当作出裁定，责令取得财产的人返还；拒不返还的，强制

执行。

（四）执行回转的例外

人民法院作出并已执行的商标侵权纠纷案件或者专利权侵权纠纷案件的判决、裁定，工商行政管理部门作出并已执行的处理决定执行完毕后，即使该注册商标被撤销或者专利权被宣告无效，也不存在执行回转的问题。但是因商标注册人或专利权人恶意给他人造成的损失，应当给予赔偿。同时，如不返还专利侵权赔偿金、专利使用费、专利转让费明显违背公平原则的，应当全部或者部分返还。

注意：其实与其说这是执行回转的例外，倒不如说这不满足执行回转的条件，因为该注册商标或者专利权被宣告无效，也不存在新的执行根据。

十一、代位申请执行

被执行人不能清偿债务，但对第三人享有到期债权的，人民法院可依申请执行人或被执行人的申请，通知该第三人向申请执行人履行债务。

（一）适用条件

1. 被执行人不能清偿债务，但对第三人享有到期债权。
2. 依申请执行人或被执行人的申请（注意：两个主体都可以申请代位）。

注意：人民法院必须依申请才能通知第三人履行债务，而不能依职权主动通知。

（二）人民法院通知的效力

1. 第三人在收到通知后15日内向申请执行人履行债务。
2. 第三人在收到通知后15日内向执行法院提出异议。

（三）第三人异议

1. 必须在法定期间内（15日内）提出异议。
2. 第三人的异议一般采用书面形式，但也可以口头提出。
3. 人民法院对第三人的异议不进行审查。

注意：第三人提出自己没有履行能力或自己与申请执行人无直接法律关系的，不属于异议。

4. 经有效异议，人民法院不得对第三人强制执行。
5. 第三人提出部分异议的，对其承认的部分可以强制执行。

（四）对第三人的措施

1. 如果第三人收到履行通知后不提出异议，也不履行的，人民法院可以强制执行。
2. 第三人收到人民法院要求其履行到期债务的通知后，擅自向被执行人履行，人民法院应当责令追回；不能追回的，除在已履行的范围内与被执行人承担连带清偿责任外，还可以追究其妨害执行的责任。
3. 在对第三人作出强制执行裁定后，第三人确无财产可供执行的，不得就第三人对他人享有的到期债权强制执行，即不得再代位执行。

甲公司对乙公司的50万元债权经法院裁判后进入到强制执行程序，被执行人乙公司不能清偿债务，但对第三人（即丙公司）享有30万元的到期债权。甲公司欲申请法院对被执行人的到期债权予以执行。关于该执行程序，下列哪些选项是错误的？①

A. 丙公司应在接到法院发出的履行到期债务通知后的30日内，向甲公司履行债务或提出

① A、B、C、D

异议

B. 丙公司如果对法院的履行通知提出异议，必须采取书面方式

C. 丙公司在履行通知指定的期间内提出异议的，法院应当对提出的异议进行审查

D. 在对丙公司作出强制执行裁定后，丙公司确无财产可供执行，法院可以就丙公司对他人享有的到期债权强制执行

十二、参与分配

参与分配是指在执行过程中，因债务人的财产不足以清偿多个债权人的债权，申请执行人以外的其他债权人凭借有效的执行根据加入已经开始的执行过程中，使各个债权能够公平受偿的制度。其与破产非常类似，其核心区别在于破产主要适用于法人，而参与分配适用于其他组织和自然人。

（一）参与分配适用的条件

1. 被执行人的财产无法清偿所有债权。

2. 被执行人为自然人或其他组织，而非法人。

3. 有多个申请人对同一被申请人享有债权。

4. 申请人必须取得生效的执行根据，起诉后尚未获得生效判决的债权人不具备参与分配的资格。

注意：对人民法院查封、扣押、冻结的财产有优先权、担保物权的债权人，可以直接申请参与分配，主张优先受偿权。

5. 参与分配的债权只限于金钱债权。

6. 参与分配必须发生在执行程序开始后，被执行人的财产清偿完毕之前。

（二）财产分配方案的制定和实施

参与分配制度应当由申请执行人向法院提出申请。主持参与分配的法院应当是对债务人首先采取查封、扣押或冻结措施的法院。参与分配开始后，执行法院应当制作财产分配方案，具体制定和实施步骤如下：

1. 执行法院应当制作财产分配方案，并送达各债权人和被执行人，债权人或者被执行人对分配方案存异议的，应当自收到分配方案之日起 15 日内向执行法院提出书面异议。

2. 债权人或者被执行人对分配方案提出书面异议的，执行法院应当通知未提出异议的债权人或被执行人。

3. 未提出异议的债权人或被执行人可以对此提出反对意见，根据其是否提出反对意见，有不同的处理方式：

（1）未提出异议的债权人、被执行人收到通知之日起 15 日内未提出反对意见的，执行法院依异议人的意见对分配方案审查修正后进行分配；

（2）未提出异议的债权人、被执行人收到通知之日起 15 日内提出反对意见的，应当通知异议人。异议人可以自收到通知之日起 15 日内，以提出反对意见的债权人、被执行人为被告，向执行法院提起诉讼；异议人逾期未提起诉讼的，执行法院依原分配方案进行分配，并送达各债权人和被执行人。

十三、执行中止和执行终结

（一）执行中止

执行过程中遇到特殊情况造成执行暂时无法执行或无须执行的，可中止执行。

有下列情形之一的，人民法院应当裁定中止执行：

1. 申请人表示可以延期执行的。

2. 案外人对执行标的提出确有理由的异议的。

3. 作为一方当事人的公民死亡，需要等待继承人继承权利或者承担义务的。

4. 作为一方当事人的法人或者其他组织终止，尚未确定权利义务承受人的。

5. 人民法院认为应当中止执行的其他情形。“其他情形”具体包括：

（1）人民法院已受理以被执行人为债务人的破产申请的；

（2）被执行人确无财产可供执行的；

（3）执行的标的物是其他法院或仲裁机构正在审理的案件争议标的物，需要等待该案件审理完毕确定权属的；

（4）一方当事人申请执行仲裁裁决，另一方当事人申请撤销仲裁裁决的；

（5）仲裁裁决的被申请执行人依据《民事诉讼法》第244条第2款的规定向人民法院提出不予执行请求，并提供适当担保的。

（二）执行终结

执行过程中遇到特殊情况造成执行不能再继续进行的，则终结执行。

有下列情形之一的，人民法院裁定终结执行：

1. 申请人撤销申请的。

注意： 因撤销申请而终结执行后，当事人在申请执行时效期间内再次申请执行的，人民法院应当受理。

2. 据以执行的法律文书被撤销的。

3. 作为被执行人的公民死亡，无遗产可供执行，又无义务承担人的。

4. 追索赡养费、扶养费、抚养费案件的权利人死亡的。

注意： 义务人死亡不一定产生执行终结的效力，这里不同于审判中的诉讼终结。

5. 作为被执行人的公民因生活困难无力偿还借款，无收入来源，又丧失劳动能力的。

6. 人民法院认为应当终结执行的其他情形。

注意： 在执行终结6个月内，被执行人或者其他人对已执行的标的有妨害行为的，人民法院可以依申请排除妨害，并可以对妨害人进行罚款、拘留处罚。因妨害行为给执行债权人或者其他人造成损失的，受害人可以另行起诉。

十四、执行措施

《民事诉讼法》对于执行措施的规定是非常繁杂的，但在法考中对其所考查的力度却是较小的，因此我们对此只需要把握其重点，而对于其他条文建议稍微阅读一下相关法条即可。

（一）迟延履行利息和迟延履行金

1. 被执行人未按判决、裁定和其他法律文书指定的期间履行给付金钱义务的，应当加倍支付迟延履行期间的债务利息。

2. 被执行人未按判决、裁定和其他法律文书指定的期间履行其他义务（非金钱给付义务）的，应当支付迟延履行金。

注意： 被执行人未按判决、裁定和其他法律文书指定的期间履行非金钱给付义务的，无论是否已给申请执行人造成损失，都应当支付迟延履行金。已经造成损失的，双倍补偿申请执行人已经受到的损失；没有造成损失的，迟延履行金可以由人民法院根据具体案件情况决定。

（二）限制出境

1. 限制出境的对象。

（1）被执行人为单位的，可以对其法定代表人、主要负责人或者影响债务履行的直接责任人员限制出境；

（2）被执行人为无民事行为能力人或者限制民事行为能力人的，可以对其法定代理人限制出境。

2. 限制出境的解除。

（1）在限制出境期间，被执行人履行法律文书确定的全部债务的，执行法院应当及时解除限制出境措施；

（2）被执行人提供充分、有效的担保或者申请执行人同意的，可以解除限制出境措施。

注意：限制出境的采用可以依申请，也可以依职权而启动。

（三）报告财产

1. 报告的原因。被执行人未按执行通知履行法律文书确定的义务。

2. 报告内容。应当报告当前以及收到执行通知之日前1年的财产情况。

3. 报告范围。金钱、不动产、动产、财产性权利。

4. 拒报、虚报后果。可以根据情节轻重对被执行人或者其法定代理人、有关单位的主要负责人或者直接责任人员予以罚款、拘留。

（四）拘传

1. 拘传的对象。对必须接受调查询问的被执行人、被执行人的法定代表人、负责人或者实际控制人。

2. 拘传的条件。经依法传唤无正当理由拒不到场。

3. 时间限制。人民法院应当及时对被拘传人进行调查询问，调查询问的时间不得超过8小时；情况复杂，依法可能采取拘留措施的，调查询问的时间不得超过24小时。

4. 异地拘传。人民法院在本辖区以外采取拘传措施时，可以将被拘传人拘传到当地人民法院，当地人民法院应予协助。

（五）搜查

1. 搜查的前提条件。在执行中，被执行人隐匿财产、会计账簿等资料，人民法院责令被执行人交出，而被执行人拒不交出。

2. 搜查的程序要求。人民法院搜查时禁止无关人员进入搜查现场；搜查对象是公民的，应当通知被执行人或者他的成年家属以及基层组织派员到场；搜查对象是法人或者其他组织的，应当通知法定代表人或者主要负责人到场。拒不到场的，不影响搜查。

注意：搜查妇女身体，应当由女执行人员进行。搜查被执行人的财产，由院长签发搜查令。

3. 搜查笔录的制作。搜查应当制作搜查笔录，由搜查人员、被搜查人及其他在场人签名、捺印或者盖章。拒绝签名、捺印或者盖章的，应当记入搜查笔录。

（六）选定代履行人履行行为义务

1. 选定的前提条件。被执行人不履行生效法律文书确定的行为义务，该义务可由他人完成的，人民法院可以选定代履行人。

2. 代履行人的选定。法律、行政法规对履行该行为义务有资格限制的，应当从有资格的人中选定。必要时，可以通过招标的方式确定代履行人。申请执行人可以在符合条件的人中推荐代履行人，也可以申请自己代为履行，是否准许，由人民法院决定。

3. 代履行费用的确定。代履行费用的数额由人民法院根据案件具体情况确定，并由被执行人在指定期限内预先支付。被执行人未预付的，人民法院可以对该费用强制执行。

（七）纳入失信名单，通报征信系统记录不履行义务信息

被执行人不履行法律文书确定的义务的，人民法院除对被执行人予以处罚外，还可以根据情节将其纳入失信被执行人名单，将被执行人不履行或者不完全履行义务的信息向其所在单位、征信机构以及其他相关机构通报。

（八）限制被执行人高消费

被执行人未按执行通知书指定的期间履行生效法律文书确定的给付义务的，人民法院可以限制其高消费，禁止被执行人及其法定代表人、主要负责人、影响债务履行的直接责任人以被执行人的财产支付下列行为：（1）乘坐交通工具时选择飞机、列车软卧、轮船二等以上舱位；（2）在星级以上宾馆、酒店、夜总会、高尔夫球场等场所进行高消费；（3）购买不动产或者新建、扩建、高档装修房屋；（4）租赁高档写字楼、宾馆、公寓等场所办公；（5）购买非经营必需车辆；（6）旅游、度假；（7）子女就读高收费私立学校；（8）支付高额保费购买保险理财产品；（9）其他非生活和工作必需的高消费行为。

注意：限制高消费的执行措施可以由债权人向人民法院申请启动，也可以由人民法院自行依职权启动。人民法院决定限制高消费的，应当向被执行人发出限制高消费令。被执行人违反限制高消费令进行消费的行为属于拒不履行人民法院已经发生法律效力的判决、裁定的行为，经查证属实的，依法予以拘留、罚款；情节严重，构成犯罪的，追究其刑事责任。

（九）执行措施中的一些特殊规定

1. 不得查封、扣押、冻结的财产。

（1）被执行人及其所扶养家属生活所必需的衣服、家具、炊具、餐具及其他家庭生活必需的物品。

（2）被执行人及其所扶养家属所必需的生活费用。当地有最低生活保障标准的，必需的生活费用依照该标准确定。

（3）被执行人及其所扶养家属完成义务教育所必需的物品。

（4）未公开的发明或者未发表的著作。

（5）被执行人及其所扶养家属用于身体缺陷所必需的辅助工具、医疗物品。

（6）被执行人所得的勋章及其他荣誉表彰的物品。

（7）根据缔结条约程序法，以中华人民共和国、中华人民共和国政府或者中华人民共和国政府部门名义同外国、国际组织缔结的条约、协定和其他具有条约、协定性质的文件中规定免于查封、扣押、冻结的财产。

（8）法律或者司法解释规定的其他不得查封、扣押、冻结的财产。

注意：a. 对被执行人及其所扶养家属生活所必需的居住房屋，人民法院可以查封，但不得拍卖、变卖或者抵债。

b. 被执行人为金融机构的，对其交存在人民银行的存款准备金和备付金不得冻结和扣划，但对其在本机构、其他金融机构的存款，及其在人民银行的其他存款可以冻结、划拨，并可对被执行人的其他财产采取执行措施，但不得查封其营业场所。

c. 财产被查封、扣押后，被执行人逾期不履行的，人民法院应当拍卖被查封、扣押的财产；不适于拍卖或当事人双方同意不进行拍卖的，人民法院可以委托有关单位变卖或者自行变卖。

执行法院对下列哪些财产不得采取执行措施？[①]

A. 被执行人未发表的著作

B. 被执行人及其所扶养家属完成义务教育所必需的物品

C. 金融机构交存在中国人民银行的存款准备金和备付金

D. 金融机构的营业场所

---

① A、B、C、D

专题二十二　涉外民事诉讼程序

涉外民事诉讼程序，是指民事诉讼的当事人、引起民事法律关系的设立、变更、终止的法律事实发生在外国，或者诉讼标的物在外国的民事案件。涉外民事诉讼案件在管辖、期间、送达等方面都有其不同于国内诉讼的特点，而这些特殊性就成了法考的命题点。本专题在法考中每年必考一题，从未轮空，考生只需特别关注涉外民事诉讼的特殊性即可，尤其是管辖和期间问题，司法协助很少考查，可以简单掌握。

码上揭秘

一、涉外民事诉讼管辖

涉外民事诉讼也应当遵循《民事诉讼法》第 2 章关于管辖的规定，但《民事诉讼法》也为涉外民事诉讼案件规定了管辖上的一些特殊规定，敬请把握。

（一）牵连管辖

在涉外财产案件中，与该案件具有牵连关系的地点的法院即有管辖权，具体而言，需要注意：

1. 适用范围。因合同纠纷或者其他财产权益纠纷，被告为在中华人民共和国领域内没有住所的当事人。

注意：如果是对在中华人民共和国领域内没有住所的被告提出的身份之诉呢？直接适用被告就原告规则。

2. 适用条件。合同在中华人民共和国领域内签订或者履行，或者诉讼标的物在中华人民共和国领域内，或者被告在中华人民共和国领域内有可供扣押的财产，或者被告在中华人民共和国领域内设有代表机构。

3. 管辖法院确定。案件可以由合同签订地、合同履行地、诉讼标的物所在地、可供扣押财产所在地、侵权行为地或者代表机构住所地人民法院管辖。

（二）涉外专属管辖

1. 适用范围。因在中华人民共和国履行中外合资经营企业合同、中外合作经营企业合同、中外合作勘探开发自然资源合同发生纠纷提起的诉讼。

2. 专属于中华人民共和国人民法院管辖。

注意：如果外国法院对上述三类合同纠纷进行了审理该怎么处理？我国的做法是中国法院不承认，中国法院不执行。

3. 专属管辖并不影响当事人选择仲裁的权利，对于这些案件，当事人仍然可以选择仲裁，而且可以选择外国仲裁机构进行仲裁。

住所位于我国 A 市 B 区的甲公司与美国乙公司在我国 M 市 N 区签订了一份买卖合同，美国乙公司在我国 C 市 D 区设有代表处。甲公司因乙公司提供的产品质量问题诉至法院。关于本案，下列哪些选项是正确的？①

---

① A、B、C、D

A. M市N区法院对本案有管辖权

B. C市D区法院对本案有管辖权

C. 法院向乙公司送达时，可向乙公司设在C市D区的代表处送达

D. 如甲公司不服一审判决，应当在一审判决书送达之日起十五日内提起上诉

二、期间与送达

（一）涉外民事诉讼的期间

1. 答辩期间。被告在我国境内没有住所的，在收到起诉状副本后30日内提出答辩状。被告申请延期的，是否准许由人民法院决定。

注意：（1）这里采用的是住所标准，而非国籍标准。

（2）国内诉讼被告的答辩期为15日，而且不能申请延长。

2. 上诉期间。在我国境内没有住所的当事人，不服第一审人民法院的判决、裁定的，有权在判决书、裁定书送达之日起30日内提起上诉。当事人不能在法定期间内提起上诉，申请延期的，是否准许，由人民法院决定。

注意：这里采用的依然是住所标准，且对于居住在我国领域内的当事人一方的上诉期限依旧适用判决15日、裁定10日的上诉期限。双方的上诉期均已届满没有上诉的，第一审人民法院的判决，裁定即发生法律效力，即后一个30日为准。

3. 诉前财保后的起诉期限。采取诉前财产保全后30天内提起诉讼，这一点和国内是一致的。

注意：涉外民诉的保全与国内民诉的保全规则相一致，参照国内进行记忆即可。

4. 审理期限。人民法院审理涉外民事案件，不受一审、二审审限的限制。

【关联考点】人民法院对涉外民事案件的当事人申请再审进行审查的期间，也不受3个月审查期的限制。

5. 公告送达期限。3个月（国内：30日）。

关于涉外民事诉讼，下列哪一选项是正确的？①

A. 涉外民事诉讼中的司法豁免是无限的

B. 当事人可以就涉外合同纠纷或者涉外财产权益纠纷协议确定管辖法院

C. 涉外民事诉讼中，双方当事人的上诉期无论是不服判决还是不服裁定一律都是30日

D. 对居住在国外的外国当事人，可以通过我国住该国的使领馆代为送达诉讼文书

（二）送达方式

《民事诉讼法》第274条规定了如下送达方式：

1. 依照受送达人所在国与中华人民共和国缔结或者共同参加的国际条约中规定的方式送达。

2. 通过外交途径送达。

3. 对具有中华人民共和国国籍的受送达人，可以委托中华人民共和国驻受送达人所在国的使领馆代为送达。

4. 向受送达人委托的有权代其接受送达的诉讼代理人送达。

---

① B

5. 向受送达人在中华人民共和国领域内设立的代表机构或者有权接受送达的分支机构、业务代办人送达。

6. 受送达人所在国的法律允许邮寄送达的，可以邮寄送达，自邮寄之日起满3个月，送达回证没有退回，但根据各种情况足以认定已经送达的，期间届满之日视为送达；自邮寄之日起满3个月，如果未收到送达的证明文件，且根据各种情况不足以认定已经送达的，视为不能用邮寄方式送达。

7. 采用传真、电子邮件等能够确认受送达人收悉的方式送达。

8. 不能用上述方式送达的，公告送达，自公告之日起满3个月，即视为送达。

三、涉外仲裁

1. 涉外仲裁中保全的管辖法院。被申请人住所地或者财产所在地的中级人民法院。

注意：涉外仲裁机构将当事人的保全申请提交人民法院裁定的，人民法院可以进行审查，裁定是否进行保全。裁定保全的，应当责令申请人提供担保，申请人不提供担保的，裁定驳回申请。

2. 执行仲裁裁决的管辖。被申请人住所地或者财产所在地的中级人民法院。

3. 涉外仲裁裁决的不予执行。《民事诉讼法》第281条规定的对中华人民共和国涉外仲裁机构作出的裁决不予执行的法定情形：

（1）当事人在合同中没有订有仲裁条款或者事后没有达成书面仲裁协议的；

（2）被申请人没有得到指定仲裁员或者进行仲裁程序的通知，或者由于其他不属于被申请人负责的原因未能陈述意见的；

（3）仲裁庭的组成或者仲裁的程序与仲裁规则不符的；

（4）裁决的事项不属于仲裁协议的范围或者仲裁机构无权仲裁的；

（5）人民法院认定执行该裁决违背社会公共利益的。

注意：与非涉外仲裁裁决不予执行的效果相同，涉外仲裁裁决被人民法院裁定不予执行的，当事人可以根据双方达成的书面仲裁协议重新申请仲裁，也可以向人民法院起诉。

中国甲公司与某国乙公司发生买卖合同纠纷，在中国仲裁过程中，乙公司申请财产保全，即要求扣押甲公司在某港口的一批机器设备。仲裁委员会对此申请应如何处理？①

A. 不予受理，告知当事人直接向有关法院提出申请

B. 审查后直接作出财产保全裁定，由有关法院执行

C. 将乙公司的申请提交甲公司所在地的中级法院裁定

D. 将乙公司的申请提交机器设备所在地的基层法院裁定

四、一般司法协助

（一）外国驻华使领馆的权利及其限制

1. 可以向该国公民送达文书和调查取证。

2. 不得违反中华人民共和国的法律。

3. 不得采取强制措施。

（二）方式

1. 人民法院提供司法协助，依照中华人民共和国法律规定的程序进行。

---

① C

2. 外国法院请求采用特殊方式的，也可按照其请求的特殊方式进行，但该特殊方式不得违反中华人民共和国法律。

五、对裁判和仲裁裁决的承认与执行

（一）对外国法院生效裁判的承认与执行

外国法院作出的发生法律效力的判决、裁定，需要中华人民共和国人民法院承认和执行的，依照下面的方式进行：

1. 申请或请求。

（1）由当事人直接向中华人民共和国有管辖权的中级人民法院申请承认和执行；

（2）也可以由外国法院依照该国与中华人民共和国缔结或者参加的国际条约的规定，或者按照互惠原则，请求人民法院承认和执行。

2. 人民法院审查——裁定——发出执行令。人民法院审查认为不违反中华人民共和国法律的基本原则或者国家主权、安全、社会公共利益的，裁定承认其效力，需要执行的，发出执行令。

（二）对外国仲裁裁决的承认和执行

1. 申请——由当事人直接申请。

2. 管辖——被执行人住所地或者其财产所在地的中级人民法院。

（三）我国判决、裁定在外国的承认与执行

人民法院作出的发生法律效力的判决、裁定，如果被执行人或其财产不在中华人民共和国领域内，按以下方式进行：

1. 当事人申请。由当事人直接向有管辖权的外国法院申请承认和执行。

2. 人民法院请求。由人民法院请求外国法院承认和执行。

（四）我国涉外仲裁裁决的承认与执行

我国涉外仲裁裁决的承认与执行，只能由当事人向外国法院申请。

【记忆规律】综上可见，就法院的裁判在异国的承认与执行，可由当事人或法院提出申请或请求；就仲裁裁决在异国的承认与执行，则只能由当事人向有管辖权的法院提出申请。

中国公民甲与外国公民乙因合同纠纷诉至某市中级法院，法院判决乙败诉。判决生效后，甲欲请求乙所在国家的法院承认和执行该判决。关于甲可以利用的途径，下列哪些说法是正确的？①

A. 可以直接向有管辖权的外国法院申请承认和执行

B. 可以向中国法院申请，由法院根据我国缔结或者参加的国际条约，或者按照互惠原则，请求外国法院承认和执行

C. 可以向司法行政部门申请，由司法行政部门根据我国缔结或者参加的国际条约，或者按照互惠原则，请求外国法院承认和执行

D. 可以向外交部门申请，由外交部门向外国中央司法机关请求协助

---

① A、B

专题二十三 仲裁与仲裁法概述

码上揭秘

仲裁是指发生争议的双方当事人，根据其在争议发生之前或争议发生之后所达成的协议，自愿将该争议提交中立的第三者进行裁判的争议解决制度和方式。民事仲裁程序和民事诉讼程序一样，都需要当事人的意志来启动。仲裁程序启动的两个前提要素是：争议事项属于仲裁范围和合法、有效的仲裁协议。仲裁范围首先解决了争议事项能否进行仲裁的问题，而仲裁协议的效力是仲裁协议的核心。本专题对《仲裁法》上述的两个前提要素之一，即仲裁范围加以介绍，进而介绍《仲裁法》的基本制度，为后期仲裁程序的学习打下基础。考生学习仲裁程序，需要特别关注仲裁程序与诉讼程序的区别，这是得分的关键。

一、仲裁范围

在我国，并不是所有的民事纠纷都可以仲裁，只有平等主体的公民、法人和其他组织之间发生的合同纠纷和其他财产权益纠纷，才可以仲裁。《仲裁法》特别规定了以下两类事项不得仲裁：

1. 婚姻、收养、监护、扶养与继承纠纷，简称“身份关系不仲裁”。
2. 依法应当由行政机关处理的行政争议。

以上表明，属于仲裁范围的事项当然属于民事诉讼主管的范围，但属于民事诉讼主管范围的事项不一定属于仲裁范围。

注意：劳动争议和农业集体经济组织内部的农业承包合同纠纷可以仲裁，但不适用于《仲裁法》。

二、仲裁法的基本制度

1. 协议仲裁制度。仲裁协议是当事人仲裁意愿的体现。当事人申请仲裁、仲裁委员会受理仲裁案件以及仲裁庭对仲裁案件的审理和裁决都必须依据双方当事人之间所订立的有效的仲裁协议，没有仲裁协议就没有仲裁制度，有效的仲裁协议是仲裁程序的前提。

2. 或裁或审制度。仲裁与诉讼是两种不同的争议解决方式，对于当事人之间发生的合同纠纷或其他财产权益纠纷，只能由双方当事人在仲裁或者诉讼中选择其一加以采用。有效的仲裁协议即可排斥法院对案件的司法管辖权，只有在没有仲裁协议或者仲裁协议无效的情况下，法院才可以行使司法管辖权予以审理。

3. 一裁终局制度。我国《仲裁法》明确规定，仲裁实行一裁终局制度，即仲裁裁决一经仲裁庭作出，即为终局裁决，立即发生效力。仲裁裁决作出后，当事人就同一纠纷再申请仲裁或者向人民法院起诉，仲裁委员会或者人民法院不予受理。当事人应当自动履行仲裁裁决，一方当事人不履行的，另一方当事人可以向法院申请强制执行。

三、仲裁委员会与仲裁规则

1. 仲裁委员会的设立机制。仲裁委员会可以在直辖市和省、自治区人民政府所在地的市设立，也可以根据需要在其他设区的市设立，不按照行政区划层层设立。

2. 仲裁规则。仲裁规则是指进行仲裁程序所应遵循和适用的规范，本身属于任意性较强的行为规范。

注意：仲裁规则和仲裁法的关系：

(1) 两者都是仲裁中的行为规范；

(2) 仲裁规则不同于仲裁法，它可以由仲裁机构制定，有些内容还允许当事人自行约定；

(3) 仲裁规则不得违反仲裁法中的强制性规定。

专题二十四　仲裁协议

本专题我们学习仲裁程序启动的第二个前提要素——仲裁协议，其中仲裁协议的效力是仲裁协议的核心。有效的仲裁协议是仲裁程序的前提，因此我们又把仲裁制度称为“协议仲裁制度”。在本专题中，我们会学习仲裁协议的形式、内容、效力的体现，以及仲裁协议无效和效力的继受等问题。考生可以结合并对比合同法的一些规定进行记忆。本专题的整体难度不大，考生需要重点掌握仲裁协议的效力这一考点。

码上揭秘

一、仲裁协议的形式与内容

属于仲裁范围的纠纷，不一定必然能够提交仲裁，必须要有双方当事人的仲裁协议。这与民事诉讼是不同的，提起民事诉讼无须与对方达成协议，也就是说，仲裁协议是申请仲裁的前提。

（一）仲裁协议的形式

1. 仲裁协议必须是书面形式。所谓书面形式，包括合同中订立的仲裁条款，以合同书、信件和数据电文（电报、电传、传真、电子数据交换和电子邮件）等形式达成的请求仲裁的协议。

2. 仲裁协议可以是当事人在合同中订立的仲裁条款，也可以是以其他书面方式在纠纷发生前或者纠纷发生后达成的请求仲裁的协议。

【归纳总结】讲到这里，民事诉讼所有考点中的必须书面我们都讲到了。现在加以总结，大家必须记住。民事诉讼中常见的必须书面的有如下几个：管辖权异议、协议管辖、书证的提出命令，不予受理的裁定、上诉、申请查阅生效文书、支付令的异议、执行行为异议、案外人对执行标的的异议、仲裁协议等。

（二）仲裁协议应当具有的内容

1. 请求仲裁的双方共同的意思表示。这一点在考试中不用考虑。

2. 仲裁事项。关键注意身份关系不仲裁。

注意：当事人概括约定仲裁事项为合同争议的，基于合同成立、效力、变更、转让、履行、违约责任、解释、解除等产生的纠纷都可以认定为仲裁事项。

3. 选定的仲裁委员会，即约定要明确、具体：

（1）仲裁机构名称不准确，但能够确定具体的仲裁机构的，有效。

（2）仅约定纠纷适用的仲裁规则的，但当事人达成补充协议或按仲裁规则能够确定仲裁机构的，有效。

（3）约定两个以上仲裁机构的，当事人可以协议选择其中一个仲裁机构申请仲裁。

（4）约定由某地的仲裁机构仲裁且该地仅有一个仲裁机构的，该仲裁机构视为约定的仲裁机构。该地有两个以上仲裁机构的，当事人可以协议选择其中的一个仲裁机构申请仲裁；当事人不能就仲裁机构选择达成一致的，仲裁协议无效。

（5）约定争议可以向仲裁机构申请仲裁也可以向人民法院起诉的，仲裁协议无效。但一方向仲裁机构申请仲裁，另一方未在仲裁庭首次开庭前提出异议的除外。

（三）仲裁协议的内容欠缺对于仲裁协议效力的影响

如果仲裁协议对仲裁事项或者仲裁委员会没有约定或者约定不明确的，当事人可以补充协议；达不成补充协议的，仲裁协议无效。

二、仲裁协议的效力

（一）仲裁协议的效力体现

1. 对人效力——约束当事人仲裁选择权。当事人达成了仲裁协议，根据诚实信用原则，纠纷产生后应当采用仲裁的方式解决争议。

2. 对法院效力——排斥司法管辖权。有效的仲裁协议排斥法院管辖。

【相关法条】《仲裁法》第26条规定：当事人达成仲裁协议，一方向人民法院起诉未声明有仲裁协议，人民法院受理后，另一方在首次开庭前提交仲裁协议的，人民法院应当驳回起诉，但仲裁协议无效的除外；另一方在首次开庭前未对人民法院受理该案提出异议的，视为放弃仲裁协议，人民法院应当继续审理。

3. 对仲裁机构效力——限定了仲裁范围，仲裁机构进行仲裁，应当以仲裁协议内的事项为准，不能超出协议事项范围而仲裁，否则会出现仲裁裁决"部分有效，部分无效"的后果，即协议范围内的部分有效，超裁部分无效。

甲公司因与乙公司合同纠纷申请仲裁，要求解除合同。某仲裁委员会经审理裁决解除双方合同，还裁决乙公司赔偿甲公司损失六万元。关于本案的仲裁裁决，下列哪些表述是正确的？①

A. 因仲裁裁决超出了当事人请求范围，乙公司可申请撤销超出甲公司请求部分的裁决

B. 因仲裁裁决超出了当事人请求范围，乙公司可向法院提起诉讼

C. 因仲裁裁决超出了当事人请求范围，乙公司可向法院申请再审

D. 乙公司可申请不予执行超出甲公司请求部分的仲裁裁决

（二）仲裁条款的独立性

合同的变更、解除、终止或者无效，合同成立后未生效或者被撤销的，不影响仲裁协议的效力。

注意：（1）当事人在订立合同时就争议达成仲裁协议的，即使合同未成立，也不影响仲裁协议的效力。

（2）如果双方达成仲裁协议后，又协议解除了仲裁协议的，则该仲裁协议不再存在。

武当公司与洪湖公司签订了一份钢材购销合同，同时约定，因合同效力或合同的履行发生纠纷提交A仲裁委员会或B仲裁委员会仲裁解决。合同签订后，洪湖公司以本公司具体承办人超越权限签订合同为由，主张合同无效。关于本案，下列哪一说法正确？②

A. 因当事人约定了2个仲裁委员会，仲裁协议当然无效

B. 因洪湖公司承办人员超越权限签订合同导致合同无效，仲裁协议当然无效

C. 洪湖公司如向法院起诉，法院应当受理

D. 洪湖公司如向法院起诉，法院应当裁定不予受理

（三）仲裁协议效力的异议

1. 提出时间。

---

① A、D　② C

（1）当事人对仲裁协议的效力有异议的，应当在仲裁庭或法院首次开庭前提出。

（2）当事人在仲裁庭首次开庭前没有对仲裁协议的效力提出异议，而后向人民法院申请确认仲裁协议无效的，人民法院不予受理。

注意：对于仲裁协议的效力异议只能在此时提出，当事人在仲裁程序中未对仲裁协议的效力提出异议，在仲裁裁决作出后以仲裁协议无效为由主张撤销仲裁裁决或者提出不予执行抗辩的，人民法院不予支持。

2. 确认机关。

（1）人民法院和仲裁委员会都有确认权。

（2）人民法院的确认权。

申请确认仲裁协议效力的案件，由仲裁协议约定的仲裁机构所在地、仲裁协议签订地、申请人住所地、被申请人住所地的中级人民法院或者专门人民法院管辖。

（3）人民法院的确认权（使用裁定）优先。一方请求仲裁委员会作出决定，另一方请求人民法院作出裁定的，由人民法院裁定。

注意：这里还有一个条件是：人民法院受理当事人要求确认仲裁协议的效力的请求时，仲裁委员会对于仲裁协议的效力并未作出决定，也没有依法对仲裁的民事纠纷作出裁决。

【关联法条】《最高人民法院关于适用〈中华人民共和国仲裁法〉若干问题的解释》第13条第2款规定：仲裁机构对仲裁协议的效力作出决定后，当事人向人民法院申请确认仲裁协议效力或者申请撤销仲裁机构的决定的，人民法院不予受理。

3. 法院确认仲裁协议效力程序中的相关问题。

（1）人民法院审理仲裁协议效力确认案件，应当组成合议庭进行审查，并询问当事人。

（2）对涉外仲裁协议的效力审查，适用当事人约定的法律；当事人没有约定适用的法律但约定了仲裁地的，适用仲裁地法律；没有约定适用的法律也没有约定仲裁地或者仲裁地约定不明的，适用法院地法律。

（四）仲裁协议的效力承继

1. 当事人合并、分立的。当事人订立仲裁协议后合并、分立的，仲裁协议对其权利义务的继受人有效。当事人订立仲裁协议时另有约定的除外。

2. 当事人死亡的。当事人订立仲裁协议后死亡的，仲裁协议对承继其仲裁事项中的权利义务的继承人有效。当事人订立仲裁协议时另有约定的除外。

3. 债权债务转让的。债权债务全部或者部分转让的，仲裁协议对受让人有效，但当事人另有约定、在受让债权债务时受让人明确反对或者不知有单独仲裁协议的除外。

A市甲公司与B市乙公司在B市签订了一份钢材购销合同，约定合同履行地在A市。同时双方还商定因履行该合同所发生的纠纷，提交C仲裁委员会仲裁。后因乙公司无法履行该合同，经甲公司同意，乙公司的债权债务转让给D市的丙公司，但丙公司明确声明不接受仲裁条款。关于本案仲裁条款的效力，下列哪些选项是错误的？①

A. 因丙公司已明确声明不接受合同中的仲裁条款，所以仲裁条款对其无效

B. 因丙公司受让合同中的债权债务，所以仲裁条款对其有效

C. 丙公司声明只有取得甲公司同意，该仲裁条款对丙公司才无效

D. 丙公司声明只有取得乙公司同意，该仲裁条款对丙公司才无效

---

① B、C、D

（五）仲裁协议的无效情形

不符合仲裁协议的内容或形式要求的仲裁协议都无效，下面列出几个典型的无效情形：

1. 口头形式仲裁协议。

2. 约定的仲裁事项超出法律规定的仲裁范围的。

3. 无民事行为能力人或者限制民事行为能力人订立的仲裁协议。

4. 一方采取胁迫手段，迫使对方订立仲裁协议的。

5. 仲裁协议对仲裁事项或者仲裁委员会没有约定或者约定不明确的，当事人又达不成补充协议的。

6. 当事人约定争议可以向仲裁机构申请仲裁也可以向人民法院起诉的，仲裁协议无效。但一方向仲裁机构申请仲裁，另一方未在仲裁庭首次开庭前提出异议的除外。

（六）仲裁协议的失效

1. 当事人协议放弃已签订的仲裁协议，而使该仲裁协议失效。放弃的方式有三种：

（1）当事人通过书面形式明确表示放弃仲裁协议；

（2）当事人通过书面形式变更了争议解决方式；

（3）双方当事人通过起诉、应诉不提出异议的行为放弃仲裁协议。

2. 基于仲裁协议，仲裁庭作出的仲裁裁决被法院裁定撤销或不予执行，该仲裁协议失效。

3. 基于仲裁协议，仲裁庭已对仲裁协议所约定的全部争议事项作出仲裁裁决。

4. 附期限的仲裁协议因期限的届满而失效。

下列哪些仲裁协议为无效或失效？①

A. 甲、乙两公司签订合同，并约定了仲裁条款。后合同双方又签订补充协议，约定“如原合同或补充协议履行发生争议，双方协商解决或向法院起诉解决”

B. 双方当事人在合同中约定：“因本合同履行发生的争议，双方当事人既可向南京仲裁委员会申请仲裁，也可向南京市鼓楼区法院起诉”

C. 甲、乙两公司在双方合同纠纷的诉讼中对法官均不满意，双方商量先撤诉后仲裁。甲公司向法院提出了撤诉申请，法院裁定准许撤诉。此后甲乙两公司签订了仲裁协议，约定将该合同纠纷提交某仲裁委员会仲裁

D. 丙、丁两公司签订的合同中规定了内容齐全的仲裁条款，但该合同内容违反法律禁止性规定

---

① A、B

专题二十五　仲裁程序

在仲裁程序的考点分布中，本专题的内容是最为重要的，因此考生应该对本专题给予高度重视。仲裁程序的进行阐述了进入仲裁程序以后，仲裁委员会如何组织双方当事人进行仲裁，解决纠纷所遵循的具体规则。法考在本专题的重要考点主要有仲裁员的回避、财产保全与证据保全、仲裁开庭与仲裁结果（裁决、调解）、法院对仲裁的支持和监督等，考生对于本专题的学习，最重要的是要对比诉讼进行记忆。

码上揭秘

一、仲裁保全

根据《仲裁法》和《民事诉讼法》的规定，仲裁保全包括财产保全和证据保全，并可以划分为仲裁前保全和仲裁中保全。

（一）财产保全

1. 仲裁前财产保全。

（1）条件。根据法律规定，仲裁前财产保全应当符合下列条件：

①必须有采取仲裁前保全的紧迫性，即情况紧急，不立即采取相应的保全措施，将会使申请人的合法权益受到难以弥补的损失。

②必须由利害关系人提出申请。仲裁前财产保全的申请人称为利害关系人。所谓利害关系人，即与被申请人发生争议，或者认为权利受到被申请人侵犯的人。

③申请人必须提供担保。

④应当向有管辖权的人民法院提出申请。根据《民事诉讼法》第104条的规定，仲裁前财产保全，由申请人向被保全财产所在地、被申请人住所地或者对案件有管辖权的人民法院提出申请。

（2）程序。

①利害关系人提出书面申请。

②利害关系人直接向民事诉讼法规定的被保全财产所在地、被申请人住所地人民法院递交财产保全申请书。

③人民法院依照《民事诉讼法》的规定对财产保全申请进行审查，并决定是否采取财产保全措施以及采取何种措施。

④申请人应当在人民法院采取保全措施后30日内依法申请仲裁。申请人未在法定期间内申请仲裁的，人民法院应当解除保全。

2. 仲裁中财产保全。

（1）申请。仲裁当事人应当向仲裁委员会递交财产保全书面申请，由仲裁委员会将当事人的申请提交人民法院。

注意：仲裁程序中不存在职权保全，而且在仲裁中当事人不能直接向法院申请，而必须向仲裁委员会申请，由仲裁委员会将申请交给相应法院。

（2）管辖。

①国内仲裁——被申请人住所地或财产所在地基层人民法院；

②涉外仲裁——被申请人住所地或财产所在地中级人民法院。

（二）证据保全

1. 仲裁前证据保全。

（1）条件。仲裁前证据保全最重要的条件是情况紧急，这是区别于仲裁中证据保全的重要标志，所谓情况紧急，是指证据灭失或者以后难以取得成为迫在眉睫的危险，利害关系人只能在申请仲裁前请求对相关证据予以强制性保护。

（2）程序。

①利害关系人提出书面申请。

②利害关系人直接向证据所在地、被申请人住所地人民法院递交证据保全申请。

③人民法院审查并作出裁定。

④对裁定保全的证据采取强制措施。

2. 仲裁中证据保全。

（1）适用条件。在证据可能灭失或者以后难以取得的情况下，这与诉讼程序是一样的。

（2）启动方式。当事人向仲裁委员会提出申请，仲裁委员会将当事人申请提交人民法院：

①仲裁委员会对于当事人的申请并无审查权；

②仲裁委员会和人民法院无权依职权决定进行证据保全；

③当事人是向仲裁委员会提交申请，再由仲裁委员会将申请提交给相应法院。

（3）管辖。

①国内仲裁：证据所在地的基层人民法院；

②涉外仲裁：证据所在地的中级人民法院。

二、仲裁庭的组成

仲裁程序较诉讼程序更体现了当事人的意思自治，仲裁庭的组成也充分体现了当事人的意思自治，表现为当事人可以约定由 1 名仲裁员独任仲裁，也可约定由 3 名仲裁员组成仲裁庭。

1. 合议仲裁庭。

（1）组成。

①合议仲裁庭是指由 3 名仲裁员组成的仲裁庭；

②合议仲裁庭应设首席仲裁员；

③在裁决不能形成多数意见时，仲裁裁决则应当按照首席仲裁员的意见作出。

注意：这一点不同于诉讼，审判中合议庭不能形成多数意见时，应当提交审判委员会讨论决定，而不能按照审判长的意见作出。

（2）确定。

①应当各自选定或者各自委托仲裁委员会主任指定 1 名仲裁员；

②第三名仲裁员由当事人共同选定或者共同委托仲裁委员会主任指定，第三名仲裁员是首席仲裁员。

2. 独任仲裁庭。

（1）组成。由 1 名仲裁员组成的仲裁庭。

（2）确定。

①应当由当事人共同选定或者共同委托仲裁委员会主任指定该独任仲裁员；

②当事人没有在仲裁规则规定的期限内选定仲裁员的，由仲裁委员会主任指定。

三、仲裁员的回避

1. 仲裁员回避的法定情形。《仲裁法》第34条规定，仲裁员有下列情形之一的，必须回避，当事人也有权提出回避申请：

（1）是本案当事人或者当事人、代理人的近亲属；

（2）与本案有利害关系；

（3）与本案当事人、代理人有其他关系，可能影响公正仲裁的；

（4）私自会见当事人、代理人，或者接受当事人、代理人的请客送礼的。

2. 回避的形式。根据法律的规定，仲裁员回避的形式包括自行回避和申请回避。

（1）自行回避。即仲裁员认为自己具有法定的回避事由，从而主动提出回避的请求。仲裁员的自行回避，应当向仲裁委员会提出。

（2）申请回避。当事人认为仲裁员具有应当回避的事由，有权提出要求该仲裁员回避的申请。当事人提出回避申请，应当说明理由，并在首次开庭前提出。回避事由在首次开庭后知道的，可以在最后一次开庭终结前提出。当事人的回避申请既可以用书面形式提出，也可以用口头形式提出。

3. 回避的决定权。

（1）仲裁员是否回避，由仲裁委员会主任决定；

（2）仲裁委员会主任担任仲裁员时的自行回避，由仲裁委员会集体决定。

4. 仲裁员回避的法律后果。因回避重新选定或者指定仲裁员后，当事人可以请求已进行的仲裁程序重新进行，但是否准许，由仲裁庭决定。仲裁庭也可以自行决定已进行的仲裁程序是否重新进行。即仲裁员回避后先前的程序效力待定，决定权在仲裁庭。

四、仲裁审理方式

在这个问题上，仲裁程序与诉讼程序的区别明显。诉讼程序原则上都应当公开进行，而且一审案件必须要开庭审理。但仲裁程序有其特点：

1. 仲裁程序的不公开。对于仲裁案件，以不公开进行为原则，公开进行为例外。只有当事人协议公开的，才可以公开进行，但涉及国家秘密的除外（即仍不公开进行）。

2. 开庭。仲裁应当开庭进行。当事人协议不开庭的，仲裁庭可以根据仲裁申请书、答辩书以及其他材料作出裁决。

五、仲裁中的调解、和解和裁决

（一）调解

仲裁程序中，也应当适用调解原则。在当事人自愿的情况下，仲裁庭应当主持调解。调解不成的，及时裁决。调解达成协议的，仲裁庭应当制作调解书或者根据协议的结果制作裁决书。

1. 调解结案的形式。调解达成协议后，可以制作调解书，也可以制作裁决书。这与诉讼程序的调解有很大区别，因为在诉讼程序中，在达成调解协议后，当事人要求制作判决书的，人民法院一般不予支持。

2. 调解书的生效。调解书由仲裁员签名，加盖仲裁委员会印章，送达双方当事人。调解书经双方当事人签收后，即发生法律效力。这就意味着在调解书签收前当事人可以反悔，此时调解书不发生效力，仲裁庭应当及时作出裁决。

注意：一旦制作了裁决书，即使是根据协议结果制作的裁决书，也是作出即生效，而无须经当事人签收才生效。

（二）和解

当事人申请仲裁后，可以自行和解，无须在仲裁庭主持下。达成和解协议的，当事人有如下两种方式可以选择：

1. 请求仲裁庭根据和解协议作出裁决书。

注意：这里不同于审判中的和解，在审判中，法院根据和解协议作调解书，仲裁中仲裁庭根据和解协议作出的是裁决书。

2. 可以撤回仲裁申请。注意：当事人达成和解协议，撤回仲裁申请后反悔的或对方拒不履行和解协议的，可以根据原仲裁协议再申请仲裁。

在这里考生需要思考几个常考的问题，当事人达成和解协议，撤回仲裁申请后反悔或对方拒不履行和解协议的情况下：

（1）能否向法院起诉？不能，原因在于此时原仲裁协议依然存在，有效的仲裁协议排斥法院管辖；

（2）能否向法院申请强制执行呢？不能，和解协议没有强制执行力；

（3）那么双方可否重新达成仲裁协议申请仲裁？可以，虽然此时原仲裁协议依然存在，但是不排斥新的仲裁协议。新协议可以变更原协议。

（三）裁决

1. 仲裁裁决的作出。

（1）一般情况下，实行少数服从多数的原则，即仲裁裁决应当按照多数仲裁员的意见作出，少数仲裁员的不同意见可以记入笔录。

注意：这里不同于诉讼，诉讼中合议庭组成人员的不同意见也必须记入笔录。

（2）在仲裁庭不能形成多数意见时，裁决应当按照首席仲裁员的意见作出。

2. 仲裁裁决书。

（1）裁决书的内容。裁决书应当写明仲裁请求、争议事实、裁决理由、裁决结果、仲裁费用的负担和裁决日期。当事人协议不愿写明争议事实和裁决理由的，可以不写。

注意：这里不同于诉讼中审判作出的文书，法院作出的裁判文书必须写明结果和理由。

（2）裁决书的签名。裁决书由仲裁员签名，加盖仲裁委员会印章。对裁决持不同意见的仲裁员，可以签名，也可以不签名。

注意：这里不同于诉讼，在诉讼中，持不同意见的审判人员也必须签名。

（3）裁决书的生效——作出生效。裁决书自作出之日起发生法律效力，裁决作出后，当事人不得就已经裁决的事项再行申请仲裁，也不得向法院起诉。

（4）裁决书的补正。《仲裁法》第 56 条规定：对裁决书中的文字错误、计算错误或者仲裁庭已经裁决但在裁决书中遗漏的事项，仲裁庭应当补正；当事人自收到裁决书之日起 30 日内，可以请求仲裁庭补正。据此，补正可以由仲裁庭自行补正，也可以由当事人申请仲裁庭补正。

下列关于仲裁裁决的哪些观点是正确的？①

A. 当事人可以请求仲裁庭根据双方的和解协议作出裁决

---

① A、B、D

B. 仲裁庭可以根据双方当事人达成的调解协议作出裁决

C. 仲裁裁决应当根据仲裁庭多数仲裁员的意见作出，形不成多数意见的，由仲裁委员会讨论决定

D. 仲裁裁决一经作出立即发生法律效力

六、撤销仲裁裁决

法院与仲裁之间的关系常为法考命题关注的对象。从理论上讲，两者虽然同为解决纠纷的程序，但在性质上有区别之处；从制度设计上讲，法院对仲裁既有支持也有监督。法院对于仲裁的支持主要表现在对仲裁裁决可以申请人民法院强制执行、仲裁过程中可以申请法院采取财产保全、证据保全等，这在前面已经叙述过，此处主要阐述法院对仲裁的监督，主要表现在撤销仲裁裁决和对仲裁裁决的不予执行。

法考对于撤销仲裁裁决的考点体现在如下几个方面：

1. 申请时间。自收到裁决书之日起6个月内提出。

注意：这里的收到裁决书之日起6个月不等于裁决作出或生效之日起6个月。

2. 申请主体。仲裁申请人和被申请人。

3. 管辖法院。向仲裁委员会所在地的中级人民法院提出。

4. 法定情形。

（1）当事人在合同中没有仲裁条款或者事后没有达成书面仲裁协议的；

（2）仲裁的事项不属于仲裁协议的范围或者仲裁委员会无权仲裁；

（3）仲裁庭的组成或者仲裁的程序违反法定程序；

（4）仲裁裁决所依据的证据是伪造的；

（5）对方当事人隐瞒了足以影响公正裁决的证据的；

（6）仲裁员在仲裁该案时有索贿受贿、徇私舞弊、枉法裁决的行为。

【记忆规律】无协议、超范围、组成、程序违法、伪造、隐瞒、有不法行为。

5. 法院处理。

（1）撤销。理由成立，在2个月内裁定撤销该仲裁裁决。

（2）驳回。未发现仲裁裁决具有法定可被撤销的理由的，应在受理撤销仲裁裁决申请之日起2个月内作出驳回申请的裁定。

（3）通知仲裁庭重新仲裁。如果认为可以由仲裁庭重新仲裁的，可以通知仲裁庭在一定期限内重新仲裁，并裁定中止撤销程序。仲裁庭拒绝重新仲裁的，人民法院应当裁定恢复撤销程序。仲裁庭重新仲裁的，应当裁定终结撤销程序。

注意：通知仲裁庭重新仲裁的适用，限于违反《仲裁法》第58条规定中的两种情形：仲裁裁决所根据证据是伪造的和对方当事人隐瞒了足以影响公正裁决的证据的。

七、不予执行仲裁裁决

根据现行《民事诉讼法》，不予执行仲裁裁决和撤销仲裁裁决的法定情形实现了统一。法考对于不予执行仲裁裁决的考点体现在如下几个方面：

1. 申请时间。执行开始后到执行完毕之前。

2. 申请主体。是承担实体义务的人。

3. 管辖法院。受理执行案件的中级人民法院，即由被执行人住所地或者被执行的财产所在地中级人民法院管辖。

4. 法定情形。

（1）当事人在合同中没有仲裁条款或者事后没有达成书面仲裁协议的；

（2）裁决的事项不属于仲裁协议的范围或者仲裁机构无权仲裁的；

（3）仲裁庭的组成或者仲裁的程序违反法定程序的；

（4）裁决所根据的证据是伪造的；

（5）对方当事人向仲裁机构隐瞒了足以影响公正裁决的证据的；

（6）仲裁员在仲裁该案时有贪污受贿、徇私舞弊、枉法裁决行为的。

注意：根据修改后的《民事诉讼法》，不予执行仲裁裁决和撤销仲裁裁决的法定情形实现了统一。

注意：不予执行针对的仅仅是仲裁裁决，不包括仲裁调解书或者根据当事人之间的和解协议、调解协议作出的仲裁裁决书。因此法律规定当事人请求不予执行仲裁调解书或者根据当事人之间的和解协议、调解协议作出的仲裁裁决书的，人民法院不予支持，但该仲裁调解书或者仲裁裁决违背社会公共利益的除外。

【关联考点】

1. 仲裁当事人申请撤销仲裁裁决被法院驳回，此后以相同理由申请不予执行，法院不予支持；当事人向法院申请不予执行被驳回后，又以相同理由申请撤销仲裁裁决的，人民法院不予支持。

2. 仲裁当事人在仲裁程序中没有提出对仲裁协议效力的异议，此后以仲裁协议无效为由申请撤销或不予执行，法院不予支持。本书把这三个规定称为仲裁程序中的三个“不予支持”。

3. 撤销仲裁裁决与不予执行仲裁裁决司法审查程序的衔接。《仲裁裁决执行规定》第20条第2款规定：“在不予执行仲裁裁决案件审查期间，当事人向有管辖权的人民法院提出撤销仲裁裁决申请并被受理的，人民法院应当裁定中止对不予执行申请的审查；仲裁裁决被撤销或者决定重新仲裁的，人民法院应当裁定终结执行，并终结对不予执行申请的审查；撤销仲裁裁决申请被驳回或者申请执行人撤回撤销仲裁裁决申请的，人民法院应当恢复对不予执行申请的审查；被执行人撤回撤销仲裁裁决申请的，人民法院应当裁定终结对不予执行申请的审查，但案外人申请不予执行仲裁裁决的除外。”以避免被执行人滥用司法程序阻碍执行，并减少重复审查造成的司法资源浪费。

比较撤销仲裁裁决和不予执行仲裁裁决。

1. 提出请求的当事人不同。有权提出撤销仲裁裁决申请的当事人可以是仲裁案件的任何一方当事人，不论其是仲裁裁决确定的权利人还是义务人，都有权提出。有权提出不予执行仲裁裁决的当事人只能是被申请执行仲裁裁决的一方当事人。

2. 提出请求的期限不同。当事人请求撤销仲裁裁决的，应当自收到仲裁裁决书之日起6个月内向人民法院提出。当事人申请不予执行仲裁裁决的则是在执行过程中，即在对方当事人申请执行仲裁裁决后，法院对仲裁裁决执行完毕之前。

3. 管辖法院不同。当事人申请撤销仲裁裁决，应当向仲裁委员会所在地的中级人民法院提出。当事人申请不予执行仲裁裁决只能向申请执行人所提出执行申请的法院提出（被执行人住所地或被执行财产所在地的中院）。

4. 法律程序不同。在仲裁裁决的撤销程序中，法院认为可由仲裁庭重新作出裁决的，通知仲裁庭在一定期限内重新仲裁。而在仲裁裁决的不予执行程序中，法院无须通知仲裁庭重新仲裁。

八、仲裁裁决被撤销或不予执行的后果

如果仲裁裁决被撤销或不予执行，则仲裁裁决无效，仲裁协议随之失效（已经根据仲裁协议作出过仲裁裁决），当事人之间的纠纷又回到原始状态，此时当事人的选择是：

1. 向人民法院起诉；
2. 根据重新达成的仲裁协议申请仲裁。

关于法院对仲裁的司法监督的说法，下列哪一选项是错误的？①

A. 仲裁当事人申请财产保全，应当向仲裁机构申请，由仲裁机构将该申请移交给相关法院

B. 仲裁当事人申请撤销仲裁裁决被法院驳回，此后以相同理由申请不予执行，法院不予支持

C. 仲裁当事人在仲裁程序中没有提出对仲裁协议效力的异议，此后以仲裁协议无效为由申请撤销或不予执行，法院不予支持

D. 申请撤销仲裁裁决或申请不予执行仲裁裁决程序中，法院可通知仲裁机构在一定期限内重新仲裁

① D

附录　审监五表

1. 审监五表之一：再审抗诉图

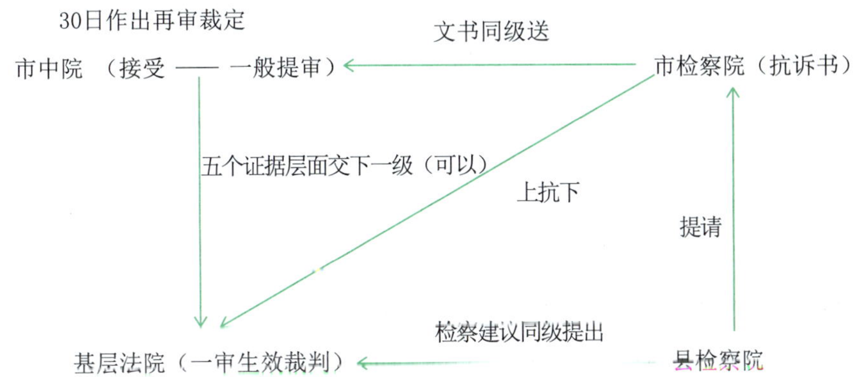

2. 审监五表之二：当事人申请再审三种情形图（非例外情形）第一种

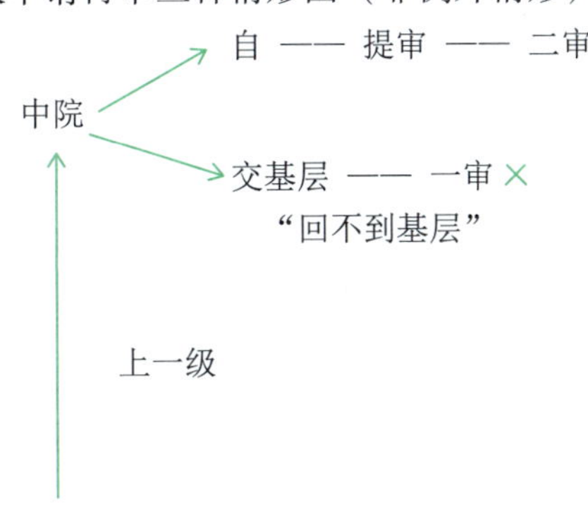

（注：非例外是指不满足一方人数众多或双方为公民的案件）

3. 审监五表之三：当事人申请再审三种情形图（非例外情形）第二种

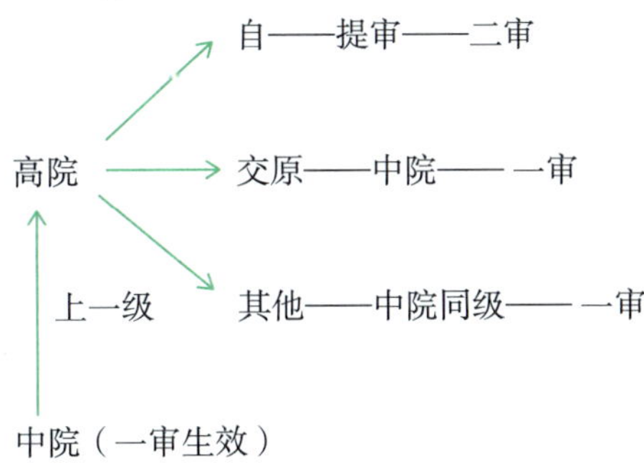

4. 审监五表之四：当事人申请再审三种情形图（非例外情形）第三种

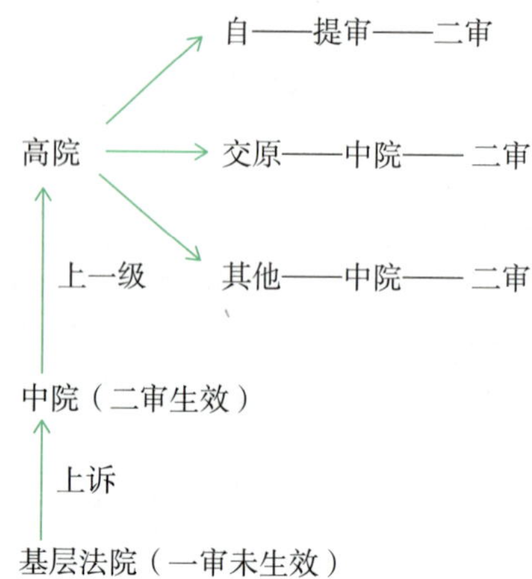

5. 审监五表之五："但经该下一级法院再审的除外"

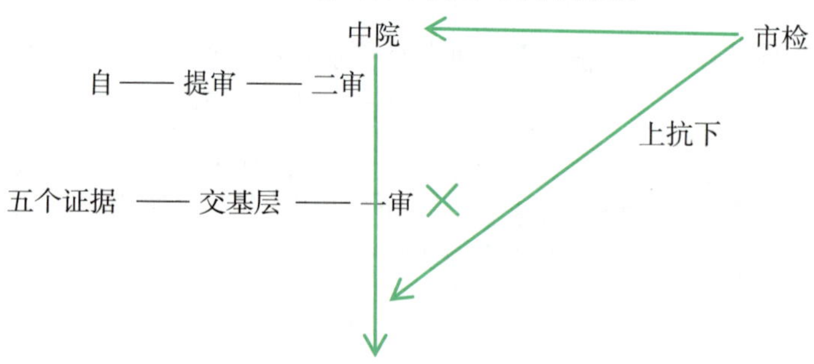

例外：基层（一审生效）——当事人申请再审——基层法院再审维持
（注：例外是指满足一方人数众多或双方为公民的案件）